BLOCUS DE METZ

BLOCUS DE METZ

EN 1870.

BAZAINE,—COFFINIÈRES,

AVEC PIÈCES ET DOCUMENTS A L'APPUI

ET ACCOMPAGNÉE D'UNE CARTE DES ENVIRONS DE METZ,

PAR

GASTON DES GODINS DE SOUHESMES,

Attaché à l'armée du Rhin.

> « Si pour empêcher qu'une place
> « que le Roi m'a confiée ne tombât
> « au pouvoir de l'ennemi, il fallait
> « mettre à la brèche ma personne, ma
> « famille et tout mon bien, je ne
> « balancerais pas un moment à le
> « faire. »   (FABERT.)

VERDUN-SUR-MEUSE,

CH. LAURENT, IMPRIMEUR-ÉDITEUR,

Rue des Gros-Degrés, 1.

PARIS,

DENTU,
LIBRAIRE-ÉDITEUR,
Palais-Royal (galerie d'Orléans, 17-19).

GUSTAVE GUÉRIN,
LIBRAIRE-COMMISSIONNAIRE,
11, rue Mazarine.

1872.

(Tous droits réservés.)

A MES LECTEURS

Je n'ai pas la prétention de vous offrir une Histoire du Blocus de Metz, car le temps et les moyens m'ont fait défaut pour entreprendre un ouvrage aussi considérable. A peine ai-je pu rédiger cette *Notice* d'après les journaux de Metz et des impressions recueillies chaque jour pendant la durée de l'investissement.

A la vérité, d'aussi faibles ressources condamnaient mon travail à demeurer imcomplet; néanmoins, je me suis efforcé de comparer les diverses relations entre elles, et de les fondre ensemble de manière à présenter les faits avec leurs détails, leurs péripéties et les appréciations variées qu'ils suggéraient. Il eut été désirable de contrôler sur des documents officiels les nouvelles produites par la presse locale ou répandues dans mille conversations, mais les Etats-Majors n'ont publié aucun rapport sur leurs opérations, et la censure militaire supprimait dans les journaux tout ce qui devait nous permettre d'approfondir soit les faits de guerre, soit la situation politique de la France, soit notre position d'assiégés.

Ce surcroît de difficultés devait-il m'empêcher de poursuivre l'étude que j'avais entreprise? Je ne l'ai pas cru,

A MES LECTEURS

car s'il est vrai qu'écrire l'histoire contemporaine, surtout au lendemain des événements, est une tâche très-difficile sinon impossible à remplir avec calme et impartialité, on peut, du moins, rester dans des limites plus étroites et, de la sorte, éviter ce redoutable écueil.

Je me suis donc décidé à persévérer, mais sans excéder mes forces et en ne dépassant pas le cadre d'une simple *Notice*. Qu'il y ait des lacunes, des erreurs et des omissions dans ce modeste opuscule,.... je ne saurais m'en défendre; mais, ce que je puis affirmer, c'est que j'ai négligé tout ce qui me paraissait douteux, et je n'ai rien avancé qui ne me fût dicté par la vérité historique, la conformité des récits provenant de sources différentes, et ma propre conscience.

Puissent mes lecteurs accueillir avec indulgence ce petit livre écrit sur les lieux mêmes pendant les tristes loisirs que m'impose la capitulation de Bazaine.

Metz, 1870-1871.

G. DES GODINS DE SOUHESMES.

NOTA.

Cette brochure devait être éditée à Metz; mais, au moment de la mettre sous presse, on a dû en ajourner la publication.

Les rigueurs excessives de l'autorité allemande qui ordonne l'incarcération des citoyens pour des faits insignifiants, et qui ne leur rend la liberté qu'en exigeant de fortes rançons, ses sévérités contre les rédacteurs de journaux et les publicistes, la compétence exclusive des conseils de guerre, les jugements sommaires, les pénalités extrêmes, comme la déportation et la mort édictées par les commandants et gouverneurs prussiens, rendaient toute résistance impossible.

On a pensé que, sous ce régime, il n'y avait pas de vrai courage à braver une telle rigidité, ni à entreprendre une lutte dont le résultat eût été certainement fatal et sans utilité. D'ailleurs, nous refusions de subir les restrictions de la censure prussienne, et nous ne pouvions consentir ni à altérer la vérité ni à taire ce qui déplaisait aux Allemands à cause du blâme que nous formulions contre eux.

C'est pourquoi nous avons résolu d'attendre que les circonstances fussent plus propices au but que nous poursuivons.

NOTICE

SUR LE

BLOCUS DE METZ

EN 1870

I.

Nous sommes arrivé à Metz le 4 août 1870. En quittant Paris, nous avions traversé les boulevards au milieu d'un immense concours de monde qui, depuis la déclaration de la guerre, ne cessait de se livrer aux manifestations les plus patriotiques et de fraterniser avec les troupes dirigées vers la frontière. Les abords de la gare de Strasbourg étaient envahis, et chacun recevait sur son passage un souhait ou un mot d'adieu de cette foule dont l'enthousiasme venait encore de croître par la nouvelle d'une victoire remportée, le 2 août, en avant de Forbach, à l'attaque des hauteurs qui dominent Sarrebrück.

Notre voyage de nuit s'effectua sans encombre, et au point du jour nous commencions à voir, de chaque côté de la voie ferrée, les campements de cette armée qui, peu de jours auparavant, avait traversé la France aux acclamations du peuple frémissant.

Près de la gare de Metz, on n'aperçoit sur les glacis que tentes, faisceaux, cantines, chevaux au piquet, infanterie, cavalerie, génie, artillerie. Ici, des fourgons et des caissons, là, des voitures d'ambulance et les équipages du corps franc des chemins de fer; enfin tout cet attirail de guerre dont la vue seule impressionne vivement.

A Metz, nous trouvons toutes les maisons pavoisées et les places publiques couvertes d'innombrables chariots appartenant aux paysans requis pour les transports auxiliaires. Les rues étaient sillonnées de longs et incessants convois, et c'est à peine si, au milieu des piétons, des cavaliers et des attelages, on arrive à se frayer un chemin. Rien ne peut dépeindre cet immense pêle-mêle qui encombrait la ville et ses alentours, et nous nous rappellerons longtemps les sensations qu'il nous fit éprouver.

Tandis que, dans l'intérieur de la forteresse, on entassait des approvisionnements de toute sorte, l'artillerie complétait le système de défense des remparts, perçait des embrasures et amenait ses pièces de position. Au dehors, se dressaient les forts que de nombreux soldats achevaient de mettre en état; on les apercevait travaillant aux cavaliers, recouvrant les bastions, et terminant de vastes terrassements qui furent bientôt hérissés de canons.

La population messine assistait calme et confiante à cet imposant spectacle; elle semblait oublier que l'Empereur, avec le grand quartier général, se trouvait au milieu d'elle, et toute son attention était concentrée sur les événements qui se déroulaient à peu de distance de ses murs. Hélas! tandis que nous admirions, en y puisant un surcroît d'espoir dans les succès de la France, les préparatifs qui se faisaient sous nos yeux, nous ne nous doutions guère qu'à cette même date, — 4 août 1870, — nos soldats, commandés par le général Abel Douay, étaient battus entre Wissembourg et Riselsetz, après avoir lutté 4,000 contre 60,000 de sept heures du matin à une heure de l'après-midi.

La nouvelle de cet insuccès causa à Metz une grande émotion qui se changea de suite en profond abattement, quand on apprit, presque simultanément, la défaite de Mac-Mahon dans les plaines de Reichshoffen, Wœrth et Frœschwiller. En vain les bulletins officiels essayaient-ils de représenter la situation comme non compromise, en vain chaque jour apprenions-nous quelques traits sublimes attestant l'héroïsme de nos soldats qui, au nombre de 35,000, ont contenu pendant plusieurs heures 140,000 hommes. Chacun restait morne et consterné; on n'apercevait que des figures empreintes d'une sombre énergie, et des soldats brûlant de venger les derniers échecs.

Aussi, quelle ne fut pas notre désolation quand, deux jours après, on connut le résultat de la bataille du 6, où Frossard venait d'être écrasé à Spicheren et à Forbach. Là encore 30,000 Français avaient combattu pendant une journée entière contre plus de 100,000 ennemis présentant toujours des forces nouvelles.

Soudain, ce grand cri : « La Patrie est en danger! » retentit dans toutes les consciences; les proclamations de l'impératrice-régente et de l'empereur-généralissime passèrent inaperçus; on ne songeait qu'à prendre les armes pour barrer le chemin aux troupes allemandes. L'intérêt dynastique n'existait plus, seul le salut de la France nous préoccupait, et, sous cette cruelle étreinte, on applaudit à la convocation des Chambres ainsi qu'à la chute du ministère Ollivier et à la formation du cabinet Palikao. Mais bientôt les habitants de Metz durent momentanément se détacher de ce qui se préparait à Paris pour veiller à leur propre sécurité, opposer un obstacle au flot envahisseur, et conserver à leur cité son antique réputation avec sa couronne de virginité. En effet, pendant que l'illustre Mac-Mahon opérait en bon ordre cette retraite que l'histoire glorifiera, parce qu'il sut éviter que sa défaite se changeât en déroute, l'armée de Frossard, vaincue à Forbach, se repliait sur Metz. D'un côté, le prince royal de Prusse s'avançait en France par les Vosges et Nancy; de l'autre, le prince Frédéric-Charles marchait par les vallées de la Sarre et de la Moselle, chacun poursuivant les deux seules armées que nous eussions pu mettre en ligne.

Déjà les populations rurales, justement effrayées de cette invasion aussi subite qu'imprévue, se sauvent en masse devant l'ennemi comme devant une inondation. Beaucoup de villages sont abandonnés, les richesses du pays restent sans défense à la merci des Prussiens, et il est à regretter que nos campagnards ne soient pas armés, car alors ils pourraient résister aux pillards qui viennent les intimider. Malheureusement l'Etat ne peut songer à leur fournir des armes.

Dès les premiers jours du mois d'août, la garde nationale sédentaire de Metz était réorganisée et placée sous le commandement du colonel Lafitte. — Le 7 du même mois, un arrêté du gouverneur de la Place avait suspendu les élections municipales, maintenu les conseillers titulaires, et convoqué pour le même jour, quatre heures du soir, les citoyens qui, en vertu de la loi, devaient être enrôlés dans les rangs de la garde nationale. Plus de 5,000 volontaires répondirent immédiatement à cette convocation et au chaleureux appel que leur avait adressé précédemment le vénérable maire de Metz. Voici comment s'était exprimé le premier édile de la cité :

« Metz, le 1er août 1870. »

« Chers Concitoyens,

« Le rétablissement de la garde nationale sédentaire de Metz
« est un éclatant témoignage de la confiance du gouvernement
« de l'Empereur dans le courage et le dévouement de la popula-
« tion de notre guerrière et patriotique cité; aussi, l'espoir
« qu'on met en nous, j'en ai l'intime conviction, ne sera point
« déçu, et tous, dans une guerre où l'honneur national est en-
« gagé, voudront seconder notre valeureuse armée en prenant
« part à la défense des remparts d'une place devenue aujourd'hui
« l'un des plus formidables boulevards de l'Empire.

« Que chacun se rappelle qu'il y a cinquante-six ans, nos
« pères, s'inspirant de l'amour de la patrie et de son indépen-
« dance, ainsi que du respect de l'ordre public et de la disci-
« pline, surent conserver Metz à la France.

« Ce grand et glorieux souvenir trace le devoir des fils.

« Vive la France! Vive l'Empereur!

« *Le Maire,*
« Félix MARÉCHAL. »

La surveillance des fortifications fut confiée à cette milice qui partagea avec la garde nationale mobile les
fatigues et l'honneur de la défense des murs de Metz. On
vit bientôt les soldats-citoyens faire leur service, en blouse,
sur la crête des remparts, et chacun put remarquer avec
quel zèle ils s'acquittaient de leur tâche. Remplis de patriotisme et de bon vouloir, commandés par des chefs expéri-
mentés, ils formèrent promptement un corps superbe sous
les armes. Animés du meilleur esprit, ils se soumirent sans
murmures à une discipline sévère, et les documents qui
suivent donneront une idée des principes d'ordre intro-
duits parmi eux :

« Tout garde national qui se présentera sous les armes en
« état d'ivresse sera déclaré indigne de prendre part à la dé-
« fense de la Place.

« Il sera immédiatement désarmé en présence de la compa-
« gnie, mis à l'ordre de la garde nationale, et astreint au service
« des corvées militaires. »

« Metz, le 12 août 1870.

« *Le Colonel,*
« LAFITTE. »

RAPPORT DU 29 AOUT 1870.

« Tout garde national qui manquera de respect à son supé-
« rieur sera traduit devant un conseil de guerre et puni selon
« les lois militaires. »

« *Le Colonel,*
« LAFITTE. »

La ville venait d'être mise en état de siége, et le général Coffinières de Nordeck nommé commandant supérieur de la Place. L'autorité prenait toutes les précautions nécessitées par la situation du moment : c'est ainsi qu'on réglementa le service de la distribution des eaux, en supprimant les concessions consenties en faveur des particuliers ou des établissements publics et privés (10 août). — On exigeait que les personnes du dehors qui se réfugiaient dans la ville apportassent des vivres pour 40 jours au moins, mesure qui fut presque aussitôt suivie d'un arrêté ainsi conçu :

VILLE DE METZ.

DÉCISION RELATIVE AUX HABITANTS DES CAMPAGNES.

« La ville de Metz étant encombrée d'habitants dont l'alimen-
« tation pourrait présenter des difficultés, le général de divi-
« sion commandant supérieur décide :

« Que les personnes émigrant des campagnes et des villages environnants ne seront plus reçues dans la ville. Elles devront rentrer dans leur domicile ou continuer leur route dans l'intérieur du pays.

« Les autorités civiles et militaires sont chargées, chacune en ce qui la concerne, d'assurer l'exécution de la présente décision. »

« Metz, le 12 août 1870.

« *Le Général de division commandant supérieur de la place de Metz,*

« F. COFFINIÈRES. »

Un arrêté du Gouverneur, en date du 9 août, avait ajourné toutes mesures conservatoires, poursuites ou protêts dont étaient passibles les mandats, traites, billets de commerce et chèques en circulation. D'autre part, pour le cas où l'aqueduc des eaux de Gorze viendrait à être coupé, le service des ponts-et-chaussées fit établir, au-dessous du pont des Roches, une pompe destinée à élever les eaux de la Moselle dans les réservoirs de la ville.

Quantité d'espions furent saisis et conduits à Metz, entre autres un Hongrois nommé Nicolas Schull qui passait pour être le chef des espions prussiens, et dont le signalement était connu. Arrêté le 11 août à la gare de Metz, il fut trouvé porteur d'un sauf-conduit allemand ainsi conçu :

« Le porteur du présent, le sieur Schull-Degelmann est autorisé à s'arrêter dans l'étendue des armées génératrices. Les commandants royaux sont invités de (*sic*) ne point lui mettre d'obstacles à cet égard. »

« Mayence, le 6 août 1870.

« Général SOLIESKI. »

On trouva en outre sur Schull une médaille dorée à l'effigie du roi Guillaume, et qu'il reconnut lui-même être un signe distinctif entre les espions prussiens ; de plus, un passe-port avec chiffres problématiques, et signé : « Leczinski, ober-lieutenant. » Cette pièce prouvait d'autant plus la culpabilité de Schull, que le lieutenant Leczinski était chef d'état-major du général de Bayer, de l'armée badoise, assiégeant Strasbourg. Au cours du procès, on établit que Schull était un double traître, et que le 19 juillet, il avait offert au général Ducrot, alors gouverneur de Strasbourg, d'épier les plans allemands et d'en livrer connaissance à la France. On acquit la preuve qu'avant de se rendre en Allemagne il avait visité nos armées, parcouru les camps de Mac-Mahon, et qu'il nous livra, nous vendit, et nous fit battre à Wissembourg, à Reischoffen et à Forbach. En conséquence, le conseil de guerre, sous la présidence de M. Rémond, colonel du génie, et malgré l'habile plaidoirie de Mᵉ Luxer, condamna Schull à la peine de mort. Il fut exécuté derrière la cidatelle dans le fossé de la courtine de l'ouvrage à corne.

Précédemment, on avait fusillé dans les bois de Maizery, et après l'avoir attaché trois heures à un arbre, un ancien déserteur de la garde impériale qui avait pris le costume de prêtre pour espionner dans notre camp.

D'après ce qu'on apprenait de la marche des corps ennemis, ils semblaient manœuvrer de manière à envelopper la place de Metz, en privant la ville de ses communications rapides avec Paris par Frouard. Mais, à la date du 13 août, l'armée du Rhin dont l'Empereur avait confié le commandement au maréchal Bazaine, était concentrée sous Metz. Le maréchal Le Bœuf se trouvait placé à la tête d'un corps d'armée, après avoir résigné ses fonctions de major-général qui furent acceptées par Changarnier.

En effet, à la nouvelle de nos premiers revers, l'illustre général était venu près de Napoléon III, et lui avait dit : « Sire, je me présente à vous sans rancune afin de vous « offrir le concours de mon épée. Il faut que vous sachiez « que ce n'est pas ainsi qu'on fait la guerre. » Nos troupes frémissantes d'impatience et de colère se tenaient prêtes à un effort suprême, et l'on s'attendait à une bataille imminente car les éclaireurs prussiens commençaient à se montrer aux avant-postes. Chaque jour, quelques-uns de ces audacieux coureurs étaient pris et ramenés en ville : la chronique locale enregistra la capture de dix hulans conduits d'Ars-Laquenexy à la Place, ainsi que celle de trois lanciers saisis à cinq lieues de Metz par une reconnaissance de chasseurs, et après un combat très-meurtrier. On savait qu'à Vigy les Prussiens, sortis des bois, avaient réquisitionné tous les hommes valides, et qu'à Thionville les reconnaissances de hulans se hasardaient si près des fortifications que, le 12 août, elles s'avancèrent jusqu'au poste de la porte de Sarrelouis et tirèrent sur la sentinelle.

A tous moments, de nouvelles surprises nous menaçaient, et comme il n'y avait plus à douter qu'elles ne fussent une des causes de nos derniers revers, on chargea M. Arnous de Rivière, l'ancien chef des éclaireurs en Crimée, du soin de créer une troupe analogue pour l'armée du Rhin. En attendant la formation de ce corps-franc qui venait combler une lacune de notre organisation militaire, on dirigea de nombreuses reconnaissances sur divers points. C'est ainsi qu'une colonne du 2ᵉ chasseurs d'Afrique, ayant poussé jusqu'à Courcelles-sur-Nied, au passage à niveau sur la voie ferrée de Forbach, a constaté dans ces parages la présence de l'ennemi au nombre de 8 ou 10,000 hommes (12 août). Nos chasseurs, après avoir démonté deux ou trois hulans, à une distance de 800 mètres environ, se sont repliés devant des masses de cavalerie et d'infanterie qui paraissaient vouloir engager l'action. Leur retraite fut soutenue par un escadron de dragons qui mit pied à terre dans un village abandonné, et s'embusqua dans les maisons pour recevoir à coups de fusil l'ennemi, s'il se présentait. Mais les Prussiens se contentèrent d'envoyer trois obus sur les chasseurs au moment où ils arrivaient à hauteur de nos grand'gardes et la reconnaissance rentra en ville sans avoir perdu un seul cavalier. Le même jour, du côté de Pont-à-Mousson, le train du chemin de fer fut forcé de s'arrêter devant quelques coureurs allemands qui avaient coupé la voie; une compagnie du génie a tiré sur eux et les a mis en fuite, mais les dépêches ont dû être ramenées à Metz. Dans la soirée, les Prussiens étant revenus ont trouvé un régiment de chasseurs qui, après une charge brillante, leur a tué un grand nombre d'hommes et fait 38 prisonniers, dont 2 officiers. Malgré ce fait d'armes, il devenait évident que les trains de voyageurs et de dépêches allaient être suspendus sur la ligne de Paris, car on ne pouvait songer à défendre la voie sur tout son parcours; aussi le service postal fut-il organisé par Verdun et Reims. Depuis six jours, les communications étaient interrompues avec Strasbourg; depuis trois jours, le télégraphe n'acceptait plus de dépêches privées, et le roulage seul effectuait encore quelques transports entre Metz et Thionville, évitant les vedettes prussiennes qui occupaient le bois des Quatre-Seigneurs au-dessus de la vallée de la Counes.

II.

Pendant trois jours, l'armée du maréchal Bazaine avait offert en vain la bataille à l'ennemi qui se tenait, suivant sa tactique, dans les bois environnants. Le 14 août, l'ordre de départ fut donné, et, dès le matin, les troupes commencèrent un mouvement de retraite sur la route de Verdun pour aller couper aux Prussiens le chemin de Paris. La proclamation suivante était affichée :

SA MAJESTÉ L'EMPEREUR AUX HABITANTS DE LA VILLE DE METZ.

« En vous quittant pour aller combattre l'invasion, je confie
« à votre patriotisme la défense de cette grande cité. Vous ne
« permettrez pas que l'étranger s'empare de ce boulevard de la
« France, et vous rivaliserez de dévouement et de courage avec
« l'armée.
« Je conserverai le souvenir reconnaissant de l'accueil que
« j'ai trouvé dans vos murs, et j'espère que dans des temps plus
« heureux je pourrai venir vous remercier de votre noble con-
« duite.

« Du quartier impérial de Metz, le 14 août 1870.

« NAPOLÉON. »

A 9 heures du matin, l'Empereur et le Prince impérial avaient entendu la messe à la cathédrale, et pris congé de l'évêque; à 3 heures, ils sortaient en voiture par la porte de Thionville, au milieu des cent-gardes et suivis de sept généraux avec des troupes. Ce départ avait été précédé d'un nombreux cortége de valets et d'équipages dont le long défilé inspira de tristes et sévères réflexions. Les bagages avaient ostensiblement traversé toute la ville, et, à 2 heures, le prince Napoléon quittait Metz par la porte de France. En même temps, sur deux ponts de bois jetés en face du pré Saint-Symphorien, défilaient la cavalerie et l'infanterie, tandis que par les rues et les portes de l'enceinte marchaient d'interminables convois d'artillerie, de parcs du génie, de chariots et de fourgons.

Vers 4 heures moins le quart, dès que l'ennemi vit le régiment le plus avancé s'engager sur la route, il sortit du bois à Colombey et mitrailla les avant-postes. Cette canonnade fut bientôt suivie d'un feu de mousqueterie très-nourri sous lequel le 41° de ligne, après s'être légèrement replié, parvint cependant à se déployer en tirailleurs. Les 17° et 44° de ligne, avec le 15° bataillon de chasseurs, donnèrent aussitôt; les batteries d'artillerie s'établirent, ainsi que les mitrailleuses qui fauchaient les Prussiens chaque fois qu'ils tentaient de se former en bataillons carrés. L'ennemi refoulé avec pertes considérables à Colombey et à Noisseville, fut obligé de faire un mouvement en arrière. Poursuivi par les brigades Castagnet et Duplessis, il voulut alors se jeter sur notre gauche, à Servigny-lès-Sainte-Barbe et à Poix, pour passer la Moselle à Saint-Julien, mais le corps de Ladmirault, qui était déjà de l'autre côté de la rivière, se hâta de la repasser, vint reprendre ses positions sur la rive droite, gravit au pas de course les hauteurs de Saint-Julien, et repoussa les colonnes ennemies qui se retirèrent en mettant le feu à deux villages dont l'incendie brûla toute la nuit. Sur la droite, à Mercy-le-Haut et à Mercy-lès-Metz, les Prussiens furent également débusqués, et il y eut un long échange de coups de canon entre les batteries ennemies et le fort de Queuleu.

Le même jour, dans la soirée, le Commandant supérieur de Metz faisait afficher, au milieu des plus vives acclamations, la dépêche suivante :

« Dimanche, 8 h. 10 du soir.

« Le feu est à peu près fini; les lignes prussiennes avaient
« trois lieues d'étendue; terrain gagné partout. »

L'Empereur, qui s'était arrêté pour passer la nuit chez le colonel Hennoque, ancien député et maire de Longeville, à 1 kilomètre de la porte de Metz, transmit à l'Impératrice un télégramme ainsi conçu :

« Longeville, 14 août 1870, 10 h. 10 soir.

« L'armée a commencé à passer sur la rive gauche de la
« Moselle. Ce matin nos reconnaissances n'avaient signalé la
« présence d'aucun corps ; mais, lorsque la moitié de l'armée a
« eu passé, les Prussiens ont attaqué en grandes forces. Après
« une lutte de quatre heures, ils ont été repoussés avec de
« grandes pertes.
« NAPOLÉON. »

Cette bataille, appelée combat de Borny, doit être considérée comme une brillante affaire pour nos armes; les deux corps de Ladmirault et du général Decaen ont été seuls engagés, et nos troupes déployèrent une bravoure admirable en combattant dans la proportion de un contre quatre. La ligne de bataille des Prussiens s'étendait de Peltre à Chieulles, mais l'action principale s'est concentrée entre Sainte-Barbe et Colombey, dont le château a été trois fois pris et repris. Nos pertes furent peu sérieuses, tandis que, chez l'ennemi, des masses entières succombèrent sous le feu des mitrailleuses. Les généraux Decaen et Castagnet, atteints légèrement, furent ramenés en ville après le combat; le premier devait mourir quelques jours plus tard des suites de sa blessure, et il fut autant regretté par l'armée que par la population messine qui avait apprécié les rares qualités de cet homme de bien, alors qu'il commandait la 3e division militaire.

Le lendemain, 15 août, Bazaine continua sa marche sur Verdun, et le long défilé des bagages et convois durait encore sans avoir été interrompu depuis la veille au matin. Le canon tonnait de nouveau, des troupes fraîches étaient prêtes à donner, mais l'armée ne fut pas obligée de suspendre sa retraite, et le soir, l'Empereur prenait gîte à Gravelotte, village situé à 10 ou 12 kilomètres de Metz, à l'embranchement des deux routes qui conduisent à Verdun.

Bientôt on apprit que l'ennemi passait également la Moselle, et qu'il cherchait à nous rejoindre sinon à nous dépasser; des reconnaissances de hulans s'approchaient presque jusqu'aux portes de la ville, et l'une d'elles, s'étant présenté à Montigny, a été repoussée par les habitants.

Le 16, l'Empereur parti de Gravelotte vers 6 heures du matin s'avançait par la route d'Etain avec une escorte composée sinon exclusivement au moins principalement de cavalerie. Il arriva à Conflans sans inquiétude entre 10 et 11 heures; là, un curé vint l'informer que 15,000 Prussiens avaient pris les devants, et barraient le chemin près du coude que forme la chaussée au pont de pierre construit sur la rivière d'Orne. Dans cette situation critique, il fallait prendre un parti prompt et habile; on se résolut donc à faire un grand déploiement des troupes d'escorte, afin de laisser croire à l'ennemi qu'il était en présence d'un corps d'armée. La manœuvre réussit comme on l'avait prévu, et les Prussiens, se retirant à la hâte dans les bois, livrèrent le passage dont la colonne profita sans le moindre retard. On se demande ce qui serait advenu si le pont eût été coupé, ou même simplement défendu par des hommes à pied. Le péril auquel l'Empereur venait d'échapper était la conséquence de la fatale idée qu'il avait eue de séjourner, le 14, à Longeville, au lieu de se rendre immédiatement à Verdun qui lui ouvrait la voie de Châlons. Après l'avoir accompagné à une certaine distance de Conflans, une partie de l'escorte revint à Gravelotte où le canon se faisait entendre depuis le matin.

En effet, le 16, vers 9 heures de la matinée, l'armée du prince Frédéric-Charles attaqua le cantonnement de la division de cavalerie Forton et celui du général Frossard, entre Vionville et Rezonville. Les Prussiens, qui comptaient pouvoir occuper avant nous les formidables positions situées près de Verdun, durent renoncer à l'espoir de nous gagner en vitesse, et ils se décidèrent à canonner nos convois de bagages et quelques escadrons de chasseurs qui revenaient de l'abreuvoir. Chez tous ces voituriers surpris, ces cavaliers embarrassés par leurs chevaux, il y eut une panique affreuse; mais bientôt les clairons sonnent, les hommes jettent leurs sacs, et les deux divisions Vergé et Bataille, du corps Frossard, renforcées par une brigade du corps de Failly qu'on leur a adjointe depuis Forbach, s'élancent sur l'ennemi. Les Prussiens débouchaient des bois de Gorze, et, en suivant la lisière de la forêt, ils avaient pu gagner Vionville à la faveur des dépressions du terrain. L'action s'étendit successivement à tous les corps, car l'ennemi déployait des forces considérables; il était solidement établi, et l'artillerie prussienne

2

nous foudroyait de plusieurs points à la fois. Les crêtes éloignées étaient garnies de canons de gros calibre, peut-être même de pièces de position qui envoyaient leurs projectiles à une distance énorme. Décimés à Forbach, mitraillés à Rezonville, nos braves régiment faiblissent ; Canrobert, qui avec une abnégation dont l'histoire lui tiendra compte, venait de lui-même se placer sous la direction d'un collègue moins ancien, leur envoie Bourbaki et les grenadiers de la garde. « A la baïonnette! » crie le brillant général, d'une voix de stentor. L'arme blanche sortit du fourreau et s'engagea sur le canon, produisant le cliquetis du fer qui froisse le fer. Ce bruit, l'ordre tonnant du général, furent entendus des Prussiens qui oscillèrent sur eux-mêmes; leurs lignes ondulèrent visiblement, et elles ne purent résister aux grenadiers qui arrivaient comme la foudre.

Le mouvement de l'ennemi se trouvait arrêté, mais alors la canonnade prit une effroyable intensité, surtout près de la ferme de Flavigny. Jusqu'à deux heures, l'artillerie ne cessa de gronder, et ce fut une succession de décharges sur toute la ligne. Près de Vionville, le feu se ralentit en avant de notre front, tandis qu'il se maintenait plus terrible que jamais à droite de l'armée prussienne. Les batteries de la garde arrivent au galop et prennent position auprès de Rezonville, malgré les efforts des Prussiens qui nous couvrent de projectiles. Il faut mettre un terme à cette grêle d'obus et de boulets qui menacent de faire sauter nos caissons et de briser nos affûts ; c'est alors qu'on commande aux cuirassiers de la garde de charger avec les carabiniers. A l'instant, le général du Preuil enlève sa brigade, et les deux régiments s'élancent comme une trombe vivante. Ces hommes de fer courent à une mort certaine, une pluie de balles, d'obus et de boulets les accueille, les chevaux roulent dans la poussière; on vit même un officier supérieur, qu'un boulet venait de décapiter, rester en selle et continuer sa course échevelée avec le sabre au poing et la bride en main. Ce fut une de ces mêlées fantastiques que l'on décrit volontiers dans les romans, mais dont on est rarement témoin. Ils formaient trois lignes : le premier rang vient rouler sur les baïonnettes de l'infanterie ; le deuxième rang éprouve à peu près le même sort ; la troisième ligne arrive franchement à la charge, et, malgré les corps des hommes et des chevaux tués ou blessés qui jonchent le sol, elle ne s'arrête pas. Effrayés de tant de bravoure les Prussiens hésitent, ils reculent, nos mitrailleuses ont eu le temps d'arriver, et les hulans qui poursuivaient les nôtres sont écharpés à leur tour.

Cette charge brillante permit à nos troupes de se porter en avant, bien au-delà du village de Rezonville ; l'ennemi fit alors avancer ses réserves, en les dissimulant derrière les arbres de la forêt, et il essaya de tourner notre droite, mais il vint se briser contre la 4º division du 6º corps qui l'empêcha de sortir des bois. En même temps, les 2º et 7º hussards, masqués par un pli de terrain formant fossé, virent arriver une longue colonne de dragons royaux et de cuirassiers hanovriens. Nos deux régiments de cavalerie légères commandés par le général Legrand qui devait dans la mêlée trouver un trépas glorieux, prennent le galop et arrivent sur le flanc de la colonne prussienne ; celle-ci, pour une conversion de peloton à gauche, leur fait face et reçoit le choc. Ils traversent les lignes ennemies, font demi-tour, et se précipitent de nouveau sur les escadrons ennemis qu'ils repoussent en désordre. Chacun alors pointait pour son compte, les Prussiens s'escrimant de leurs lourdes lattes, tandis que nos cavaliers sentaient leurs sabres s'arrêter sur la poitrine des Allemands (1).

(1) On sut, après l'affaire, que chacun d'eux portait entre le drap vêtement une épaisse lame de cuir de un centimètre et plus.

C'est dans cette charge qu'a été blessé le brave général de Montaigu, et que périt, dit-on, le prince Albert, renommé comme le plus habile général de la cavalerie prussienne. On a dit aussi que le fils du comte de Bismarck y avait trouvé la mort.

A ce moment partirent les 3° et 4° corps qui avaient suivi la route d'Etain. Le maréchal Le Bœuf se porta sur la droite de Canrobert, pendant que Ladmirault opérait une diversion vigoureuse du côté de Mars-la-Tour, où se trouvaient des masses de cavalerie et plusieurs batteries ennemies. Là, eurent lieu divers combats qui firent l'admiration de toute l'armée : le 2° chasseurs d'Afrique, ayant reçu l'ordre de s'emparer d'une batterie qui nous prenait d'écharpe, charge avec une telle impétuosité qu'il dépasse les lignes ennemies. Poursuivis par six régiments de cavalerie, nos chasseurs reviennent, sabrent les artilleurs prussiens, enclouent leurs canons, et laissent la colonne ennemie recevoir le choc des lanciers de la garde qui l'entament au fond d'un étroit vallon. Les Prussiens s'arrêtent, et s'apprêtent à résister de front, mais, assaillis aussitôt par les dragons de l'Impératrice, ils roulent dans une mêlée terrible. Ailleurs, près de Vionville, les 1ᵉʳ et 9° dragons, 7° et 10° cuirassiers luttent contre plusieurs régiments de hulans et de cuirassiers, entre autres celui du comte de Bismarck; prise en flanc, la cavalerie ennemie fut écharpée, et ses débris anéantis par notre artillerie.

Vers 4 heures, une nouvelle offensive des Prussiens fut refoulée, et l'ennemi se retira dans les bois qui bordent la rive gauche de la Moselle, ou dans les ravins de Gorze. La nuit, en venant trop tôt, nous empêcha d'achever cette victoire si brillamment acquise; cependant, jusqu'à huit heures, les mitrailleuses firent entendre leurs grondements lugubres, et vomirent des balles sur les bataillons allemands qui se trouvaient entassés dans une gorge profonde.

Telle fut cette bataille qui dura onze heures, et où nos troupes se couvrirent de gloire. Elles avaient victorieusement lutté contre 250,000 Allemands; mais quelle boucherie ! Jamais, de mémoire d'homme, on ne vit bataille aussi terrible; les vieux officiers, décorés de ces nombreuses médailles qui rappellent à la fois nos campagnes et nos succès, restaient stupéfaits de ce dont ils avaient été témoins. De part et d'autre, l'artillerie fit des prodiges, et, chose rare, pendant plus d'une demi-heure, 126 escadrons se heurtèrent avec le plus horrible acharnement. Canrobert qui mit l'épée à la main, ne cessa d'être avec ses soldats, et de combattre héroïquement contre un ennemi qui le foudroyait avec 140 pièces de canon, alors qu'il ne pouvait lui en opposer que le quart. Bazaine était partout, sur les points menacés ou aux postes les plus périlleux; un instant, son escorte disparut au milieu des Hussards de Brunswick, et Bourbaki venait de prendre la direction de la bataille, lorsqu'on vit le commandant en chef réparaître froid et calme. — Ladmirault, avec son 4ᵉ corps, conquit un drapeau (1) et six pièces de canon. Déjà le 14, à Borny, il avait décidé de la victoire; le 16, se trouvant à Doncourt, il entend le canon, et, sans différer, il se précipite vers les hauteurs, arrive sur le lieu de l'action, et empêche le mouvement tournant des Prussiens. Sur le champ de bataille, le général Clairambault vint serrer la main à Ladmirault en lui disant : « Général, pour la seconde fois vous « avez le bonheur de sauver l'armée et de décider de la « victoire. »

Nos pertes furent sensibles : nous avions 6,000 blessés, parmi lesquels le brave général Bataille. Nos morts étaient en proportion. Quant à l'ennemi, il eut au moins, d'après

---

(1) Ce drapeau fut enlevé par le 57ᵉ de ligne.

l'appréciation de juges compétents, 25,000 hommes hors de combat.

Le lendemain 17, l'armée prit les positions comprises entre Saint-Privat-la-Montagne et Rozérieulles afin de renouveler ses approvisionnements. Il y eut près de Gravelotte quelques combats d'arrière-garde qui n'ont pas gêné le défilé de nos convois, et, toute la journée, on put voir rentrer en ville les blessés de la veille.

C'était un spectacle navrant, et jamais nous n'oublierons l'émotion que nous avons ressentie à l'aspect de cette suite interminable de cacolets, de chariots ensanglantés ou de voitures d'ambulance dans lesquels se trouvaient entassés officiers et soldats des deux armées belligérantes. Ici, c'est un chasseur qui a le poignet brisé ; là, nous rencontrons un malheureux Prussien qui n'a plus de visage, tout a disparu sous un masque de sang coagulé. Plus loin, nous croisons des hommes de la garde, dont les jambes fracassées pendent et se balancent sous les secousses du mulet qui les porte. Voici encore un officier d'artillerie qui a été littéralement scalpé ; il est étendu dans un chariot, en compagnie de carabiniers sans casques ni cuirasses, et qui gémissent à chaque cahot que ne peuvent amortir les quelques poignées de paille jetées au fond de la voiture. — Jusqu'au soir, ce hideux cortège encombra les rues de Metz ; il marchait lentement, s'arrêtait à chaque pas, et tout autour s'empressaient des femmes et des jeunes filles portant des brocs d'eau et de vin qu'elles servaient aux glorieuses victimes de la guerre.

Dans la journée, le général Coffinières de Nordeck invita les habitants de la ville à recueillir chez eux des blessés ; immédiatement, la population répondit à cet appel, et chaque ménage, pauvre ou riche, donna asile aux soldats mutilés.

Vers trois heures, on entendit de nouveau sur les hauteurs de Gravelotte les roulements des mitrailleuses signalant la présence de l'ennemi, et presque en même temps le fort de Quculeu fut bombardé de trois côtés à la fois pendant que les Prussiens faisaient inutilement un simulacre d'attaque contre nos avant-postes à Chatel-Saint-Germain. Tout indiquait que le lendemain nous aurions encore une grande affaire.

Le 18 août, vers huit heures et demie du matin, une vive fusillade éclata dans la direction d'Amanvillers. Le corps de Ladmirault était aux prises avec l'ennemi qui cherchait à refouler notre gauche. Repoussés avec pertes, les Prussiens dirigèrent leurs efforts contre notre centre qu'ils ne purent entamer, et, non découragés par ces deux échecs, ils revinrent se heurter contre la droite où se tenait Canrobert. Comme toujours, leurs masses sombres sont dissimulées dans les bois ; — une première ligne apparaît seule à découvert. Nos compagnies s'abritaient également contre la lisière de la forêt, et elles faisaient pleuvoir une grêle de balles sur les colonnes allemandes chaque fois qu'elles essayaient de marcher en avant. Ce feu de mousqueterie durait ainsi depuis longtemps lorsque les Prussiens dressèrent des batteries qui nous canonnèrent à obus; aussitôt nos pièces leur répondirent, et pendant quelques heures la bataille se changea en un combat d'artillerie.

Vers cinq heures, un corps de 40,000 hommes s'élançant sur les nôtres en ordre triangulaire, nos canons firent rage, et chacun de leurs boulets vint faucher ces rangs épais. Les Prussiens fléchissent sous cette avalanche de fer et de feu, ils s'éloignent de 500 mètres environ, et l'on peut croire la bataille gagnée lorsque, soudain, notre feu faiblit. Nos munitions étaient devenues insuffisantes, l'artillerie ne pouvait plus protéger l'infanterie qui, elle aussi, était épuisée et avait brûlé presque toutes ses cartouches. Que faire, sinon battre en retraite?... Mais il y a là les

2ᵉ et 3ᵉ chasseurs ; on leur crie : « Chargez ! » et, sur cet ordre fatal, ils s'élancent vers les carrés ennemis que protégeait un talus de quatre pieds d'élévation. Heureusement ils n'ont pu l'aborder, sans quoi ces braves régiments n'existeraient plus. Les balles pleuvent autour d'eux, cependant ils se reforment en bataille et laissent à l'artillerie le temps de recevoir du renfort. Tout est remis en état, quarante pièces mitraillent à leur tour les légions prussiennes, et la lutte se ranime aux cris de : « La garde arrive ! la garde arrive ! » En effet, cette troupe d'élite s'avance au pas gymnastique et brise tout ce qu'elle rencontre.

La ligne de bataille du 6ᵉ corps s'étendait à droite et à gauche de Saint-Privat-la-Montagne. Canrobert, s'apercevant qu'une colonne ennemie se retirait vers les bois de Moyeuvre, chercha à lui couper sa ligne de retraite par un mouvement de flanc sur la droite. Si l'opération eût réussi, nos annales militaires s'enrichissaient d'une grande victoire ; malheureusement on vit déboucher au même moment de nombreuses batteries prussiennes qui prirent position à notre gauche et nous accablèrent de projectiles. Nos troupes ne pouvaient plus tenir, elles se replièrent du côté de la route de Saulny et jetèrent l'épouvante parmi les convoyeurs qui, croyant à une défaite, tournèrent bride vers Metz, désireux de sauver leurs chariots avec leurs personnes. C'est grâce à l'intrépide fermeté du lieutenant Boyé et du sous-lieutenant Delachotte de la Mettrie que le désordre ne prit pas les plus graves proportions. A la tête d'un peloton de vingt-cinq guides de la garde impériale, ils réussirent à rompre ce torrent de voitures et de conducteurs affolés qui roulait des hauteurs de Saint-Privat sur les pentes de Woippy, et ils l'empêchèrent d'entrer en ville.

La panique promptement comprimée, chacun reprenait

son sang-froid, lorsqu'on entendit tout-à-coup une musique militaire qui jouait *la Marseillaise*; aussitôt les rangs se reformèrent et le combat recommença avec une nouvelle rage dans les rues de Saint-Privat. L'artillerie prussienne dirigea alors son feu sur ce malheureux village, où l'incendie éclata de toutes parts et nous força à battre en retraite. La situation était excessivement critique, et l'on put craindre un instant de n'en pouvoir sortir qu'au prix des plus grands sacrifices; aussi le maréchal encouragea et doubla l'énergie de nos braves officiers; il fit placer plusieurs batteries à droite et à gauche de la route de Saulny, pour arrêter les masses prussiennes dans leur marche, puis il ordonna aux régiments de s'avancer par échelons afin de gagner les carrières. A la vérité, nous étions contraints d'abandonner nos positions de Saint-Privat, mais la retraite s'effectua en bon ordre, et notre extrême droite se replia vers le centre sans être inquiétée. Jusqu'à sept heures, la canonnade retentit se mêlant aux feux de tirailleurs qui continuèrent fort avant dans la nuit, éclairés par l'incendie des villages d'Amanvillers, de Saint-Privat, et des fermes de la Folie et de Moscou.

Les corps de Canrobert, de Le Bœuf et de Ladmirault furent engagés toute la journée dans cette bataille de plus de douze heures. Chacun a admiré l'énergie et l'habileté dont a fait preuve le maréchal Canrobert qui, en somme, battit les premières troupes qu'on lui opposa. Obligé ensuite de se replier vers le fort des Carrières, au moment où il coupait la retraite des colonnes ennemies, il opéra ce mouvement sans se laisser entamer, et en arrêtant, dans leur marche les réserves prussiennes fortes au moins de 100,000 hommes. Nous avions seulement à regretter l'abandon de deux ambulances établies derrière Saint-Privat.

Si cette affaire n'a pas été complétement heureuse, il faut

l'attribuer à quelques défaillances partielles qui causèrent surprises et débandades, ainsi qu'à la faute et à la négligence de ceux qui laissèrent notre artillerie manquer de munitions au moment décisif. On ne peut s'expliquer comment, au pied d'un arsenal et à quelques mètres d'une place forte, les gargousses fassent défaut, et qu'en pleine bataille on s'aperçoive tardivement que les caissons sont vides. Cependant, nous avons affaire à des ennemis sérieux et habiles, et nous devrions ne pas nous obstiner dans la routine ni dans une tactique surannée, mais imiter les Allemands qui corrigent de suite ce qui leur semble mauvais. A Borny, ils ont lancé sur nous des nuées de fantassins que nos mitrailleuses ont décimés ; alors, mettant à profit cette rude épreuve, ils chercheront désormais à éviter un engin qui les hache menu, et, au lieu de marcher par colonnes serrées, ils se déploieront en tirailleurs. A Gravelotte et à Amanvillers, les Prussiens ont encore modifié leur manière de combattre : ils mirent l'infanterie en deuxième ligne, et nous fatiguèrent avec de l'artillerie. Or, si loin de leur pays ils trouvent toujours des obus à faire éclater dans nos rangs, comment donc, aux portes de Metz, ce qu'ils ont eu en abondance vient-il à nous manquer ?

Nos pertes à la bataille de Saint-Privat furent peu sensibles, comme il arrive le plus souvent quand l'affaire n'est qu'une longue canonnade. Après cette journée, l'armée française vint camper en avant de la ville, dans des positions magnifiques à partir du Mont-Saint-Quentin, et l'ennemi s'établit en arrière pour compléter l'investissement de Metz.

De son côté, l'administration s'occupait des soldats soignés chez les bourgeois, et elle prit les dispositions suivantes :

VILLE DE METZ.

SECOURS AUX BLESSÉS.

« Le général de division commandant supérieur de la place
« de Metz remercie les habitants de l'empressement avec lequel
« ils ont accueilli nos blessés. Mais le cœur ne peut pas tou-
« jours suppléer aux ressources, et beaucoup de familles pau-
« vres seraient heureuses de recevoir nos soldats si elles en
« avaient les moyens ; en conséquence, une indemnité de
« 2 francs, par jour, et par blessé, sera accordée à quiconque
« la réclamera pour soins et aliments donnés aux soldats
« recueillis dans des maisons particulières. »

« Le Général de division, commandant supérieur
« de la place de Metz,

« F. COFFINIÈRES. »

BLESSÉS RECUEILLIS A DOMICILE.

« Tous les habitants qui ont recueilli des militaires blessés
« sont invités à en faire la déclaration à la Mairie, en indiquant
« les noms et prénoms de ces blessés, leur domicile, leur grade,
« le corps auquel ils appartiennent, ainsi que leur numéro ma-
« tricule.

« Ils sont également invités à faire connaître à la Mairie la
« sortie de ces blessés, et à assurer leur admission au dépôt des
« isolés, à l'état-major de la Place.

« Les personnes disposées à recevoir des blessés doivent
« s'adresser aux médecins traitants des ambulances. Ils dési-
« gneront ceux dés blessés que leur état de santé permet de
« placer chez des particuliers.

« Metz, le 18 août 1870.

« Le Maire,

« Félix MARÉCHAL. »

… 28 BLOCUS DE METZ

III

Dès le 19 août, le blocus de la ville est devenu hermétique ; il n'arrive plus ni lettres ni journaux, et il nous devient impossible de communiquer avec le dehors. Tandis que les Prussiens laissent sous nos murs des forces suffisantes pour tenir tête à Bazaine et former une ligne solide autour des forts, le reste de leur armée gagne les plaines de la Woëvre par les Génivaux, les vallées de Mance, de Gorze et du Rupt-de-Mad, afin de se porter sur la route de Paris. A partir de ce moment, les habitants de Metz assistèrent constamment aux poignantes émotions de la guerre, car il n'est pas de jour que l'artillerie des forts ne se fasse entendre, soit pour démolir des batteries ennemies, soit pour arrêter la marche de colonnes prussiennes qui viennent renforcer les points faibles du cercle d'investissement. Les assiégeants se sont disséminés sur une vaste circonférence dont Metz est le centre, et dont les rayons aboutissent vers Saulny, Ladonchamps, Maizières-lès-Metz, Sainte-Barbe, Colombey, Peltre, Augny, Ars-sur-Moselle et Jussy. Sur tous ces points ils se fortifient derrière une ligne de feu et d'airain.

Le 20 août, le maréchal Bazaine adressait à ses troupes l'ordre général qui suit :

« Officiers, sous-officiers et soldats de l'armée du Rhin,

« Vous venez de livrer trois combats glorieux dans lesquels
« l'ennemi a éprouvé des pertes sensibles, et a laissé entre nos
« mains un étendard, des canons et 700 prisonniers.

« La patrie applaudit à vos succès.

« L'Empereur me délègue pour vous féliciter et vous assurer
« de sa gratitude. Il récompensera ceux qui ont eu le bonheur
« de se distinguer parmi vous.

« La lutte ne fait que commencer ; elle sera longue et acharnée,
« car quel est celui de nous qui ne donnerait la dernière goutte
« de son sang pour délivrer le sol natal ?

« Que chacun de nous, s'inspirant de l'amour de notre chère
« patrie, redouble de courage dans les combats, de résignation
« dans les fatigues et dans les privations.

« Soldats,

« N'oubliez jamais la devise inscrite sur vos aigles : *Valeur et
« discipline*, et la victoire est assurée, car la France entière se
« lève derrière vous.

« Au grand quartier général du Ban-Saint-Martin, le 20 août 1870.

« *Le Maréchal de France, Commandant en chef,*

« BAZAINE »

Cependant, la discipline se relâchait dans l'armée, et le
soldat, las de se battre sans que ses efforts fussent couronnés d'un résultat apparent, maugréait contre ses chefs.
Il ne comprenait rien aux nécessités stratégiques ou politiques dont on essayait de le leurrer, et il préférait commettre mille déprédations dans les propriétés environnantes. Aussi, la maraude prit une telle extension qu'il
fallut y apporter un terme et la réprimer énergiquement.
L'ordre général suivant parut au rapport de l'armée :

« Le Maréchal commandant en chef décide que tout maraudeur surpris en flagrant délit sera condamné à six mois de

« travaux dans une forteresse, sur la simple déclaration des
« agents de la force publique, et il entend qu'on assimile les
« traînards à cette catégorie de malfaiteurs.

« M. le général grand-prévôt, ainsi que les prévôts des
« corps d'armée, prendront des mesures pour faire arrêter les
« délinquants, et rendront les agents de la force dont ils dispo-
« sent responsables des faits de maraude qui pourraient se pro-
« duire à l'avenir sous leurs yeux. »

« Au grand quartier général du Ban-Saint-Martin, le 20 août 1870.

« *Le Maréchal de France,*
« *commandant en chef,*
« BAZAINE. »

« Pour ampliation,
« *Le Général de division,*
« *chef d'état-major général,*
« L. JARRAS. »

La population messine, à la suite de l'affaire du 18 août, s'était émue de la façon la plus pénible. Il n'était pas douteux que les Prussiens se flattassent de prendre Metz par famine, et bien que la ville contînt des vivres pour 200,000 hommes, pendant soixante jours, elle commençait à souffrir des dures nécessités de la guerre. Les maisons regorgeaient de blessés, nos moyens de communication étaient interrompus, chaque jour on apprenait que la ligne d'investissement se resserrait et se fortifiait davantage, enfin, l'homme à qui l'Empereur avait remis le commandement de l'armée perdait notre confiance. Néanmoins, les habitants de Metz, femmes et hommes de tout âge et de toute condition, comprirent qu'il s'agissait d'un grand effort : chacun se sentait l'énergie nécessaire pour supporter des sacrifices qui feraient époque dans l'histoire du pays, mais, s'il ne se laissait pas abattre, l'esprit des messins s'abandonnait à la plus déplorable crédulité. C'est Mac-Mahon qui est l'objectif des nouvellistes; on le savait à Châlons avec le corps du général de Failly, et se préparant à marcher vers Metz; alors, tantôt il gagne une grande bataille et détruit l'armée prussienne, tantôt il vient nous tendre la main, soit d'un côté, soit de l'autre. On désire tellement le voir arriver que l'imagination fait entendre le canon à des distances fabuleuses.

Pendant ce temps, nos avant-postes échangeaient des balles avec les grand'-gardes ennemies, et un brasseur de Metz, nommé Hitter, tenait la campagne, où il attaquait seul les convois prussiens. Plusieurs fois, il ramena en ville des voitures de grains et des prisonniers. C'est un homme à figure énergique, portant une belle barbe blanche; malgré son âge mûr, il a conservé toute l'ardeur et la témérité confiante de la jeunesse. Armé d'un fusil de chasse et de deux pistolets, celui que les Prussiens ont surnommé l'*Ours blanc,* se montre le guerillero le plus accompli. Ses exploits lui valurent les éloges d'un grand nombre d'officiers supérieurs, et l'autorisation de réunir autour de lui une compagnie de 25 hommes pour servir d'éclaireurs.

Le 22 août, le roi de Prusse avait couché au château de Frescaty, près Montigny. Le 24, on apprend que les Allemands sont à Briey, et qu'ils ont voulu faire mains-basse sur les deniers publics; mais les fonds de l'Etat avaient été envoyés au chef-lieu et il ne restait rien dans les caisses. Du côté de Metz, sauf des engagements de grand'-gardes, et le canon des forts qui tonne quelquefois, il ne se présente aucun fait de guerre digne d'être rapporté. Cependant les deux armées établissent des batteries de position, et, le 25 au matin, une partie des corps français quitta ses campements devant la porte de France pour se porter, en aval de la place, sur la rive droite de la Moselle, vers Saint-Julien. On s'attendait à une grande bataille qui, pourtant, n'a pas eu lieu ; toutefois, notre marche du côté de Malroy et sur Noisseville nous permit d'enlever presque sans coup férir, un camp retranché prussien où nos soldats trouvèrent beaucoup de fusils. De là, nos colonnes se dirigèrent sur Sainte-Barbe ; mais ayant reconnu que l'ennemi s'y était fortement retranché, elles se bornèrent à envoyer quelques obus. A l'ouest, et au sud, nous réussissions à chasser les Prussiens de la ferme de la Haute-Bévoye, puis à conserver nos positions en arrière du fort de Queuleu ainsi que sur la ligne qui rejoint le Saint-Quentin, de manière à couvrir entièrement la ville. Néanmoins, malgré ces mouvements de troupes et le tir excellent des forts détachés, l'ennemi se rapprochait autant que possible, et cherchait à occuper les villages de Sainte-Ruffine, de Jussy et de Rozérieulles. Les Prussiens étaient à Vaux, leurs convois de ravitaillements arrivaient jusqu'à Peltre, par la voie ferrée de Forbach. Plus loin, ils construisaient de Herny à Pont-à-Mousson, un chemin de fer américain que l'on voyait déjà en pleine exploitation jusqu'à Sécourt.

A mesure que les Allemands s'avançaient dans la partie française du département, ils perdaient cette modération apparente qu'ils avaient gardée jusqu'alors, surtout dans les villages où l'on parle leur langue. On cite plusieurs campagnards bâtonnés et fusillés par eux ; on dit qu'à Ancy, Augny, Novéant et autres pays de vignobles, non contents de boire le vin, ils versent dans les caves celui qu'ils ne peuvent emporter. S'ils se bornaient à ces déprédations, on ne songerait pas à se plaindre, car ce sont des maux qu'il faut souffrir, mais quand nous voyons les Prussiens adopter une conduite digne des mœurs du moyen-âge, maltraiter des paysans sans défense, faire violence aux femmes, saccager les maisons de parti-pris, charger les meubles sur des voitures qui les emportent en Allemagne, nous devons flétrir de telles actions (1). Que faut-il attendre des soldats confédérés puisqu'ils ne reconnaissent ni traités ni droit des gens? N'a-t-on pas vu les Prussiens confisquer deux ambulances appartenant à la *Société internationale de secours aux blessés*, portant pavillon neutre, et desservies par cent membres volontaires de l'association? — A la date du 24 août, l'une de ces ambulances était à Gravelotte, l'autre à Pont-à-Mousson. N'a-t-on pas su que de braves officiers blessés à Rezonville, et se rendant aux ambulances d'Ars-sur-Moselle, ont failli être retenus prisonniers contrairement à toutes les règles, et qu'ils n'ont dû leur liberté qu'aux énergiques réclamations portées au prince Frédéric-Charles et aux généraux Steinmetz et de Goltz? N'est-il pas avéré que, dans les moments de péril, les Allemands lèvent en l'air la crosse de leurs fusils, comme pour se rendre, et qu'ensuite ils tirent à bout portant sur nos soldats qui s'approchent sans défiance? N'est-il pas affirmé, par de pauvres victimes échappées à leur sauvagerie, que les hulans achèvent les blessés sur le champ de bataille en les hachant à coups de sabre ou en les perçant de leurs lances? N'est-il pas certifié par nos chirurgiens que l'ennemi se sert de balles explosibles? — Cette cruauté ne peut être niée, puisqu'on a extrait des blessures de nos soldats plusieurs balles entières qui n'avaient point éclaté. (1) Reposons-nous de tant d'atrocités en citant un fait qui est tout à l'honneur d'un officier prussien; nous nous faisons un devoir de l'enregistrer, car c'est le seul qui soit parvenu à notre connaissance.

---

(1) Ces faits ont été avancés par divers organes de la presse locale; nous n'en avons pas d'autres preuves, mais ils se rapprochent tellement d'autres actes semblables commis dans l'intérieur de la France et stigmatisés par une circulaire de M. de Chaudordy aux puissances étrangères, que nous croyons pouvoir y ajouter foi et les relater ici sans plus de correctif.

Le 17 août, pendant que nos troupes se dirigeaient sur Metz, on avait établi une ambulance à la ferme de Mogador parce qu'il ne restait ni voitures ni cacolets pour transporter les blessés. Un hulan arrive et dit : « Evacuez cette « maison, on vous donne trois heures, sinon le feu. » Il y avait là trente Allemands étendus avec les nôtres, et parmi eux le baron de Heister, chef d'escadron au 7e cuirassiers. Indigné, il écrit au général qui a donné cet ordre barbare : « Si vous ne laissez pas aux Français le temps d'enlever « leurs mourants, je reste, et vous me brûlez avec eux. » De telles paroles deviennent admirables quand elles sont prononcées par un loyal ennemi.

L'armée du maréchal Bazaine qui, le 25 août, s'était avancée du côté de Saint-Julien, prit, le 27, d'autres positions, et l'on sut que l'armée prussienne s'était précipitamment retirée dans la direction de la frontière. Cependant, nos reconnaissances rencontrèrent l'ennemi à Ladonchamps ainsi qu'à la Maison-Neuve, et le tir des forts attestait sa présence au sud et à l'ouest de la Place. Le Saint-Quentin surtout s'acharna contre les retranchements que les Prussiens élevaient à Jussy et à Saulny; nuit et jour il faisait entendre sa grosse voix, et les pièces de vingt-quatre long lançaient leurs boulets jusqu'aux hauteurs de Gravelotte, vers la Fontaine des Lépreux, où l'ennemi paraissait ouvrir des tranchées. Après une de ces canonnades, on eut la douleur de constater à la lorgnette que les terrassiers mis en déroute étaient des habitants des villages voisins mis sans doute à réquisition et fortement surveillés.

Dans la nuit du 27 août, on entendit l'artillerie retentir du côté d'Augny; elle redoubla vers cinq heures du matin et l'on put croire à un sérieux engagement, mais ce n'était qu'une attaque dirigée, derrière Montigny, contre la redoute de Saint-Ladre par une batterie prussienne établie sur le versant septentrional de la côte de Châtel-Saint-Blaise. Après un bombardement assez long, le fortin fut réoccupé par nos troupes, et le fort de Queuleu canonna vivement les colonnes ennemies à une distance de cinq mille mètres. En même temps, les pièces prussiennes, postées à Frescaty, tiraient sur les fermes de Bradin et de Saint-Ladre ; une de nos divisions sortit alors en reconnaissance par la porte Serpenoise, et elle força les Allemands à se retirer dans les bois de Jouy et de Corny. Jusqu'à onze heures du soir, le canon se fit entendre dans diverses directions, et le lendemain nos éclaireurs ramenèrent de Vallières à Metz soixante-quatre voitures de foin, ainsi qu'un convoi de bestiaux qu'ils avaient enlevés à l'ennemi.

Pendant que notre armée harcelait les Prussiens, l'administration et la population messine ne restaient pas inactives. On réussit à établir les *bauchons de la Seille,* entre la porte Mazelle et le grand séminaire, afin d'inonder la vallée, et bientôt la rivière s'étendit en une vaste nappe d'eau depuis le pied des collines de Queuleu jusque dans les fossés de la redoute du Pâté.

Nous ne dirons rien de ces gardes nationaux du 4º bataillon, allant jusqu'à Peltre et sur la route de Magny planter aux avant-postes allemands des drapeaux avec cette inscription :

« Cimetière des Prussiens
« Il n'en sortira point. »

Ils voulaient, paraît-il, rectifier l'indication apposée sur des poteaux aux grand'gardes ennemies :

« Territoire prussien,
« On ne passe pas. »

A la vérité, un tel exploit leur permettait d'accentuer leur patriotisme ; néanmoins nous préférons les suivre dans les œuvres de dévouement réel et utile auxquels ils participèrent.

Le service des secours aux blessés prenait un grand développement : outre cinquante-quatre ambulances renfermant environ 14,000 blessés, on installa sur la place Royale des wagons-hôpitaux appropriés à cet usage par l'intelligent ingénieur de la compagnie de l'Est, M. Dietz, qui y fit accrocher des hamacs. Tous les établissements publics étaient convertis en ambulances ; l'Esplanade, les écoles, les couvents, le lycée, le collége des Pères Jésuites, la nouvelle manufacture des tabacs, les orphelinats, le palais de justice, la préfecture, le jardin Fabert, les hôpitaux, le grand séminaire, le sacré-cœur, l'école d'application, l'école normale, l'évêché, la maison d'arrêt, les casernes, l'hospice israëlite, la communauté protestante, la ligue de l'enseignement, la loge maçonnique, etc., servaient d'asile aux glorieuses victimes de la guerre. L'évêque de Metz visitait toutes ces ambulances ; il y répandait secours et consolations, sans distinction de culte et en donnant l'exemple de la plus louable tolérance. La ville avait fait construire au Polygone de Chambière de vastes barraquements qui servaient d'ambulances, et où les médecins civils de Metz consacraient aux blessés presque tout leur temps. Les particuliers avaient porté la charité jusqu'à l'héroïsme, les dons patriotiques affluaient, les dames de Metz se montraient sublimes en passant auprès des malades leurs journées, et une partie des nuits ; aussi, n'était-ce qu'un cri d'admiration et de reconnaissance parmi tous les blessés qui comprenaient combien ces soins délicats exigeaient de force d'âme pour surmonter la faiblesse naturelle et les répugnances de la femme. Hélas ! tant d'efforts et une si complète organisation devaient bientôt devenir insuffisants, car les nouveaux évènemeuts qui se déroulaient sous nos murs allaient encore exiger un surcroît de peines et d'abnégation.

IV.

Le 31 août, dès trois heures du matin, l'armée commandée par le maréchal Bazaine se mettait en mouvement pour faire une forte reconnaissance sur la rive droite de la Moselle et par delà la route de Saint-Avold. Les Prussiens, sous les ordres de Manteuffel, occupaient les villages de Lauvallières, Nouilly, Montoy, Sainte-Barbe et Servigny, dont on voulait les déloger. Dans la matinée, plusieurs attaques d'artillerie étaient restées sans réponse, des engagements d'avant-postes avaient eu lieu, et plusieurs de nos positions avaient été reprises lorsqu'on amena du gros canon près de Grimont, sur la route de Sainte-Barbe. Ce fut seulement à quatre heures et demie du soir que les allemands consentirent à accepter la bataille. Nos 2°, 3°, 4° et 6° corps, avec la garde en réserve, prirent leurs positions de combat dans l'angle formé par les deux routes de Bouzonville et de Boulay, en étendant leurs lignes du petit bois de Mey au lieudit La Planchette, et dans la plaine en avant des vignes de Nouilly. Le 2° corps, avec Frossard, était chargé de l'attaque de droite ; il se porta vigoureusement sur Lauvallières et Montoy, dont il s'empara, tandis qu'à la gauche, le corps de Ladmirault marchait sur Sainte-Barbe, où devaient converger ensuite les efforts des autres corps. Par cette manœuvre, l'ennemi se trouvait dans un demi-cercle de feu, et l'artillerie de 24, établie derrière le bois de Mey, tonnait contre les batteries fixes prussiennes posées en avant de Vrémy, sur la route de Sainte-Barbe.

Le tir de l'ennemi était très-défectueux et ses obus venaient échouer en avant des lignes françaises; nos mitrailleuses, au contraire, faisaient de grands ravages chez les Prussiens massés en trois corps d'armée immobiles entre Servigny, Failly, Charly et Malroy. Près de la ferme de Sainte-Agathe, une vive fusillade se joignait aux roulements lugubres de nombreuses batteries de canons à balles, dont l'écho reproduisait le retentissement avec une netteté effrayante. L'ennemi ne tarda pas à faiblir bien qu'on vit des troupes prussiennes déboucher incessamment de Retonfey, et ses batteries cessèrent leur feu sous le tir remarquable du fort Saint-Julien qui les démontait à une distance de quatre mille mètres. Aussitôt, nos bataillons s'ébranlèrent, d'abord en masses serrées, puis se déployant en tirailleurs ; ils arrivèrent ainsi sur la crête près de Noisseville dont les hauteurs étaient dominées par une puissante artillerie.

A droite de la route de Sarrelouis, eut lieu un combat héroïque à la baïonnette. Le chemin était fermé par une barricade faite de tonneaux, de gabions et de troncs d'arbres; le 95° de ligne, soutenu par des compagnies du 18° bataillon de chasseurs, s'élança avec furie au milieu d'une grêle d'obus, et malgré la fusillade qui éclatait de toutes les maisons, ainsi que des fermes dont les murs avaient été crénelés par les Prussiens, nos soldats emportèrent d'assaut la position. Immédiatement ils s'élancèrent dans le village, où se livra un combat corps à corps suivi d'un massacre épouvantable d'ennemis ; les Allemands, cernés et terrifiés par nos baïonnettes, jetèrent leurs armes, et 50 hommes, — ce qui restait du 44° régiment prussien, — furent faits prisonniers dans un ravin.

Vers 6 heures, le feu redoubla d'intensité et il était évident qu'un suprême effort allait être tenté ; pendant quelques minutes la canonnade devint furieuse, car nos batteries dirigées sur Servigny battaient en brèche celles de l'ennemi qui, après avoir incendié Noisseville et une petite ferme près de Montoy, s'efforçaient de mettre le feu à Servigny.

Il fait nuit, une fumée intense plane sur le champ de bataille, et l'on croyait l'action terminée lorsque tout-à-coup le clairon retentit : ce sont les troupes de Le Bœuf qui montent à Servigny. Changarnier, à cheval, venait de s'écrier : « Allons ! j'ai besoin d'entendre mon vieux refrain d'Afrique ! » on avait sonné la charge, et nos troupes électrisées fondaient comme un ouragan sur les Prussiens qu'elles débusquèrent, de façon à s'unir à notre droite. L'ennemi en fuite se réfugia dans les bois de Failly et de Cheuby, abandonnant la plaine où l'incendie dévorait les villages de Montoy et de Servigny. La victoire était complète, nous avions pris 15 canons et fait 1200 prisonniers.

Deux corps français avaient seuls donné contre 75000 hommes commandés par les généraux Manteuffel, de Kirschbach et Zastrow. Nos pertes étaient peu sérieuses, ce qui augmentait encore notre joie car on sentait que les généraux avaient habilement fait leur devoir, et les blessés eux-mêmes montraient une certaine gaîté. « Ne vous plaignez pas, disait l'un d'eux, cette fois nous *sommes* été à la *fourchette !* » — Avoir pu aborder l'ennemi à la baïonnette, voilà le premier baume versé sur leurs blessures, et, en effet, la journée de Servigny comptera dans les fastes glorieux de nos combats à l'arme blanche. Le maréchal Bazaine fut très-exposé ; à trois reprises les Prussiens tirèrent sur son escorte, et plusieurs officiers qui l'accompagnaient ont été gravement atteints : le colonel d'artillerie Deville fut blessé à la tête, et le général Jarras, chef d'état-major général, eut son cheval tué sous lui. Au nombre des blessés on citait les généraux Manèque, Montaudon, et de Forton.

A 9 heures du soir, nous rentrions en ville avec deux de nos collègues, et sur la route nous avons croisé de longues colonnes de cuirassiers et d'artillerie qui se rendaient vers le lieu de l'action. Tout indiquait que le lendemain la bataille recommencerait, car les Prussiens avaient un rude échec à venger, et cet ennemi, qui sait si bien utiliser les grandes masses, venait certainement de faire jouer le télégraphe dont il a entouré Metz, appelant à son secours toutes les forces disponibles. En effet, tandis que les blessés étaient ramenés dans la place, et que nos troupes bivaquaient sur le champ de bataille, des forces considérables de Prussiens se mouvaient, parties d'Ars, en décrivant la demi circonférence autour de Metz, pour arriver à Sainte-Barbe, véritable forteresse où l'ennemi avait accumulé ses réserves d'artillerie. C'était l'armée du prince Frédéric-Charles. De l'autre côté, vers Malroy, on faisait passer la Moselle aux troupes fatiguées, et Steinmetz amenait des colonnes fraîches de Saint-Privat-la-Montagne et de Maizières, en sorte qu'à minuit nous étions en présence de cinq corps d'armée n'ayant pas encore donné.

A partir de une heure du matin, la fusillade recommença ; mais, en presence de forces nouvelles et considérables, il nous fallut abandonner les coteaux enlevés à l'ennemi, et le laisser reprendre ses positions. Dans cette pénible nécessité, Changarnier donna l'ordre de mettre les canons pris aux Prussiens hors de service, et, comme on ne pouvait les enclouer, il en fit arracher les culasses. Pendant ce temps, le maréchal Le Bœuf montrait la plus grande bravoure : il était à Noisseville où l'on ne pouvait plus tenir, et chacun le pressait de se retirer. Il refuse en répondant : « Mes-
« sieurs, ceci vous regarde ; mettez pied à terre, je vous

« prie ; quant à moi je reste à cheval pour que l'ennemi et
« nos soldats me voient bien. » Et jusqu'au dernier moment il demeura plein de calme, avec son fanion planté à côté de lui. C'est là qu'il fut légèrement atteint d'un éclat d'obus.

Notre armée s'était repliée, et, à l'aube, on la voyait massée sur le terrain qu'elle occupait la veille avant l'attaque. Ses réserves d'artillerie et de cavalerie se tenaient entre Saint-Julien et le fort de Belle-Croix, tandis que les colonnes ennemies défilaient toujours, malgré le feu nourri des forts qui tiraient à coups redoublés. Au point du jour, la ligne de bataille se dessina depuis Thury jusqu'au fort de Queuleu, en s'appuyant à Grimont, Ars-Laquenexy, Mercy et Grigy.

On faillit prendre, de ce côté, un grand personnage prussien qui se rendait tranquillement en calèche au château de Mercy, et qui n'eut que le temps de se sauver dans les vignes. Sur le même point, nos chasseurs rencontrèrent un gros de dragons allemands qu'ils taillèrent en pièces, et dont il ne resta que 9 hommes des 210 soldats dont il se composait ; les survivants furent tous faits prisonniers. Mais là n'était pas le centre de l'action, bien que les batteries prussiennes tirassent sur le fort de Queuleu ; dès avant neuf heures, l'ennemi était repoussé dans cette direction, et c'est encore à Noisseville que s'engageait le fort de la bataille. Les pièces du Saint-Julien faisaient rage tant sur Malroy que sur Noisseville, et, de Metz, on voyait la fumée du combat.

Nous y sommes retourné dès le matin, et nous avons pu suivre pendant quelque temps les péripéties de la lutte. Les Prussiens ne se défendent plus, ils provoquent, ils attaquent, et semblent vouloir nous attirer vers Sainte-Barbe où ils se sont solidement fortifiés. Un instant, on se demande si nous allons livrer une bataille formidable en engageant l'armée française tout entière ; mais telle n'est pas l'intention du maréchal Bazaine. — Cependant, nos troupes avancent et le feu s'éloigne rapidement de Metz. Vers neuf heures, une brigade de cuirassiers, suivie d'artillerie, partit au grand trot dans la direction de la route de Bouzonville où elle disparut bientôt à nos regards qui se reportèrent sur les vignes de Nouilly. Là, nos tirailleurs étaient embusqués et, à la faveur des plis de terrain, ils criblaient de balles les canonniers allemands. Sous Noisseville, on distinguait un long cordon noir et immobile ; c'était un bataillon de notre infanterie dont les hommes étaient étendus à plat-ventre et couchés dans un sillon pour surveiller tout mouvement agressif de l'ennemi, car on voyait les régiments prussiens manœuvrer à travers les peupliers qui bordaient l'horizon devant nous, et sur le plateau de Servigny ce n'étaient que masses sombres méthodiquement alignées. A dix heures, pendant qu'un engagement très-vif se soutenait à Cheuby, on aperçut au delà de Montoy, vers le bois de Vaudreville, des feux d'artillerie auxquels nous ripostions faiblement ; toutefois les crépitations d'une fusillade acharnée se mêlaient aux retentissements du canon. A onze heures, le bruit diminua sensiblement ; il s'éloignait du côté de l'est. A midi, on n'entendait plus que de rares détonations, et l'armée française commençait à se replier sur Metz.

Jamais on ne vit rien de comparable à cette retraite : nos régiments défilaient comme à une revue d'apparat, et personne n'eût pu croire qu'on se retirât si l'ordre du général en chef n'avait été répété de ligne en ligne. Les Prussiens ont dû être frappés d'admiration et de crainte, puisqu'ils laissèrent nos troupes reprendre leurs anciens campements sans les inquiéter un seul instant.

Avant de quitter le champ de bataille, nous jetions un dernier regard vers cette plaine où le calme succédait à la lutte, lorsque notre vue s'arrêta sur plusieurs files de chariots attendant, auprès d'un ravin, les blessés ennemis qu'on amenait sans cesse. Ils durent être nombreux, car c'était un aller et retour non interrompu. Voici un épisode qui montrera combien cette journée coûta de monde aux Allemands : à cinq heures du matin, l'une de nos batteries était installée près de Montoy ; l'artillerie ennemie occupait les crêtes d'un coteau voisin de Flanville, et des fantassins, échelonnés en bataillons épais, se préparaient à gravir la colline. Aussitôt, nous plaçons des mitrailleuses sur deux points pour écharper à la fois l'artillerie et l'infanterie prussiennes. A six reprises, l'ennemi dut renouveler sa batterie qu'il s'obstinait à maintenir dans cette position ; chevaux et servants étaient-ils tués, d'autres venaient les remplacer et avaient le même sort. Celles de nos balles qui n'avaient pas fauché les artilleurs sur leurs pièces allaient plonger dans les carrés de fantassins qu'elles foudroyaient impitoyablement. S'étonnera-t-on, dès lors, de cette parole prononcée douloureusement par un officier supérieur prussien, le lendemain de l'action : « Dans ces « deux journées, — a-t-il dit — nous avons perdu encore « 10,000 hommes. En venant en France nous ne nous « attendions pas à une résistance semblable ! »

Dix mille prussiens hors de combat, quinze canons brisés à Servigny, douze cents prisonniers, l'armée ennemie obligée de déployer toutes ses forces à découvert, contrainte à sortir de ses bois et à laisser compter ses bataillons, tels furent les résultats des combats du 31 août et du 1er septembre. Nos pertes ne dépassaient guère 2,000 hommes tant tués que blessés. Cependant, le commandant supérieur de Metz, par une lettre adressée au maire, fit un nouvel appel au dévouement de la population messine : il demandait des couvertures, et priait les habitants de prendre encore des blessés à domicile.

Il n'y avait qu'une voix en ville pour louer la valeur dont avait fait preuve l'armée de la Moselle, mais on ne parvenait pas à comprendre pourquoi Bazaine, après un engagement heureux, se repliait encore vers Metz. Pour la cinquième fois, l'occasion la plus propice s'offrait à lui de percer les lignes ennemies, et de tendre la main à Mac-Mahon, ou de ravitailler la place ; pour la cinquième fois, il reculait sous nos remparts sans rien tenter qui pût modifier la situation des assiégés. Cette obstination à faire de Metz bloquée un centre d'opérations sans résultat marqué avait quelque chose de néfaste qui assombrissait tous les esprits. Depuis plusieurs jours, la viande de boucherie était épuisée, et celle du cheval entrait dans la consommation non-seulement de la troupe mais même des familles aisées. Toutes les denrées atteignaient des prix excessifs, et vers la fin de septembre, la livre de lard se payait neuf francs, le beurre dix-huit francs, la livre de sel huit et neuf francs, le sucre sept francs, un œuf cinquante centimes. Les pommes de terre valaient un franc cinquante centimes le kilo, un navet, un poireau et une petite carotte se vendaient ensemble soixante-quinze centimes. Un lapin coûtait de vingt à vingt-trois francs, une poule quinze ou dix-huit francs, seul le pain n'avait pas augmenté. Il n'y avait plus de lait, et c'est à peine si l'on pouvait en fournir aux malades et aux blessés ; la mortalité devenait effrayante parmi les jeunes enfants, privés d'une nourriture appropriée à leur délicate nature, et, pour comble de tristesse, on commençait à s'inquiéter de la question des farines. Cependant, chacun sait que d'immenses approvisionnements de toutes sortes, longtemps déposés dans le triangle du Sablon, près de Montigny, ont été sauvés des déprédations de l'ennemi. On se rappelle que, du 17 au 22 août, l'administration, habilement secondée par M. Scal, inspecteur de la compagnie de l'Est, les a fait entrer en ville au moyen d'un chemin de fer reliant la gare Serpenoise à la place Royale, mais chacun songe aussi que, depuis plus de vingt jours, 220,000 personnes en tirent leur subsistance, et l'on redoute déjà le moment fatal où la famine entrera dans nos murs. Pendant que Metz méditait sur cette poignante éventualité, les officiers, quittant leurs camps, envahissaient la ville et venaient nous donner le spectacle le plus déplorable. Ils peuplent les restaurants, on les compte par centaines dans les estaminets où ils font entendre de bruyantes conversations, et, chose douloureuse à dire, on en voit qui consultent publiquement l'*Annuaire militaire*. Il se fait un tel luxe de superflu qu'on cite un café où, en trois heures d'horloge, dix-sept litres d'absinthe ont sombré, et, comme rien n'est trop cher pour eux, ils enlèvent les marchandises dans nos magasins, puis les gaspillent au milieu d'un confortable coupable en pareille situation. On sait aussi que les états-majors et les officiers de grades inférieurs mangent de la viande de boucherie, alors que soldats et population ont dû y renoncer; on apprend que, par ordre du gouverneur de Metz, les vaches qui ont été épargnées sont mises en réquisition pour le service de l'armée, mais que le conseil municipal a réclamé et obtenu le retrait de cette mesure; le tabac même vient à manquer, beaucoup de boutiques se ferment; on comprend enfin que le vide se fait, et que l'armée nous épuise.

Il importait peu aux Messins d'être conviés à de brillants tournois, et d'assister chaque jour aux luttes sanglantes qui se soutenaient sous leurs murs; ce qu'ils veulent, c'est tenir tête à l'ennemi le plus longtemps possible, garder à la France son principal boulevard, souffrir même, et souffrir beaucoup pour défendre la forteresse confiée à leur honneur et à leur patriotisme. Ils supporteront mille privations, ils accepteront tous les deuils sans murmure, mais ils ne veulent pas assumer la responsbilité d'une catastrophe qui apparaît comme inévitable, tant à cause des dispositions de Bazaine que de la folle prodigalité de ses officiers.

Ces tristes pensées demandaient une diversion ; elle s'offrit heureusement, le 7 septembre, par la publication dans la presse locale d'extraits de journaux prussiens trouvés sur des prisonniers (1). Nous apprenions que Paris était calme, et qu'un comité parlementaire, pris dans la chambre des députés, organisait la défense nationale de concert avec le général comte de Palikao, ministre de la guerre. Ce comité se composerait de Thiers, Trochu, Gambetta et Carnot ; d'autres ajoutent à ces noms celui d'Arago, d'Emile de Girardin et d'Estancelin. Quelque succints que fussent ces renseignements, ils produisirent cependant à Metz une impression favorable, et chacun se reprit à espérer. D'ailleurs, le vent paraît être aux bonnes nouvelles : on disait qu'une armée française venait de s'emparer de Frouard et de la ligne du chemin de fer ; on assurait que les Autrichiens, se décidant à faire un *casus belli* de la non-exécution du traité de Prague, avaient franchi la frontière de Silésie et envahi le territoire prussien ; on allait même jusqu'à affirmer que le roi Guillaume, accompagné du comte de Bismarck, avait dû rentrer dans ses états. La suite a prouvé qu'il n'en était rien, mais les mouvements de troupes effectués par l'ennemi semblaient donner raison aux nouvellistes. En effet, pendant la nuit du 6 au 7 septembre, de fortes colonnes allemandes campées sur les coteaux de Vaux, Gravelotte, et autres lieux, repassèrent la Moselle à Ancy, et s'avancèrent sur la rive droite en dirigeant leur marche vers la frontière, par Ars-Laquenexy.

(1) C'est aussi vers cette date que le papier blanc vint à manquer à Metz. Pour continuer de paraître, les journaux de la localité, après avoir réduit leur format à la demi-feuille, employèrent des papiers de couleur semblables à celui dont on se sert pour imprimer les affiches.

Dans la situation où nous nous trouvions, le moindre indice, si peu certain qu'il fût, servait à établir tout un plan d'opérations; on se plaisait à créer un système de secours, une série de succès d'où résultait une suite d'espérances tout aussi folles que l'imagination qui les enfantait, et, sans souci des douloureuses déceptions qui l'attendaient, chacun prêtait une oreille complaisante à des récits tellement fantastiques qu'ils se déniaient eux-mêmes. Hier, c'est un soldat du 1er chasseurs d'Afrique qui vient annoncer une grande victoire remportée à Verdun par Mac-Mahon : demain, ce sera le *Journal de Metz* qui donnera comme certain que Strasbourg est débloqué, que le général Ducrot a rejeté les Prussiens dans le Palatinat, et, qu'à la suite d'engagements heureux dans les Ardennes, Mac-Mahon s'avance vers nous au-delà de Sedan.

Hélas! nous n'avons pas tardé à connaître l'exacte vérité. Dès le 6 septembre, le bruit courut à Metz que l'Empereur, qui se trouvait dans les environs de Stenay avec une armée, aurait été refoulé sur la place de Sedan où il serait bloqué. On ajouta peu de créance à ce récit, et on n'en parlait déjà plus lorsque deux jours après, le 8 septembre, 596 prisonniers nous furent rendus. Ces hommes, qui arrivaient de Sedan, nous apportèrent les nouvelles les plus désolantes. Sans pouvoir nous renseigner sur l'ensemble des évènements, ils s'accordaient à dire que Mac-Mahon avait été écrasé à Givonne après deux journées de victoires, que les Prussiens avaient enlevé la ville de Sedan, et que l'armée était anéantie. Ils rapportaient aussi des camps ennemis le bruit que l'Empereur ayant voulu rendre son épée au prince royal de Prusse, celui-ci aurait refusé de l'entendre, et l'aurait adressé au comte de Bismarck. L'émotion fut grande à Metz, car cet échec, en privant la France de ses moyens d'action, nous enlevait du même coup tout espoir de secours. On refusait de croire à ce désastre, on cherchait un signe qui pût rendre l'exagération évidente, on faisait la part de la désolation de ces hommes honteux d'être captifs et qui paraissaient stylés par les Prussiens. On remarquait que parmi ces prisonniers rendus il n'y avait ni officiers, ni artilleurs, ni chasseurs à pied; on se disait qu'éloignés du champ de bataille à tel moment de l'action ils n'avaient pu connaître ce qui s'était passé après leur départ; on s'étonnait, enfin, que les Allemands, nous devant un échange de 741 prisonniers et de 4 officiers, n'aient pu nous rendre que 596 soldats, bien que, sur l'honneur du roi Guillaume, ils eussent juré de parfaire le nombre. On se demandait d'où venait l'erreur de compte, et on en concluait que si la victoire de Sedan eût été aussi éclatante pour les Prussiens, ils n'hésiteraient pas à permettre le retour parmi nous d'hommes compétents et capables de nous renseigner sur la véracité des faits.

L'anxiété devenait de plus en plus grande, et chacun se transportait par la pensée vers ces Ardennes où la France venait encore d'être vaincue. On disait Mac-Mahon blessé et l'on cherchait quel général avait pu prendre le commandement à sa place. Essaie-t-il, comme Dumouriez, de défendre les défilés de l'Argonne? ou bien se replie-t-il sur Paris? Toutes ces pensées tenaient les Messins loin de leur ville; ils y furent tout-à-coup ramenés par une effroyable canonnade qui éclata, le 9 septembre, vers 7 heures du soir.

A en juger par le bruit des détonations, on pouvait croire que c'était le canon de nos remparts plutôt que celui des forts; il était cependant produit par les pièces du Saint-Quentin, des Carrières et de Queuleu qui ripostaient aux batteries ennemies. Par une pluie torrentielle, les Prussiens voulurent sans doute tenter un coup de main sur les forts, ou forcer nos troupes à prendre les armes (1), mais on avait été prévenu des dispositions de l'ennemi, l'attaque était prévue et, dans la journée, les camps avaient reçu l'ordre de ne pas sortir si l'on entendait le canon. D'autre part, l'artillerie des forts avait pointé à l'avance ses pièces de 24, et des charges de poudre exceptionnelles permettaient de tirer jusqu'à sept kilomètres. Ceux qui, comme nous, n'ont pas craint d'affronter la tourmente, garderont longtemps le souvenir de cette soirée. Les forts, dont le tir était incessant, ressemblaient à des cratères; le Saint-Quentin surtout était superbe dans sa redoutable position. Les batteries prussiennes, établies sur les versants de Sainte-Ruffine, de Leipsig et de Jussy, ainsi qu'au Point-du-Jour, à Saulny, et du côté de Souilly et de Saint-Thiébault, répondaient de leur mieux; elles scintillaient d'innombrables éclairs dont les lueurs se croisaient avec le feu des forts, mais on voyait la plupart de leurs bombes éclater dans l'espace, tandis que nos projectiles portaient jusqu'à Ars-sur-Moselle et abîmaient les redoutes ennemies. Les Prussiens, qui ne s'attendaient pas à une riposte aussi vive ni aussi prompte, cessèrent le bombardement vers 8 heures, bien que le grand état-major allemand fût venu de Pierrevillers tout exprès, dit-on, pour y assister. Nos positions, même sur les points les plus avancés, souffrirent peu : au Sablon, un boulet perfora la maison conventuelle de Sainte-Chrétienne, et à Montigny, plusieurs habitations voisines des ateliers du chemin de fer furent également percées par les obus prussiens. Dans les villages de Magny, Moulins, Plappeville et Woippy, quelques propriétés ont été atteintes, mais personne ne fut tué et il y eut à peine

---

(1) Plus tard on sut qu'il s'agissait simplement de faire croire à une colonne de prisonniers français, campée non loin de là, que la ville de Metz était régulièrement bombardée.

deux ou trois blessés. On n'avait donc à déplorer que des pertes matérielles.

Le 10 septembre, le bruit se répand qu'il va arriver une armée de Lyon, et, vers midi, on prétend que le canon s'est fait entendre dans la direction de Pont-à-Mousson. Des officiers couchés sous la tente affirment avoir très-distinctement perçu les explosions de l'artillerie, et des habitants de Lorry assurent, en même temps, que de sourdes détonations ont retenti du côté de Briey. Voilà donc encore une fois tous les esprits en sursaut, mais les mécomptes antérieurs nous ont rendus moins crédules et les Messins n'acceptent ces déclarations qu'avec défiance. On se résout donc, sans trop de peine, à croire que ces canonnades doivent venir de Toul ou de Verdun que les Prussiens bombarderaient.

Le 11, par suite de l'arrivée dans nos murs d'un nouveau détachement de prisonniers français, les nouvelles sinistres s'accentuent avec plus de force. Il se confirme que les batailles livrées sous Sedan ont été désastreuses pour Mac-Mahon; on apprend que la ville aurait été forcée de capituler avec l'armée réduite à être prisonnière de guerre. La République serait proclamée à Paris, et l'Empereur capturé par l'ennemi aurait été conduit à Aix-la-Chapelle. On dit enfin qu'un fragment de journal français apporté par un médecin d'Ars donnerait les mêmes renseignements. Ces diverses relations s'accréditèrent facilement à Metz, et, le 12, elles se précisaient à la lecture des journaux prussiens tombés entre nos mains. Avec l'autorisation de l'état-major général, l'*Indépendant de la Moselle* publia, ledit jour, des nouvelles de la plus haute gravité : il annonçait, d'après la *Gazette de la Croix,* qu'à la suite des évènements de Sedan la déchéance de l'Empire aurait été proclamée, le 5 septembre, par le Corps Législatif à l'unanimité moins douze voix, et par le Sénat à l'unanimité. Un gouvernement provisoire aurait été formé sous la présidence du général Trochu, et le ministère serait ainsi composé : Jules Favre aux affaires étrangères, général Le Flô à la guerre, Gambetta à l'intérieur, et de Kératry à la police. Le général Trochu aurait écrit au roi Guillaume pour lui demander de faire évacuer le territoire français par ses troupes, afin de traiter ensuite de la paix. Cette lettre invoquerait la parole même du roi de Prusse, qui avait déclaré ne pas faire la guerre à la France mais au gouvernement impérial. Napoléon III, prisonnier, aurait été conduit à Wilhemshoëhe, dans la Hesse-Cassel, et le Prince impérial aurait rejoint à Londres l'Impératrice, sa mère.

Certes, il était difficile de douter malgré les lacunes que présentait le résumé de la *Gazette de la Croix;* on remarquait, toutefois, que si les évènements déjà connus se trouvaient confirmés, l'organe de la vieille aristocratie militaire ne parlait pas de la forme républicaine, et, pour l'honneur de l'espèce humaine, on voulait attendre d'autres preuves avant de croire à l'unanimité du Sénat. Où donc était le président Rouher, le défenseur et l'apologiste de la politique des *Trois-Tronçons?* Et M. de Persigny ? Et tous ces autres hommes que l'Empereur avait jadis trouvés prêts aux sacrifices ? Où donc se seraient-ils cachés ? — En présence de cet écroulement d'un trône emporté par la force brutale, la situation apparaissait de plus en plus anxieuse, et nous nous demandions avec effroi quelle était l'étendue du désastre subi par Mac-Mahon. Sur ce point, il ne nous était encore parvenu rien de précis, mais, devant ce nouveau deuil de la patrie, il fallait que tous les citoyens se rangeassent aux idées d'ordre et de confiance dans les hommes qui avaient pris en mains les destinées de la France. A Metz, la population, s'inspirant de ce vrai patriotisme, voulut n'avoir qu'un cœur et qu'une âme pour conjurer le péril et s'associer aux efforts préservateurs. Il nous convient, à nous qui étions l'hôte de la Ville-Vierge, de devancer les arrêts de l'histoire, car elle dira certainement que les habitants de cette noble cité ont montré la plus belle attitude afin de consoler la France par le spectacle et l'exemple de leur union.

Sur ces entrefaites, la compagnie des Francs-Tireurs de Metz reçut l'ordre de se rendre au château de Grimont, près du fort Saint-Julien. Depuis le commencement d'août, elle faisait le service de garde à la porte Serpenoise, et, détachée pendant quelques jours aux ateliers de Montigny, elle avait su, par son intrépidité et le rare sang-froid de M. Vever, son capitaine, protéger cette importante position contre les entreprises de l'ennemi. Dignes fils de leurs pères, courageux émules de leurs camarades des Vosges, ils supportèrent avec élan mille fatigues auxquelles ils n'étaient pas accoutumés. Aussi, plus d'une mère sentit son cœur se serrer quand on apprit que ces braves jeunes gens allaient aux avant-postes affronter le péril des grand'gardes. C'est le 12 septembre que les Francs-Tireurs, au nombre de 120, quittèrent Metz, et, le soir même, ils fournirent un piquet de vingt hommes avec un caporal et un sergent pour accompagner, en avant du bois de Grimont, le détachement d'infanterie chargé de la garde des tranchées. Par la suite, vingt-cinq des leurs partagèrent, chaque jour et à tour de rôle, ce dangereux service avec le 4e bataillon du 60e de ligne.

Pendant que nos enfants couraient au feu de l'ennemi, les évènements politiques tenaient en émoi la population messine, et, le 13, on afficha la proclamation suivante :

« HABITANTS DE METZ,

« On a lu dans un journal allemand, la *Gazette de la Croix*,

« les nouvelles les plus tristes sur le sort d'une armée française
« écrasée par le nombre de ses adversaires sous les murs de
« Sedan, après trois jours d'une lutte inégale. Ce journal an-
« nonce également l'établissement d'un nouveau gouvernement
« par les représentants du pays. Nous n'avons pas d'autres
« renseignements sur ces évènements, mais nous ne pouvons
« pas non plus les démentir.

« Dans des circonstances aussi graves notre unique pensée
« doit être pour la France ; notre devoir à tous, simples citoyens
« et fonctionnaires, est de rester à notre poste, et de concourir
« ensemble à la défense de la ville de Metz. En ce moment
« solennel, la France, la Patrie, ce nom qui résume tous nos
« sentiments, toutes nos affections, est à Metz, dans cette cité
« qui a tant de fois résisté aux efforts des ennemis du pays.

« Votre patriotisme, ce dévouement dont vous donnez déjà
« tant de preuves pour votre empressement à recueillir et à
« soigner les blessés de l'armée, ne peuvent faire défaut. Vous
« saurez vous faire honorer et respecter de nos ennemis par
« votre résistance ; vous avez, d'ailleurs, d'illustres souvenirs
« qui vous soutiendront dans cette lutte énergique.

« L'armée qui est sous nos murs, et qui a déjà fait connaître
« sa valeur et son héroïsme dans les combats de Borny, de
« Gravelotte et de Servigny, ne nous quittera pas ; elle résistera
« avec nous aux ennemis qui nous entourent, et cette résis-
« tance donnera au Gouvernement le temps de créer les moyens
« de sauver la France, de sauver notre Patrie.

« Metz, le 13 septembre 1870.

« F. COFFINIÈRES.

« *Général commandant supérieur de la place de Metz.*

« Félix MARÉCHAL.   « Paul ODENT.
« *Maire de Metz.* »   « *Préfet de la Moselle.* »

Le maréchal Bazaine, de son côté, avait réuni, la veille à trois heures, un conseil composé de tous les généraux de l'armée, et dans les camps comme en ville on ne s'entretenait que de l'actualité.

Au milieu des sombres préoccupations dont nous étions assaillis, l'autorité ne cessait de prendre les mesures nécessitées par la rigueur du blocus. Le fourrage commençait à manquer, et le gouverneur de Metz requit les habitants de livrer, dans le délai de trois jours, les quantités d'avoine, d'orge, de foin et de paille qui leur resteraient après avoir conservé, suivant besoins justifiés, ce qui leur serait nécessaire pour trente jours d'approvisionnements. Les denrées requises furent payées à raison de :

45 francs par quintal métrique d'orge ou d'avoine ;
35 francs — de foin ;
et 20 francs — de paille.

Toute transaction sur les fourrages fut interdite dans l'intérieur de Metz, on prohiba également la sortie des denrées fourragères. Chacun s'empressa de livrer ce dont il pouvait disposer, et les délais de versement furent prorogés de deux jours aux mêmes conditions.

En même temps, le conseil municipal s'occupait de la question alimentaire. Il fut décidé qu'une source salée, qui existe dans la tannerie de M. Sendret, serait utilisée pour la salaison du pain nécessaire à la ville de Metz et pour la confection du bouillon dans les hôpitaux et établissements militaires. En outre, MM. Demoget et Gehin furent chargés de convertir en sel toute la provision d'acide chlorhydrique qui existait à Metz. D'autre part, le prix de la viande de cheval ayant augmenté rapidement, bien que l'administration militaire eût livré journellement à la Boucherie civile un certain nombre de chevaux, de manière à détruire le monopole et à créer une concurrence efficace, le conseil demanda l'établissement d'une taxe. Enfin, il émit le vœu que, par ordre du général commandant supérieur, toute les farines et tous les blés existant chez les particuliers fussent requis et achetés pour le compte de la ville qui se chargerait de les livrer aux meuniers et aux boulangers. On proposait de fixer à 36 francs l'hectolitre de blé, et à 46 ou 48 francs la farine, suivant qualité, ce qui permettrait de ne fabriquer à l'avenir qu'un seule espèce de pain qu'on livrerait à la consommation moyennant 46 centimes le kilogramme.

Cette délibération fut suivie d'un arrêté du gouverneur ainsi conçu :

« . . . .
« . . . .

« Il sera fait immédiatement un recensement des blés et fari-
« nes qui existent dans la ville. Ces denrées seront mises en
« réquisition pour l'alimentation de la population, et par les
« soins de l'administration municipale.

« Les blés seront payés à raison de 36 francs les 100 kilo-
« grammes pour les qualités loyales et marchandes.

« Les farines seront payées de 48 à 50 francs les 100 kilo-
« grammes, suivant la qualité.

« Les détenteurs de blés qui, en vue de l'avenir, préféreraient
« recevoir en nature, après la levée du blocus, des quantités
« égales à celles qu'ils auront livrées, recevront un reçu por-
« tant engagement de restitution et mentionnant la qualité de
« ces blés. Cette restitution se fera dans le mois qui suivra la
« levée du blocus.

« Les meuniers de la ville sont tenus de moudre ces blés sui-
« vant les besoins de la consommation, et de vendre les farines
« en provenant à un prix qui ne pourra pas excéder 48 francs
« les 100 kilogrammes. Ce prix comprend les frais d'enlèvement
« chez le vendeur, de transport chez le boulanger et d'avance de
« fonds. Il n'y aura qu'une seule qualité de farine dite pre-
« mière et seconde.

« Le pain en provenant sera payé 48 centimes le kilogramme.

« La viande de cheval sera payée aux prix ci-après :
« Parties basses .... » fr. 60 c. le kilog.
« Parties moyennes...... .... 1 fr. » » —
« Viande de choix (le filet excepté). 1 fr. 50 —
« Metz, le 15 septembre 1870.

« *Le Général de division, commandant supérieur*
« *de la place de Metz,*
« F. COFFINIÈRES. »

A la même date, le gouverneur de la ville prit, sur la demande du Procureur Général de la Cour de Metz, un arrêté concernant l'inscription et le renouvellement des créances hypothécaires dans les bureaux autres que celui de Metz. Le délai légal fut d'un mois à partir du jour où les communications postales seraient rétablies entre Metz et les autres villes du territoire français.

Sauf divers mouvements de colonnes prussiennes, et quelques coups de feu échangés entre nos avant-postes et les éclaireurs ennemis, les évènements faisaient défaut. La chronique se trouvait donc réduite à parler d'un armistice de cinq jours, nouvelle qui fut immédiatement reconnue controuvée, et à annoncer l'arrivée de l'impératrice à Wilhemshoëhe, lorsque, soudain, mille bruits alarmants se répandirent en ville : Paris serait à feu et à sang ; Rochefort, Flourens, Mégy, Millière et autres, à la tête des faubourgs, auraient envahi la capitale et engagé une lutte terrible contre la bourgeoisie et le gouvernement provisoire. On va même jusqu'à dire que celui-ci aurait appelé les Prussiens pour rétablir l'ordre. D'autres, mieux informés, annoncent, qu'après une lutte de deux jours, la garde nationale de Paris aurait mis les émeutiers à la raison, et que Rochefort serait fusillé.—Par contre, on assure que Strasbourg s'est rendu, faute de vivres, et que Thionville vient de tomber au pouvoir de l'ennemi.

On était encore sous le coup de ces affreuses nouvelles, quand un brigadier des conducteurs du génie, ayant réussi à franchir les lignes prussiennes, nous apporta le numéro du *Volontaire* du 10 septembre. Le général Coffinières s'empressa de le communiquer à la presse locale, et, le 16, tout Metz put se rassurer en apprenant que Paris était calme, et que le gouvernement provisoire organisait la défense. Nous constations avec joie que la Bourse était, le 9, en hausse de 1 fr. 60 c. sur le 3 p. 0/0 de la veille, et que Rochefort, sorti de prison, avait donné son appui au nouvel état de choses. On savait enfin d'une manière précise qu'un gouvernement de fait existait à Paris sous le titre de Gouvernement de la Défense Nationale, et l'on connaissait les noms des hommes au pouvoir. Le décret de convocation des colléges électoraux pour la formation d'une Assemblée Constituante, ainsi que le Manifeste de Jules Favre aux puissances étrangères produisirent à Metz une émotion inexprimable. La vieille ville se sentit fortifiée dans sa résolution de lutter jusqu'à la dernière extrémité et d'accepter le défi, si le roi Guillaume, étourdi par des succès momentanés, refusait de souscrire aux offres de paix loyalement faites. A la vérité, le *Volontaire* nous montre les Prussiens à Vitry et à Laon, il annonce que le gouvernement français et le Corps diplomatique siègent à Tours, mais il dit, en même temps, que Strasbourg bombardé tient ferme contre l'ennemi, et nous apprenions de source sûre que Thionville, Bitche, Longwy et Montmédy résistaient avec persévérance.

Quelque pénibles que fussent ces alternatives de bonnes et de mauvaises nouvelles, les habitants de Metz ne perdaient rien de leur énergie, et ils le prouvèrent quand on leur annonça que l'ennemi préparait, pour le 17, une attaque contre la ville. La municipalité, toujours vigilante, fit déposer sur les principales places une grande quantité de tonneaux pleins d'eau ; les bourgeois prirent les mêmes précautions dans leurs demeures, ils préparèrent des éponges et des couvertures pour le cas où des projectiles explosibles atteindraient les greniers. On vit les pompes à incendie alignées devant l'Hôtel-de-Ville, et leurs servants prêts à tout évènement, mais les Prussiens ne manifestèrent pas la moindre intention de renouveler leur inutile tentative du 9, et, peu de jours après, les pompiers remis de cette fausse alerte rentraient au logis. Disons que le bombardement de la ville était impossible, car l'ennemi se trouvait à 8 kilomètres de la place, et c'est à peine s'il pouvait insulter de quelques obus inoffensifs l'enceinte des forts détachés. Cependant, à Metz, on crut sérieusement à une attaque, et les précautions de l'édilité prouvent qu'elle avait été officiellement prévenue du danger. — L'histoire expliquera peut-être un jour cette panique, et l'on saura si le fait de tenir continuellement la population en alarmes n'était pas un calcul du maréchal Bazaine et du général Coffinières.

Le 18 septembre, la ration des militaires fut réduite à 500 grammes de pain. Les bons soldats surent se restreindre à cette quantité qui est, d'ailleurs, suffisante pour soutenir les forces d'un homme bien constitué, mais quelques mauvais sujets vinrent en ville assiéger les boulangeries, et plusieurs boutiques auraient, dit-on, été pillées. On vit même des soldats solliciter du pain dans des maisons particulières, ce qui motiva une consigne générale des troupes afin de mettre un terme à ces actes aussi répréhensibles que peu justifiés.

Vers la même époque, on organisa le service de la poste aérostatique pour l'expédition de correspondances écrites sur papier pelure d'oignon ne dépassant pas dix centimètres de long sur cinq de large. Cette idée avait été conçue par M. Schultz, capitaine d'artillerie, qui la mit en pratique de concert avec M. Breguet, capitaine de corps-francs, et deux Anglais, le docteur Ward, membre de la *Société Internationale de secours* de Londres, et M. Robinson, journaliste de Manchester. Tout d'abord, ces messieurs désiraient faire un ballon capable de supporter une nacelle et des aéronautes, mais ils furent arrêtés dans leur projet; on se borna donc à construire des ballons-courriers. Le colonel Goulier fut adjoint à nos entrepreneurs aériens, il mit à leur disposition les salles de l'Ecole d'Application, et, avec son concours, l'œuvre fut menée à bonne fin. Précédemment déjà, diverses personnes avaient lancé des aérostats porteurs de dépêches, mais le service régulier fut inauguré le 16 septembre, jour où un ballon de trois mètres de diamètre, tout en papier et gonflé à l'usine à gaz, emporta cinq ou six mille lettres représentant un poids de 800 grammes; il se dirigea vers Dijon. Le lendemain, à quatre heures, un second départ eut lieu avec un ballon plus complet, plus solide et fait en mousseline légère recouverte de papier. Chaque jour, tant que le vent fut propice, l'administration expédia ces petits ballons qui emportèrent une quantité innombrable de correspondances. Ces billets légers ne devaient absolument contenir que des nouvelles personnelles; d'un côté du papier, on libellait sa lettre, et de l'autre, on écrivait l'adresse du destinataire. Avant d'être confiés au ballon, ils étaient examinés par des agents de la Trésorerie et des Postes, puis enfermés dans un sac de toile ficelé et cacheté sur lequel était écrit l'avis suivant :

« Prière à la personne qui trouvera ce paquet de le déposer au bureau de poste le plus rapproché, ou de le remettre au maire de la commune la plus voisine, et d'en demander un reçu, en échange duquel une somme de 100 francs lui sera accordée à titre de récompense.

« Metz, le.......

« *Le Général de division,*
« F. COFFINIÈRES. »

On aimait à suivre dans les airs ces chers messagers qui emportaient un souvenir, une joie, une douce consolation pour tant de cœurs dévoués et brisés par mille angoisses. Aussi, quel ne fut pas notre chagrin quand nous apprîmes que le troisième ballon avait crevé à 4,500 mètres au-dessus de Magny, et qu'il était tombé entre les mains des hulans. Cet accident ne nous empêcha pas, les jours suivants, de faire partir nos légers courriers, puisque c'était le seul moyen qui nous restât pour communiquer avec le dehors, et, bien que tous ne dussent pas arriver à bon port, nous espérions cependant que le plus grand nombre parviendrait en pays ami.

Si le canon des forts se taisait, l'armée cependant ne restait pas tout à fait inactive, et, à défaut de grandes opérations, elle organisait des reconnaissances pour explorer les alentours des positions ennemies, ou chercher à se ravitailler. Dans une de ces expéditions, nos soldats réussirent à réoccuper Magny dont les Prussiens s'étaient retirés ; on y trouva une énorme quantité de fourrages et de blé non battu qui furent ramenés à Metz. Du côté de Woippy, nos éclaireurs s'avancèrent jusqu'aux bois de Vigneulles ; mais, après un brillant combat d'avant-poste, ils ne rapportèrent que la satisfaction d'avoir habilement surpris l'ennemi et fait plusieurs prisonniers. Ils découvrirent aussi, le long des pentes de Saulny, divers travaux construits par l'ennemi pour se préserver du feu des forts et des grand'gardes. Il y avait là, notamment, des troncs d'arbres apposés tête à tête, sous un certain angle, de manière à former une sorte de chemin couvert. Sur d'autres points encore, on constata que les Prussiens, indépendamment du camp d'Olgy, occupaient des postes très-nombreux à Saint-Baudier, à Ladonchamps, sur la voie ferrée, de 500 mètres en 500 mètres, au château de Mancourt, entre Charly et Chailly, au-dessous de Semécourt, aux Maxes, à

Amelange, etc. On sut qu'à Hauconcourt un pont de bateaux remplaçait le bac, et l'on vit dans les camps ennemis de véritables montagnes de fourrages et de paille. En attendant que nous puissions prendre notre part de ces riches approvisionnements, plusieurs corvées allaient, tous les jours, recueillir les feuilles des arbres et de la vigne pour l'alimentation des chevaux.

Le 22 septembre, de une heure et demie à cinq heures du matin, on entendit une vive fusillade du côté de Mey, où les francs-tireurs et éclaireurs du 85° de ligne se trouvaient en reconnaissance : c'était le prélude d'une action plus sérieuse combinée sur Lauvallières et Mercy-le-Haut. En effet, vers une heure et demie, plusieurs compagnies de chasseurs à pied s'avancèrent en tirailleurs depuis la ferme de Belle-Croix jusqu'à Vantoux, suivies à courte distance par trois régiments d'infanterie. Devant cette démonstration, l'ennemi resta muet et il nous laissa dresser deux batteries, l'une de pièces de quatre, l'autre de mitrailleuses, à 200 mètres en avant de la ferme. Deux régiments de dragons vinrent également prendre leurs positions, tandis que cent voitures, accompagnées de muletiers, se dirigeaient sur Lauvallières avec quelques compagnies de ligne. On entra dans le village presque sans coup férir, et les Prussiens, tant infanterie que cavalerie, décampèrent au plus vite en se repliant sur Sainte-Barbe. Nos chariots purent alors charger sans trop de difficulté jusqu'à quatre heures et demie; ils étaient protégés par les forts de Saint-Julien et de Queuleu, dont le tir contrariait tout retour offensif. Cependant, quelques escadrons de cavalerie prussienne débouchèrent de Sainte-Barbe avec deux batteries d'artillerie qui vinrent s'établir sur la droite de la route de Boulay. En même temps, plusieurs régiments d'infanterie allemande marchaient vers Lauvallières, où ils furent reçus par nos tirailleurs couchés à plat ventre dans les vignes. Décimés par la fusillade, les Prussiens ne purent avancer, et le Saint-Julien les contraignit de battre en retraite sous des paquets de mitraille. Le 95ᵉ de ligne s'avança alors jusque près de Noisseville, à la ferme de l'Amitié, pendant que le 18ᵉ bataillon de chasseurs à pied fouillait les bois de Colombey. Vers cinq heures, la fusillade et la canonnade s'éteignirent sensiblement de notre côté; seule, l'artillerie ennemie se faisait encore entendre. Changarnier, qui était là, avait si bien pris ses mesures que, sans avoir subi de pertes, nous venions de faire une razzia complète et tous nos chariots rentrèrent chargés de butin. A cinq heures et demie tout était fini. Le général Clinchant avait opéré sa retraite dans le meilleur ordre, et nos soldats, tenant chacun des bottes de fourrage sur l'épaule, reprenaient leurs campements respectifs.

A Mercy, l'expédition, sous les ordres du général de Castagny, n'avait pas moins bien réussi. Le château, où les officiers prussiens avaient établi leur observatoire, fut bombardé par le fort de Queuleu et repris après une courte fusillade contre les tirailleurs hambourgeois qui le défendaient. On a ramené près de 200 charrettes de fourrages et un grand nombre de sacs d'orge. Un peu plus à gauche, le 41ᵉ et le 19ᵉ de ligne parvinrent jusqu'à la Grange-au-Bois, où ils dérangèrent un état-major allemand qui allait se mettre à table. Poulets froids et brochets au bleu firent le régal de nos soldats qui se portèrent ensuite sur Augny, et y capturèrent quelques bêtes à cornes.

En somme, excellente journée puisque le but était atteint et que, sans avoir un seul homme tué, nous comptions à peine quelques blessés. On eût dû s'en tenir là pour le moment, ou, tout au moins, ne pas renouveler dans les mêmes localités l'attaque de la veille; cependant, le 23, une nouvelle reconnaissance fut ordonnée en avant de Grimont, vers Chieules, Vany et Servigny-les-Sainte-Barbe,

Dans la nuit, nous avions pénétré sans difficulté à Nouilly, d'où 37 chariots de fourrages, plus le chargement de quelques mulets furent conduits à Metz; 800 fantassins avaient aussi rapporté chacun deux bottes de paille, et nous laissions au village environ 80 voitures de denrées qu'on se proposait de venir reprendre dans la journée. Mais l'ennemi se présenta en forces avec une nombreuse artillerie, et il nous obligea de nous retirer sans plus de profit. Au nord de Grimont, la division Aymard, du 3° corps, avait refoulé les Allemands, ce qui permit à 40 prolonges de s'avancer jusqu'à Vany, où elles chargèrent du foin et de la paille de colza. Pour repousser cette attaque, les Prussiens sortirent en nombre du camp de Malroy, et, vers six heures du soir, leur artillerie de campagne forma un vaste demi-cercle de Charly aux hauteurs de Sainte-Barbe; ils avaient là 47 canons rangés en bataille qui vomirent le feu sur nos troupes, nos convois, et sur le château de Grimont. Les pièces des forts, ainsi que plusieurs batteries que nous avions dressées au-dessus de Mey répondirent avec le plus vif acharnement, notre infanterie, disposée en tirailleurs, protégeait les voitures en tenant à distance les colonnes allemandes ; néanmoins, la situation n'était plus tenable, et nos fourrageurs reçurent l'ordre de se replier. C'est à ce moment surtout que le tir de l'ennemi nous causa des pertes sérieuses : les Francs-Tireurs de Metz qui, dès le début de l'action avaient été très-exposés, et dont le capitaine, M. Vever, fit preuve de beaucoup de courage, perdirent un des leurs. M. Vaillant, jeune sculpteur plein d'avenir, reçut la mort des braves, et un autre, M. Méniesse, fut blessé à la main par la même balle qui avait tué son camarade. A la suite de cette affaire, la compagnie obtint plusieurs distinctions du maréchal commandant en chef : le capitaine Vever reçut la croix de la Légion d'honneur, et la médaille militaire fut accordée à MM. Luc, sergent, Hérard, caporal, Weyrich et Méniesse, Francs-Tireurs.

Les conversations pouvaient trouver dans ces derniers faits d'armes des détails pleins d'attrait, mais nos reporters sont infatigables, et, faute de nouvelles à l'usage des gens sérieux, ils en fabriquent pour la consommation des personnes crédules. Tout-à-coup, le bruit se répandit en ville que la garde mobile de Paris aurait remporté une grande victoire à Montrouge ou à Montmorency, peut-être même dans ces deux localités. Les catacombes et des carrières minées auraient recouvert, en sautant, des milliers de Prussiens, et le roi Guillaume aurait été pris à Vitry-le-François, ou à Versailles. Si inacceptables que fussent ces informations, elles paraissaient s'accréditer à Metz lorsqu'un soldat français, prisonnier échangé et revenant de Mayence, nous apporta le *Figaro* du 18 septembre. Peu après M. Waldéjo, aide de camp du général de Failly et fait prisonnier à Sedan, arrivait avec un numéro de l'*Indépendance Belge* du 20; aussitôt, la presse locale jeta en pâture à la curiosité publique les nouvelles venues sur la situation de la France et de l'Europe. Malheureusement, nous n'avions que de tristes choses à apprendre : l'ennemi pénétrait jusqu'à la capitale, et l'invasion s'étendait de plus en plus. Il est vrai que la France entière se lève pour résister aux légions allemandes, mais que pouvons-nous faire sans armée régulière, sans troupes disciplinées, et en présence d'un adversaire marchant en masses, avec une artillerie formidable, un armement perfectionné, une tactique savante, et des hommes aguerris au milieu des enivrements de la victoire? En même temps, le jour se fait sur le désastre de Sedan : il nous revient, avec une sorte de déplorable certitude, qu'environ 40,000 prisonniers ont été forcés de déposer leurs armes après la défaite de Mac-Mahon, et qu'ils sont passés par Pont-à-

Mousson pour être conduits en Prusse. D'autres contestent ce chiffre de 40,000 hommes et affirment que c'est bien 83,000 prisonniers que nous aurions perdus dans les Ardennes ; jamais pareille chose ne s'est vue, et chacun s'affecte profondément. L'esprit se soulagerait peut-être s'il connaissait les circonstances ou les faits principaux de cette sinistre bataille, aussi, regrettions-nous vivement de nous trouver encore, à Metz, dans l'ignorance la plus complète des détails de la catastrophe. Nous savons seulement, qu'après deux journées de lutte, où 110,000 Français combattaient contre plus de 300,000 Prussiens, Mac-Mahon a été écrasé, que l'Empereur s'est constitué prisonnier, et que Sedan a dû se rendre avec l'armée réfugiée dans ses murs. Nous avons sous les yeux la proclamation de l'Empereur à ses troupes, datée du 31 août, et celle dont le général de Wimpffen a fait précéder la capitulation. Nous lisons la lettre de Napoléon III au roi de Prusse :

« Monsieur mon frère,

« N'ayant pu mourir à la tête de mon armée, je dépose mon « épée aux pieds de votre Majesté. »

« NAPOLÉON »

et la réponse du roi Guillaume :

« Devant Sedan, le 1er septembre 1870.

« Monsieur mon frère,

« En regrettant les circonstances dans lesquelles nous nous « rencontrons, j'accepte l'épée de Votre Majesté, et je la prie de « vouloir bien nommer un de ses officiers, muni de ses pleins « pouvoirs, pour traiter de la capitulation de l'armée qui s'est « si bien battue sous ses ordres.

« De mon côté, je désigne le comte de Moltke à cet effet.

« Je suis, de Votre Majesté, le bon frère.

« GUILLAUME. »

Nous avons enfin le texte de la capitulation de Sedan ; néanmoins, ces bribes éparses ne nous permettent pas de coordonner les évènements.

A la date du 27 septembre, on avait encore reçu à Metz le *Figaro* du 6 et du 8, l'*Indépendance Belge* du 13 et du 16, et un numéro du *Journal de Débats* du 10. Ils nous apportaient le compte-rendu des séances du 4 septembre au Sénat et au Corps législatif, et nous apprenions ainsi comment s'était faite cette révolution qui renversait l'Empire en prononçant la déchéance du souverain et de sa famille. Les autres extraits qui en furent imprimés par la presse locale nous affligèrent profondément, car ils parlaient de manœuvres anarchiques à Paris, Lyon, Marseille, et l'on déplorait à Metz qu'il y eût en France des gens assez mauvais patriotes pour imposer telles ou telles doctrines en profitant des malheurs de la patrie. Toutefois, les Messins ne purent se défendre d'une sympathique émotion en lisant la lettre de Mac-Mahon datée de Pourru-aux-Bois, 8 septembre 1870, dans laquelle ce héros, grièvement blessé et trahi par la fortune, réclamait son internement en Allemagne afin de partager le sort de ses soldats. Ils applaudirent à l'énergie fatalement stérile des généraux Pellé et Carré de Bellemare qui, seuls dans le conseil de guerre tenu pour la capitulation de Sedan, ont voté contre cet acte faible et honteux. Ils partagèrent la douleur indignée de ces hommes de cœur; en effet, quoi de plus beau que cette lettre du général Pellé à sa femme :

« Sedan, 3 septembre 1870.

« Je suis prisonnier de guerre avec toute l'armée.
« Jamais aucun peuple n'a subi un tel affront.
« Dis à ton frère que s'il lit la convocation de la réunion du
« conseil de guerre tenu pour la reddition de l'armée, il verra
« que deux généraux n'ont pas partagé l'avis de se rendre. On

« ne les a pas nommés. Dis-lui qu'il écrive, et que tout le monde
« sache bien que les deux généraux qui n'ont pas adhéré sont
« le général Pellé et le général Carré de Bellemarre.

» *Le Général de division,*

« PELLÉ. »

Que dire aussi de l'immortel exemple du 3ᵉ zouaves, résolu à mourir plutôt qu'à se rendre, et franchissant les lignes ennemies au moment suprême.

Un instant détournée des préoccupations du blocus, la population de Metz se reprit bientôt à méditer sur son sort. Chaque jour, la situation devenait plus précaire, la misère envahissait bien des ménages, et la santé publique réclamait un surcroît de précautions. L'autorité pourvut sans retard aux diverses mesures propres à remédier au mal et à soulager l'infortune : sur la demande du général Coffinières de Nordeck, une souscription fut ouverte qui dépassa promptement la somme de 97,000 francs. — Le gouverneur de la place invita les habitants à porter aux ambulances, moyennant 1 franc les 25 litres, de la suie de cheminée pour assainir les salles, et le docteur Jeannel, pharmacien en chef de la garde, fit une conférence fort appréciée sur les désinfectants. De son côté, le maréchal Bazaine sacrifiait la cavalerie et cédait à la ville le nombre de chevaux nécessaires à l'alimentation publique. On put, dès lors, abaisser le tarif de la viande de cheval aux prix de :

0 fr. 10 c. le kilog. de parties basses,
0 fr. 50 c.   id.   parties moyennes,
1 fr. 00 c.   id.   viande de choix (filet excepté).

Les officiers et les militaires recueillis chez les habitants, et pouvant se passer de leurs soins, reçurent l'ordre de rentrer à leur corps ou dans les petits dépôts.

Enfin le Commandant supérieur de Metz prit les dispositions suivantes :

ARRÊTÉ CONCERNANT LES DENRÉES ALIMENTAIRES.

« Le Général commandant supérieur de la place, pour empê-
« cher le commerce illicite du pain qui se fait dans la ville,

« Arrête :

« Tout individu qui sera pris en flagrant délit de revente de
« pain sera conduit devant le commissaire central et déposé à
« la police.

« Le pain sera saisi et porté au bureau de bienfaisance pour
« être distribué aux familles pauvres.

» Metz, le 24 septembre 1870.

» Le Général de division commandant supérieur
» de la Place de Metz,

« F. COFFINIÈRES. »

AVIS AUX PROPRIÉTAIRES DE VIGNES.

« Les sarments de vignes, mélangés à une quantité de grains
« insignifiante, composent une alimentation suffisante pour
« entretenir les chevaux en bon état. Il importe d'utiliser cette
« ressource qui, en ce moment, n'entraînera que peu ou pas de
« préjudice pour la vigne, si on a soin de pratiquer cette taille
« hâtive à quelques centimètres au-dessus du point choisi ordi-
« nairement.

« En conséquence, les propriétaires de vignes sont invités à
« faire opérer immédiatement cette coupe de sarments, et à les
« porter au magasin aux fourrages du Saulcy, où ils seront
« reçus et payés par les soins de l'administration militaire.

» Metz, le 24 septembre 1870.

« *Le Général de division commandant supérieur,*

« F. COFFINIÈRES. »

ARRÊTÉ

CONCERNANT LA VENTE DES VINS.

« Le vin de la récolte actuelle étant nuisible à la santé, par
« suite du défaut de maturité de la vendange, il est expressé-
« ment interdit, jusqu'à nouvel ordre, de vendre le vin nouveau
« en détail.

« Tout contrevenant sera traduit devant un conseil de
« guerre.

« Le service de la gendarmerie et celui de la police sont
« chargés de veiller à l'exécution du présent arrêté qui sera
« affiché dans la ville de Metz et dans toutes les communes
« suburbaines.

« Metz, le 26 septembre 1870.

« *Le Général de division commandant supérieur*
« *de la Place de Metz,*

« F. COFFINIÈRES. »

» Pour copie conforme :

» *Le Préfet de la Moselle,*

« Paul ODENT. »

Depuis longtemps, nous l'avons déjà dit, les Messins voyaient avec regret l'armée de Bazaine demeurer immobile sous les murs de la Place, et ne pas attaquer en masse les forces ennemies. Ce sentiment se traduisit, à la fin de septembre, par une pétition dont voici le texte, et qui, adressée au maire après avoir été couverte de milliers de signatures, fut remise au maréchal Bazaine par le chef de la municipalité :

PÉTITION.

» Metz, le 27 septembre 1870.

« Monsieur le Maire,

« Nous avons accueilli avec gratitude l'expression de patrio-
« tique confiance que vous mettez en nous ; c'est pour y répon-
« dre que nous oserons aujourd'hui appeler votre attention sur
« la situation de notre ville. Il vous sera permis à vous, le
« représentant naturel et respecté d'une vieille cité qui veut res-
« ter française, de faire, à cette occasion, telle démarche que
« vous jugerez nécessaire, et de parler avec la simplicité et la
« franchise que commandent les circonstances.

« Il ne nous appartient pas de rappeler tout ce qu'a fait notre
« ville depuis le début de la guerre. Ce n'est point, d'ailleurs,
« pour marchander son concours que nous le rappellerions ici.
« Nous avons confiance que son patriotisme croîtra en raison
« même des épreuves qui peuvent nous attendre encore. Mais
« il est des difficultés qu'il est bon de prévoir, puisque le temps
« ne fait que les accuser, et que, dans une certaine mesure,
« nous pensons qu'on peut y pourvoir. Nous croyons que l'ar-
» mée rassemblée sous nos murs est capable de grandes choses,
« mais nous croyons aussi qu'il est temps qu'elle les fasse.
« Chaque jour qui s'écoule amènera pour elle et pour nous des
« difficultés nouvelles.

« Faute de nourriture, nos chevaux réduits à l'impuissance
« paralyseront peu à peu ses mouvements, et disparaîtront bien-
« tôt. Le froid, la pluie peuvent aussi revenir entraver toute
« opération, et amener un cortége de maladies plus redoutables
« peut-être que les blessures. Avec le temps aussi, et malgré la
« plus sage réglementation de nos vivres, la faim, mauvaise
« conseillère, peut égarer les esprits peu éclairés dans la ville
« et dans les camps, et amener des conflits terribles qu'un pa-
« triotisme supérieur a seul pouvoir de conjurer.

« Nous croyons donc qu'il est temps d'agir, parce que l'in-

« succès lui-même vaut mieux que l'inaction ; parce que tous les
« moments sont comptés ; parce que, sans pouvoir discuter
« ni même indiquer des opérations militaires, le simple bon
« sens nous montre clairement que des entreprises énergique-
« ment et rapidement conduites, avec l'ensemble des forces
« dont on dispose, peuvent amener des résultats considérables,
« peut-être décisifs. Laisserons-nous venir le jour où, pour
« avoir fermé les yeux, il faudra reconnaître que les retards
« nous ont été funestes?

« Certes, toute tentative est périlleuse ; mais avec le temps, le
« péril sera-t-il moindre? Quel secours attendons-nous d'ail-
« leurs?

« Est-ce la question politique qui se mêle à tort à la question
« militaire, et qui commande ces lenteurs? Dira-t-on que c'est
« à Paris que notre sort doit se décider?

« Vous ne le penserez pas, Monsieur le Maire, et avec toute
« l'énergie que vous donne une autorité que vous tenez de tous,
« vous direz, comme nous, que c'est à Metz, avec les ressources
« existant à Metz et sous Metz, que se régleront les destinées de
« notre ville. Pour celles de la France, il ne nous appartient
« pas, il n'appartient à personne, ni à un parti, ni à un homme
« de les régler dans le secret. C'est au grand jour et pacifi-
« quement que le scrutin auquel nous avons été conviés
« pourra seul en décider. D'ici là, quelle plus noble ambition
« que celle de sauver notre pays, de prêter la main aux luttes
« grandioses que soutient notre capitale, et d'imiter l'héroïsme
« de Strasbourg ! Nous avons confiance que toute démarche
« tentée par vous répondra à des conseils déjà formés dans le
« silence, et que, s'inspirant de la grandeur d'une situation peut-
« être unique dans l'histoire, le commandement aura cette auto-
« rité et cette décision qui s'imposent, et qui produisent des
« victoires.

« Qu'on pardonne donc, s'il en est besoin, à la franchise de
« de notre langage.

« Il n'y a dans notre pensée ni désir déplacé d'ingérence, ni
« récrimination.

« Il n'y a pas surtout le dessein de froisser aucun des senti-

« ments qui méritent le respect, et qui en ce moment doivent
« nous rapprocher tous. C'est parce que nous voulons que l'ar-
« mée et la population soient entièrement unies, c'est parce que
« nous croyons que cette union peut amener de grandes choses,
« que nous vous adressons cet appel.

« Il nous a semblé que nous avions le devoir d'élever notre
« voix, parce qu'elle vous apporte dans sa sincérité le reflet des
« passions qui agitent notre population, celle de notre responsa-
« bilité et d'un patriotisme résolu à tous les sacrifices. Si dures
« que soient les exigences de la situation, vous savez bien, Mon-
« sieur le Maire, que notre ville les supportera, et vous avez le
« droit de le dire puisqu'elle ne veut pas être la rançon de la
« paix, et que, après le long passé d'honneur qu'elle trouve dans
« ses annales, elle ne veut pas déchoir. »

(Suivent les signatures).

Les vivres s'épuisaient, tout espoir de secours était désormais perdu, et la population redoutait le moment où, affamée par l'armée, elle se verrait réduite aux plus dures extrémités. Des faits récents prouvaient que nos soldats n'imiteraient pas les défenseurs de Gênes qui, pendant deux mois, luttèrent héroïquement, n'ayant pour toute nourriture que 90 grammes d'un pain affreux formé de cacao et d'amidon. Il était évident que les glorieux souvenirs du passé n'auraient aucune prise sur ces hommes dont quelques-uns se plaignaient scandaleusement d'être privés du superflu. Le mécontentement de la population s'accentuait donc chaque jour davantage, lorsque l'*Indépendant de la Moselle* publia une note sans signature, mais qui parut émaner du grand quartier général. Nous reproduisons ici cette sorte de *Communiqué* :

« Quelques personnes, qui emploient d'ailleurs des moyens
« peu loyaux pour critiquer les opérations de l'armée, préten-

« dent que l'effectif des troupes ennemies qui nous entourent
« serait tout à fait insignifiant.

« Il résulte, au contraire, des renseignements les plus divers
« et les plus sérieux que l'on a pu réunir et coordonner, que
« l'ennemi, depuis la fin d'août, a toujours maintenu autour
« de nous la valeur de 6 à 7 corps d'armée représentant de 150
« à 180,000 hommes, ce qui d'ailleurs est le minimum des for-
« ces qu'il puisse employer à l'investissement de la place.

« La composition de ces corps et leur disposition autour de
« Metz ont souvent été modifiées depuis les derniers jours
« d'août, mais leur effectif n'a pas dû sensiblement changer.

« On a pu constater, en effet, la présence d'au moins 40 régi-
« ments d'infanterie par leurs numéros, ce qui donnerait déjà
« cinq corps d'armée. Et, comme il y a lieu de croire qu'un
« certain nombre de ces régiments n'est pas encore connu, que
« bon nombre sont placés en deuxième ligne, on peut admettre
« qu'il y a toujours environ sept corps d'armée devant Metz,
« soit 180,000 hommes.

« Ces corps changent souvent de position; ainsi, le 2º corps
« qui était à Montigny-la-Grange avant le 1ᵉʳ septembre, est
« venu, depuis les combats de Servigny, renforcer le 1ᵉʳ corps
« sur la rive droite, et a été remplacé sur la rive gauche par
« le 3ᵉ, qui, à la fin d'août, était échelonné sur la route de Briey.
« Enfin, le 8ᵉ, qui était alors à Gravelotte, n'est plus indiqué
« autour de la place, mais il serait, d'après divers renseigne-
« ments, en deuxième ligne.

« Ce que l'on peut dire, c'est qu'il y a quelques jours encore
« la disposition de ces forces d'investissement paraissait être la
« suivante :

« *Rive droite*. — La division de Landwehr, près de Malroy. —
« Le 1ᵉʳ et le 2ᵉ corps de Sainte-Barbe à Courcelles. — Une
« division du 5ᵉ corps, avec trois régiments du même corps et
« le 19ᵉ de Mayence, la 21ᵉ brigade du 6ᵉ corps, et peut-être une
« brigade du 10ᵉ corps, vers Courcelles et Pange.

« *Rive gauche*. — Une division du 4ᵉ corps, avec 5 régiments
« de ce corps, d'Orly à Gravelotte. — La 13ᵉ division du 7ᵉ corps
« d'Ars à Gravelotte. — (On ne signale plus la 14ᵉ division,

« mais on la dit toujours près de Metz.) — La division Hessoise
« du 9ᵉ corps, à Vaux. — Le 3ᵉ corps, de Gravelotte à Saulny et
« route de Briey. — Des troupes des 9ᵉ et 10ᵉ corps, peut-être
« la valeur d'une division ou d'un corps d'armée, dans la plaine
« de Ladonchamps.

« Toutes ces troupes sont sous le commandement du Prince
« Frédéric-Charles; le général Steinmetz, âgé et fatigué, ayant
« quitté l'armée pour rentrer en Prusse.

« Des renforts, formés des hommes du dernier contingent,
« appelés par anticipation et incorporés depuis deux mois et
« demi seulement, sont arrivés depuis peu; on les estime à
« 10 hommes environ par compagnie, ce qui porte l'effectif de
« leurs compagnies à 180 hommes. »

Malgré ce factum, qui d'ailleurs ne tranchait nullement la question en faveur de l'état-major général, Bazaine crut nécessaire de faire, au moins en apparence, certaines concessions au sentiment public. Il espérait qu'en lançant ses colonnes dans diverses directions afin de procurer à la ville quelques denrées de ravitaillement, il calmerait les plaintes, mais le cerbère de l'opinion ne se laissa pas apaiser par ces gâteaux de farine, et il devint de plus en plus sévère.

Cependant, le 27 septembre, un mouvement important fut entrepris contre les positions occupées par les Prussiens sur la route de Saint-Avold. Nos troupes, précédemment rejetées du château de Mercy, y rentrèrent après une lutte énergique que rendaient encore plus difficiles les travaux de défense exécutés par l'ennemi. Les portes étaient fortement barricadées, les fenêtres avaient reçu un blindage de traverses de bois qui, dans leurs intervalles, laissaient juste la place d'un canon de fusil. Après la première décharge, une trentaine de nos hommes, munis de haches, attaquèrent les issues et finirent par se frayer un chemin. Les 90ᵉ et 69ᵉ de ligne s'élancèrent à leur suite, brisant tous les obstacles et faisant un carnage épouvantable. Refoulés de chambre en chambre, les Prussiens ne cessaient de combattre, et la plupart payèrent de leur vie cette résistance acharnée. Quelques-uns purent, dit-on, s'échapper pendant l'attaque, mais beaucoup, ne voulant pas se rendre, se réfugièrent dans les caves où l'incendie les fit périr. En effet, d'immenses gerbes de flammes ne tardèrent pas à s'élancer du château, et, vers 11 heures, cette belle demeure s'écroulait avec fracas. Au même moment, deux convois partaient de la gare Serpenoise; l'un, portant des mitrailleuses, s'arrêta à la hauteur du bois de la Basse-Bévoye, près d'un mamelon où nous avions établi une batterie; l'autre, suivi d'une locomotive de secours, conduisait six bataillons d'infanterie et le 14º chasseurs à pied, cachés dans onze wagons à marchandises. Arrivés devant Peltre, nos soldats tombèrent à l'improviste au milieu du campement prussien, et s'emparèrent, après une assez vive résistance, du château de Crépy et de ses annexes. Ils franchirent ensuite au pas de course une distance d'environ cent mètres pour atteindre le couvent des sœurs de la Providence où l'ennemi s'était retranché, et malgré mille feux partant des maisons et des murs crénelés, nos braves soldats ne brûlèrent pas une amorce. Entraînés par un élan irrésistible, ils escaladent les murs et fondent sur les Prussiens qui, pour la plupart, jetèrent leurs armes en demandant grâce. On fit là une centaine de prisonniers, presque tous Wesphaliens. Pendant que les Français du convoi tournaient ainsi la position, la brigade du général Lapasset l'attaquait de front par les vignes et les jardins. Des détachements du 97º et du 84º, laissant le 32º de ligne et le 3º bataillon de chasseurs en réserve sur la droite près de Magny, s'étaient portés, durant la nuit, vers Grigy; là, dissimulés par un mamelon dont la pente est sensible après les dernières maisons, ils s'étaient massés dans le contre-bas, à 1,200 ou 1,500 mètres de Peltre. Au premier coup de canon parti du fort de Queuleu, signal de l'attaque, ils s'élancèrent en avant, et combinèrent leur action avec l'offensive hardie des troupes venues par la voie de fer ; aussi, le village était enlevé en moins d'une heure, et presque tous ses défenseurs pris ou tués. Nous avions au plus une centaine de blessés, tandis que les pertes de l'ennemi furent considérables. Les obus lancés dans les tranchées prussiennes par le cavalier du fort de Queuleu y avaient fait de grands ravages ; abordés ensuite à la baïonnette, les Allemands n'avaient pu soutenir le choc, et ils étaient venus se jeter contre deux batteries de mitrailleuses qui les attendaient cachées dans les vignes. Ce fut alors un massacre épouvantable. Une personne qui, des hauteurs voisines, fut témoin du combat, assura n'avoir vu fuir qu'une demi-douzaine de hulans, et, le lendemain, un lieutenant de francs-tireurs rapporta de Peltre le casque d'un général prussien dont il avait aperçu le cadavre ; à l'intérieur de la coiffure était inscrit le nom de ce général : Herr Allhard von der Borch.

Nos soldats ont ramené de leur courte et productive expédition une grande quantité de bestiaux, veaux, vaches, cochons gras, chèvres, et des provisions de toute espèce. Nous aurions pu capturer encore un troupeau de 200 bœufs sans la perfidie d'un nommé Jacob, marchand d'eau-de-vie, qui donna l'alarme aux Prussiens. Cet individu ayant été arrêté, puis convaincu d'espionnage et de trahison par le conseil de guerre siégeant à Montigny, fut condamné à la peine de mort.

Le même jour, la division Montaudon fit sur Colombey une diversion qui a parfaitement réussi. Nos fourrageurs pénétrèrent dans le village et y prirent 60 voitures de paille, foin, avoine, blé, qu'on peut évaluer de 350 à 400 quintaux. Les Prussiens tirèrent à obus sur ce convoi, mais sans réussir à l'incendier, et après avoir été vigoureusement repoussés par nos troupes, ils se retirèrent en incendiant le bois de Borny. Ce coup de main donna lieu à un fait d'armes digne d'être rapporté : une compagnie du 81ᵉ de ligne arrivait au pas de course près d'une ferme située derrière Borny, et occupée par 200 Prussiens dont on ne soupçonnait pas la présence. L'ennemi reçut les nôtres par un feu terrible, quelques hommes tombèrent, mais l'élan est donné, on aborde à la baïonnette et on se jette en avant. Les Prussiens affolés se sauvent dans toutes les directions, cherchent à gagner les bois, et s'élancent dans une petite plaine nue, sans songer qu'il se mettent à découvert ; aussitôt, nos soldats firent pleuvoir une grêle de balles sur les fuyards dont les morts et les blessés couvrirent le sol, et ils capturèrent une dizaine de prisonniers. Voilà ce que peut la valeur de notre infanterie luttant contre les fantassins allemands quand le canon ne s'en mêle pas.

Vers deux heures, une fumée épaisse s'élevait du côté de Ladonchamps, et faisait présumer qu'un mouvement analogue avait lieu sur la rive gauche de la Moselle. En effet, dans la matinée, trois escadrons de cavalerie légère et quelques compagnies de la brigade Péchot se dirigèrent contre la ferme de la Maxe où se trouvait campée une forte colonne prussienne. A midi, l'attaque commença, et les fantassins se déployant en tirailleurs marchèrent avec un entrain admirable sur les bâtiments occupés par l'ennemi ; il y avait là 2,000 hommes qui furent culbutés et se retirèrent dans la direction de Malroy. Tandis que le feu du Saint-Julien prenait d'écharpe les Prussiens qui se repliaient sur la droite, quelques pièces d'artillerie pointées, à gauche sur Ladonchamps, soutenaient la marche des compagnies de partisans de la 4ᵉ division du 6ᵉ corps.

Celles-ci, après avoir effectué un mouvement tournant par les bois de Woippy, débouchèrent à l'improviste sur la ferme de Sainte-Agathe et le château de Ladonchamps qu'elles enlevèrent vivement, mais on n'y resta pas, et, avant de partir, un officier mit le feu à une meule de paille dans les dépendances du château. D'autres accusèrent les Prussiens d'avoir allumé cet incendie au moment où on les délogeait de leurs positions. Quoi qu'il en soit, et à quelque parti qu'il faille l'attribuer, l'acte n'en est pas moins coupable. Cette reconnaissance, habilement dirigée jusqu'au-delà de Saint-Remy, ne nous avait coûté que 3 tués et quelques blessés; elle nous permit de ramener à Metz plusieurs voitures de fourrages, une vingtaine de prisonniers, et un grand nombre de journaux prussiens allant du 16 au 23 septembre.

Au dire des captifs, les troupes allemandes n'avaient pas toutes leurs aises : ils se plaignaient qu'on les fatiguât en marches continuelles, ils changeaient de campement tous les jours, avaient à peine le temps de dormir et recevaient force coups de bâton. Ils racontaient aussi qu'ils étaient sans nouvelles de leur armée de Paris, et que Steinmetz, relégué au commandement du duché de Posen, se trouvait en disgrâce pour n'avoir pas su couper les communications des Français avec Metz pendant la journée du 18 août.

Le soir, un incendie considérable éclaira l'horizon du côté de Peltre; c'étaient les Prussiens qui, rentrés au village après le départ de nos troupes, y avaient mis le feu ainsi qu'à Colombey et la Grange-aux-Bois. Le couvent de Peltre, où l'ennemi avait précédemment établi ses ambulances, disparut au milieu de l'embrasement de ce malheureux village, sans que les Prussiens aient rien fait pour le sauver. Le château de Crépy, où les officiers allemands avaient été logés et hébergés pendant longtemps ne fut même pas épargné; tout devint la proie des flammes dans ce beau domaine qui avait été nouvellement restauré et aménagé. Il est une circonstance ignoble que nous ne devons pas omettre, car on nous en a garanti la parfaite sincérité ; on nous a assuré qu'avant d'incendier les bâtiments, des officiers prussiens, notamment un colonel, auraient enlevé le mobilier, puis l'auraient expédié vers l'Allemagne par le chemin de fer de Sarrebrück.

Le lendemain encore, des flammes sinistres s'élevèrent sur la rive gauche de la Moselle ; c'était la Maxe et Sainte-Agathe qui brûlaient.

A la vue de ces nouvelles destructions, tout le monde s'indigna contre une telle façon de faire la guerre. Ces scènes de vengeance, ces brutales dévastations venant ruiner des habitants inoffensifs ont quelque chose de hideux que l'honnêteté repousse en attendant que l'histoire les flétrisse. Combattions-nous donc des Vandales ou des hommes de notre siècle? Il est triste de se poser une semblable question, cependant elle se dresse affreuse et désolante devant nous. Les Prussiens, après avoir déclaré qu'ils brûleraient les villages où ils seraient attaqués par nos troupes, ont exécuté leurs terribles menaces. C'est la première fois, croyons-nous, qu'une armée régulière et appartenant à une nation civilisée se venge sur les habitants des échecs que lui fait essuyer l'armée ennemie. Si les Allemands se bornaient, ainsi qu'ils l'ont fait sur la terrasse du château de Ladonchamps, à disposer des trains de charrue supportant des tuyaux de poêle pour simuler des canons, nous serions les premiers à en rire. Qu'ils couvrent leurs grand'-gardes d'hommes travestis avec pantalons rouges et guêtres blanches, nous ne dirons rien. Nous les laisserons même, comme à Rezonville, envoyer derrière nous des trompettes pour sonner la retraite au moment d'une charge de cavalerie, parce que, le cas échéant, nous pourrons sans honte leur rendre la pareille ; mais quand nous les voyons outre-passer les lois de la guerre et violer le droit des gens, il est de notre devoir de signaler ces actes inqualifiables à la réprobation de tous les peuples comme à la vengeance des Français.

Parmi les divers papiers saisis à Ladonchamps, on a découvert une pièce assez importante : c'est un ordre du jour du 25 septembre, dans lequel le général prussien faisait part à ses troupes de la situation de Metz. Il y avait jusqu'à un plan des environs de la Place, tracé d'après les renseignements fournis par des espions, et où se trouvaient indiqués les points occupés par nos divisions et nos régiments.
— La garde nationale, — disait cet ordre du jour, — et la garde mobile font le service de la ville. — L'état sanitaire des Français est bon; ils mangent de la viande de cheval et sont abondamment pourvus de blé et de farine.
— Ces renseignements, ajoutait le général, étaient parvenus par la voie de bouteilles jetées dans la Moselle et par ballons.

Voilà qui prouvait que nous étions trahis, et que nos murs abritaient encore quelques-uns de ces misérables soudoyés par la Prusse pour nous espionner et nous perdre. Ces gens sont si habiles et tellement audacieux qu'ils pouvaient impunément nous défier, à l'exemple de l'un d'eux qui, revêtu de l'uniforme d'intendant militaire, vint prendre des informations jusque dans les bureaux de la Manutention, et put se retirer sans être inquiété. Un autre, habillé de vêtements de femme, mais dont le faux chignon ne cachait pas suffisamment la chevelure masculine, fut arrêté pendant l'office à l'église Saint-Vincent. Personne n'a oublié les scènes regrettables qui se passèrent, rue du Pont-des-Morts chez un nommé Mayer, marchand de faïences, soupçonné d'espionnage et qui se suicida pendant qu'on brisait ses marchandises. Chacun se rappelle que, place du Saulcy, on saisit deux ouvriers prussiens qui dansaient en criant qu'ils allaient brûler Metz. Tout le monde se tenait donc sur la défiance, et, au risque de se tromper en appréhendant d'honorables citoyens, on arrêtait quiconque offrait le moindre indice équivoque. L'autorité elle-même rechercha si quelques faux amis ne s'abritaient pas sous le signe conventionnel de Genève, et, vers le commencement de septembre, l'avis suivant fut publié par les soins du gouverneur de la Place :

VILLE DE METZ.

SOCIÉTÉ INTERNATIONALE DE GENÈVE.

AVIS.

« Un grand nombre de personnes s'attribuent à tort le droit
« de porter le brassard adopté par la Convention internationale
« de Genève. Cet abus permet de pénétrer dans nos lignes et
« dans nos murs, et d'y pratiquer l'espionnage. Il importe d'y
« mettre promptement un terme. Il sera fait immédiatement,
« en conséquence, un recensement exact de toutes les personnes
« étrangères à l'armée qui ont réellement le droit de porter le
« brassard. A cet effet, chacune d'elles devra se présenter aux
« bureaux de l'état-major de la 5e division militaire, où, sur le
« vu de pièces régulières, il leur sera délivré un permis de séjour
« signé du général commandant supérieur à Metz.

« Vingt-quatre heures après la publication de cet ordre, toute
« personne portant le brassard sans autorisation sera l'objet
« d'un procès-verbal constatant la contravention, et, au besoin
« même, sera arrêtée pour être déférée à la justice.

« La police et la gendarmerie étant chargées de l'exécution
« de cet ordre, les permis de séjour devront être présentés à
« leurs agents à la première réquisition. Les membres autorisés
« de la société internationale de Genève devront, en consé-
« quence, être toujours porteurs de ces permis.

« Le Général commandant supérieur
« de la Place de Metz,
« COFFINIÈRES. »

Malgré ces précautions, malgré la vigilance des habitants et des soldats, la trahison devait persister et les coupables nous échapper; on verra par la suite de cette Notice qu'il ne pouvait guère en être autrement, tant le service d'espionnage était prudemment organisé tout autour de nous par les Prussiens.

Les journaux allemands, saisis lors de nos récentes opérations, parlaient de paix et de tentatives de médiation; on assura même qu'ils renfermaient des renseignements fort intéressants sur les conditions proposées par la Prusse. Elle exigerait de nous deux milliards et demi d'indemnité de guerre, et, comme gage de l'exécution, elle occuperait notre territoire jusqu'à parfait paiement, ou, au moins, la citadelle de Strasbourg et l'un des forts de Metz.

Bien qu'on sût que le général Bourbaki était parti, dans une direction inconnue, il est vrai, mais, disait-on, afin de traiter ou d'entreprendre des négociations, cette nouvelle rencontra peu de crédit dans la population messine qui préférait commenter, d'après le *Wanderer*, cette dépêche du roi Guillaume à la reine :

« Combats sanglants sous Paris les 17, 18 et 19 septembre.
« Le général Vinoy a pris 12 canons à Lagny ; les parisiens
« sortent de leurs murailles, et nous attaquent de tous côtés. Ils
« ont détruit les magnifiques parcs des environs, ce qui annonce
« l'intention d'une résistance vigoureuse. La guerre n'est
« malheureusement pas terminée. »

Le *Volks-Zeitung*, de Berlin, publiait également ce qui suit :

« Du grand quartier-général, le 20 septembre.

« Paris est investi; le Roi a fait une reconnaissance dans le
« cours de la journée sur le front nord-est des forteresses. »

« Le Roi écrit à la Reine :

« Après avoir traversé la Seine à Villeneuve-Saint-Georges,
« au sud de Paris, le 5ᵉ et le 6ᵉ corps bavarois ont attaqué trois
« divisions du général Vinoy sur les hauteurs de Sceaux. Mon
« 7ᵉ régiment a encore beaucoup souffert, il a eu des pertes
« nombreuses ; nous avons pris 7 canons et repoussé l'ennemi
« sous les forts de Paris. »

Ces nouvelles étaient évidemment écrites au point de vue prussien, mais en tenant compte de leur exclusivisme, on y rencontrait des aperçus fort curieux et des nouvelles très-instructives. On remarque, notamment, que les dépêches du roi Guillaume sont empreintes de tristesse, et l'une d'elles serait à peu près conçue en ces termes :

« Je regrette de m'être laissé entraîner par l'enthousiasme de
« mon armée devant Paris. Fritz va bien. »

Le journal de Bonn et le *Staatsanzeiger* signalaient les embarras de la situation, compliquée non seulement, du côté de la France, par sa lutte et ses armements, mais encore, en Allemagne, par l'attitude des partis démocrate et particulariste.

On lisait encore dans la *Gazette de Cologne* une dépêche datée du 21 septembre, quartier général au château de Ferrières, et annonçant que le résultat d'une bataille livrée à Montrouge était resté *indécis*. Or, nous savions que ce mot, traduit de l'allemand, signifie *favorable aux Français*, et les Messins se reprirent à espérer qu'un retour de la fortune allait changer la face des choses.

Enfin, on colportait clandestinement à Metz un extrait du journal *La Poste*, de Berlin, numéro du 26 septembre 1870, et l'on prétendait que la presse locale avait reçu défense de le publier.

Voici la traduction de cet article, tel qu'il nous a été remis comme à tant d'autres, lorsqu'on en distribuait des copies écrites au crayon :

« Les feuilles de Vienne voient une restauration napoléo-
« nienne comme arrêtée. Les généraux Bazaine et Uhrich se
« seraient déclarés pour la continuation de l'Empire sous Napo-
« léon III, et, s'il le faut, d'une Régence. — Palikao se rend
« directement à Wilhemsoëhe et au quartier général prussien.
« — Un manifeste de l'Empereur, qui paraîtrait après cela
« dans les feuilles anglaises et belges, contiendra l'exposé des
« causes de la guerre, et recommandera la paix, attendu qu'il
« faut examiner sous deux sens : 1° le danger menaçant de la
« guerre avec un ennemi plus fort et occupant toutes les posi-
« tions ; 2° la guerre civile.
« Le Gouvernement (1) est déclaré usurpateur. On attend la
« reddition de Metz par Bazaine. »

Le 30, on apprit que Strasbourg aurait capitulé depuis deux jours ; suivant les uns, la citadelle nous resterait encore, selon les autres, ville et citadelle se seraient rendues à l'ennemi. Cette fois encore, comme si à Metz aucune mauvaise nouvelle ne pût nous arriver sans être palliée par quelque invention renouvelée du Tartare de Sébastopol, on ne manqua pas d'annoncer que le Hanovre et les autres petits Etats annexés de force à la Prusse s'étaient soulevés, et qu'ils venaient d'être mis en état de siége. Le malheur de Strasbourg affecta vivement les habitants de Metz, car il consacrait l'invasion de l'Alsace ; c'était un nouveau deuil pour la Patrie, et peut-être allions-nous voir diriger contre nous le matériel de siége avec l'artillerie conquise, s'il plaisait aux Prussiens d'en finir avec la capitale de la Lorraine.

Loin de se laisser abattre par ce surcroît d'infortune,

---

(1) Il ne peut s'agir ici que du Gouvernement du 4 septembre, dit de la Défense Nationale. (*Note de l'auteur*.)

la population de Metz affirma davantage son énergique résolution de lutter. Il est permis de croire aussi que les révélations de *La Poste*, de Berlin, que nous venons de reproduire, n'avaient pas peu contribué à jeter dans les esprits ces tristes pressentiments qui engendrent les grandes déterminations. Un certain nombre de citoyens se rendirent auprès de Bazaine pour lui demander de confier à la Garde Nationale sédentaire la défense de la ville, mais le Maréchal leur aurait répondu qu'il devait, quant à lui, apprécier la situation au point de vue de la défense générale du pays, et qu'il aviserait. Malgré cette déception, et l'espèce de parti-pris avec lequel Bazaine rejetait toutes les démarches tentées auprès de lui par les Messins, la plus étroite union subsista entre l'armée et les habitants. On put surtout le constater chaque fois que les corps de troupes firent verser à la souscription de la Mairie leurs offrandes pour les pauvres de la ville. — Les envois étaient accompagnés de lettres aussi honorables pour leurs auteurs que flatteuses pour la cité ; il nous suffira d'en reproduire une, car toutes exprimaient les mêmes sentiments, et en termes non moins heureux :

« Sous Metz, le 1er octobre 1870.

« Monsieur le Maire,

« Veuillez, je vous prie, accepter pour les pauvres de votre
« ville la somme de 1,029 fr. 15 c. que j'ai l'honneur de vous
« adresser au nom du 4ᵉ régiment de ligne tout entier.

« Que les dames de Metz, si bonnes pour les blessés, veuillent
« bien nous permettre de consacrer au soulagement de leurs
« nécessiteux cette modeste et première offrande destinée tout
« d'abord à leur offrir un gage de notre profonde reconnais-
« sance.

« Veuillez agréer, etc.

« *Le Colonel commandant le 4ᵉ de ligne,*
« VINCENDON. »

Nous voudrions laisser le lecteur sous le charme de ces délicates paroles, et ne pas l'attrister par le récit des turpitudes dont se sont rendus coupables certains commerçants de Metz, mais l'impartialité nous ordonne de dévoiler les faits honteux de même que nous glorifions la bravoure et les sentiments élevés. Certes, il est douloureux de savoir que des gens ont osé profiter de la crise affreuse que nous traversions pour se créer un gain illicite sur les denrées alimentaires ; longtemps même, pour l'honneur de Metz et du nom Français, nous avons refusé de croire à ces actes méprisables, cependant les révélations devinrent tellement précises et irréfutables qu'il n'y avait plus à douter. Metz a répudié déjà toute solidarité avec ces mauvais citoyens que la France stigmatisera, c'est pourquoi nous reproduisons ici quelques-uns des griefs articulés dans la presse locale.

« Monsieur le Rédacteur,

« Un abus qui mérite la peine de vous être signalé se produit
« depuis quelques jours chez les boulangers. Ils refusent de
« peser le pain ; ainsi hier, j'ai pesé moi-même plusieurs miches
« dont le poids devrait être de 1500 grammes. J'ai trouvé des
« différences en moins de 120 grammes et 130 grammes. En outre
« de cela, malgré la taxe de 0,48 c. arrêtée par le Général com-
« mandant la place, ils font payer 0,75 c. les 1,500 grammes au
« lieu de 0,52 c.

« Je vous prie, monsieur le Rédacteur, de vouloir bien appe-
« ler l'attention de l'autorité sur cet abus qui peut avoir de très-
« graves inconvénients en ce moment.

« Metz, le 27 Septembre 1870.
« THOMAS. »

(*Indépendant de la Moselle* du 29 septembre 1870).

Un autre correspondant dénonce plusieurs bouchers du quartier Pontiffroy, de la rue des Allemands, et du Marché-Couvert qui vendent le kilo de viande de cheval 1 fr. 50 c. et même 1 fr. 80 c. au lieu de 1 fr., prix taxé par le Gouverneur de la place.

Un troisième écrit ce qui suit :

« Metz, le 27 septembre 1870.

« Monsieur le Rédacteur,

« . . . .
« . . . .

« L'arrêté de M. le Commandant supérieur de la ville de Metz,
« en date du 23 septembre dernier, abaissant le tarif de la
« viande de cheval, témoigne de toute la sollicitude de cet
« homme honorable pour nos concitoyens, et nous ne saurions
« trop lui en être reconnaissants ; mais, depuis son apparition
« sur nos murs, cet arrêté n'a pas encore été mis en vigueur, et
« MM. les bouchers n'ont pas l'air de croire qu'il puisse les con-
« cerner ; ils n'en tiennent aucun compte, et vendent leur
« viande au même prix qu'auparavant. Quand on les rappelle à
« la réalité de la situation, ils consentent à réduire leurs prix,
« mais ils tournent la difficulté en livrant un quart de viande
« et trois quarts d'os. Il est temps de mettre un terme à cet abus,
« et pour y remédier, ne pourrait-on pas régler la quantité d'os
« que le vendeur aurait le droit de livrer à l'acheteur sur un
« kilogramme de viande, sans pouvoir dépasser cette quantité?
« Les agents de police seraient chargés de veiller à l'exécution
« de cette mesure et devraient sévir avec rigueur contre les con-
« trevenants. On ne saurait trop punir cette exploitation de la
« classe des travailleurs par un certain nombre de gens sans
« aveu, (je n'entends pas faire de personnalités offensantes pour
« MM. les bouchers,) qui profitent de la misère publique pour
« réaliser des profits exagérés. »

« . . . .
« . . . .

« Veuillez agréer, etc.
« UN MESSIN. »

(*Indépendant de la Moselle* du 30 septembre 1870.)

Enfin les journaux publièrent le document suivant :

Tribunal de Metz.

EXTRAIT DES MINUTES DU GREFFE.

« Par jugement contradictoire du tribunal correctionnel de
« Metz, du 30 septembre 1870, devenu définitif, n'ayant été
« frappé d'opposition ni d'appel, et rendu sur la poursuite de
« M. le Procureur impérial, le nommé Joseph Bénédic, âgé de
« 26 ans, boucher, né à Metz, y demeurant, rue Vincentrue, 7,
« déclaré coupable d'avoir, à Metz, le 22 septembre 1870, trompé
« les sieurs Roeckel et Jude, officiers au 24ᵉ régiment de ligne,
« sur la nature de la marchandise à eux par lui vendue, a été
« condamné, en vertu des articles 423 et 463 du code pénal, à la
« peine de huit jours d'emprisonnement, vingt-cinq francs
« d'amende et aux frais. Le jugement fixe à cinq jours la durée
« de la contrainte par corps à exercer pour le recouvrement de
« l'amende prononcée.
  « Ordonne l'insertion, par extrait, de ce jugement dans les
« journaux le *Courrier de la Moselle*, l'*Indépendant de la Moselle*,
« et le *Vœu National*.
  « Dit que pareil extrait sera également affiché à l'abattoir du
« Marché-aux-Chevaux, à l'étal de Bénédic, au Marché-Couvert,
« ainsi qu'à la porte de sa maison, rue Vincentrue, le tout aux
« frais du condamné.
  « Le présent extrait délivré à la requête du ministère public.
  « Metz, le 11 octobre 1870.

« *Le commis greffier.*
« SÈVE. »

« Vu au Parquet,
» *Pour le Procureur Impérial*,
« Ad. GAND, Substitut. »

Comme on le voit, les abus de confiance se pratiquaient sur une vaste échelle, et la justice se montra sévère. Il y eut cependant quelques exemples méritoires, et nous nous empressons d'en signaler un d'après le *Courrier de la Moselle* :

« Metz, le 16 octobre 1870.

« Monsieur le Rédacteur,

« S'il est pénible de voir une partie du commerce de Metz tirer un profit scandaleux de notre triste situation, l'esprit se repose agréablement sur certains actes qui, pour être modestes et accomplis obscurément, n'en sont pas moins très-méritoires à mon avis.

« En voici un exemple dont ma femme a été témoin récemment. Puisse-t-il rencontrer de nombreux imitateurs.

« Un pauvre diable de cantinier, à bout de recherches, se présenta par hasard, il y a une dizaine de jours, à la boutique de M. L....., boucher, et lui demanda avec instances quelques livres de sel. Mme L..... lui répondit qu'elle n'avait plus qu'un peu de saumure qu'elle réservait pour sa propre provision et pour celle de ses pratiques réduites aux extrémités. « Le soldat ayant supplié cette dame de lui en donner un kilo moyennant *dix francs*, on ne crut pas pouvoir résister. Seulement, dit Mme L..., ma conscience m'empêche d'accepter un tel prix, et je ne vous céderai mon sel qu'à raison de 1 fr. 50 la livre, ce dont je suis déjà honteuse.

« Qui fut étonné? Ce fut notre cantinier, comme bien vous pensez. Aussi s'empressa-t-il de conclure marché, de peur que son rêve ne lui échappât.

« Quelques jours plus tard, le même marchand donnait, gratuitement cette fois, même quantité à la mère d'une nombreuse famille qui s'offrait cependant à le lui payer.

« La preuve, c'est que cette mère me charge de vous adresser la somme de 3 francs, valeur correspondante qu'elle destine, par l'intermédiaire de votre honorable journal, à de plus pauvres qu'elle. »

« Agréez etc.

« E. SAVARY. »

V.

Pendant que les pensionnaires de l'Etat et les rentiers se portaient en grand nombre à la trésorerie générale, où le trimestre du 1er octobre leur fut payé, on entendait la voix formidable des forts. En effet, nos avant-postes luttaient avec les grand'gardes allemandes.

La journée avait commencé par un coup de surprise dirigé contre un groupe d'officiers Prussiens qui, depuis quelque temps, avaient pris l'habitude de se réunir, tous les matins, à 200 ou 300 mètres de Ladonchamps pour le rapport quotidien ou le conseil. Ils se trouvaient donc, le 1er octobre, au lieu ordinaire de leurs séances lorsque des mitrailleuses, chargées de les disperser, vinrent inopinément frapper les airs de leurs lugubres roulements. Presque tous les officiers allemands tombèrent sans vie, quelques-uns seulement échappèrent à la mort et purent se dérober aux coups du canon à balles.

En même temps, des troupes appartenant à la division de Lorencez, du 4e corps, arrivaient par les crêtes de Plappeville et attaquèrent la sapinière de Lessy ainsi que le Chalet, résidence habituelle de M. Billaudel, ancien Préfet du département. Après un engagement assez vif, ces positions furent emportées et leurs défenseurs s'enfuirent dans les bois. En opérant cette retraite, l'ennemi laissa un grand nombre de morts sur le terrain, car l'artillerie du

Saint-Quentin, qui avait prévu le mouvement de recul des Prussiens, combina son tir de telle sorte que les projectiles vinrent frapper les fuyards jusque dans leur refuge. Aussitôt après avoir été occupés, le village de Lessy et le Chalet furent mis en état de défense; des soldats du génie, munis de haches et de scies, se portèrent dans les bois de Chatel pour y faire des abattis, mais, arrêtés par les arbres qui étaient reliés entre eux au moyen de fils de fer, et ne pouvant répondre avec succès au feu meurtrier des Allemands, nos braves sapeurs se retirèrent. Nous avions une centaine de blessés, chiffre insignifiant si l'on songe aux pertes énormes que les Prussiens subirent dans cette attaque, et à l'importance de la position de Lessy. Le jour même, l'ennemi ayant tenté un retour offensif fut repoussé avec pertes, et il laissa entre nos mains trente prisonniers environ.

La nuit suivante, trois bataillons pris dans le 6ᵉ corps reçurent l'ordre de se tenir prêts à marcher. A minuit, ils étaient en route au-dessus de Woippy, observant le plus profond silence, et ils purent ainsi s'approcher de Ladonchamps que les Prussiens avaient réoccupé depuis l'affaire du 27 septembre. Les sentinelles surprises crient : « Hurrah ! » à pleins poumons, nos soldats y répondent par leur formidable « à la baïonnette ! » et ce fut, avant l'action, un tumulte indescriptible. Nos hommes se précipitèrent sur l'ennemi avec un entrain furieux, forcèrent tous les obstacles, et tuèrent ou firent prisonniers 500 hommes, la garnison entière, dit-on. Le château enlevé, nos soldats y exécutèrent, sur le champ, des travaux de fortifications, barricadèrent les approches, et bâtirent des retranchements. Une colonne française s'avança ensuite sur Saint-Remy, Amelange et Maizières, refoulant tout ce qui s'opposait à son passage. Elle arriva jusque dans ce dernier village, où l'on trouva de grands approvisionnements en denrées fourragères, et d'où fut ramenée une vingtaine de bêtes à cornes. A huit heures du matin, les Prussiens avaient établi aux Petites-Tapes une batterie qui fut immédiatement démolie par nos pièces de 12 tirant de Saint-Eloi, et, près de Bellevue, une autre batterie allemande chercha à nous couvrir d'obus sans obtenir de résultats satisfaisants. Vers trois heures, le feu recommença des hauteurs au-delà de Saulny, ainsi que de Semécourt, mais il ne nous causa aucun dommage sérieux, et l'ennemi se vengea de son impuissance en incendiant le hameau de Saint-Remy et la ferme de Franlonchamps.

On se battait également à l'ouest de Metz, du côté de Châtel-Saint-Germain. La fusillade et les mitrailleuses secondées par le canon du fort des Carrières retentissaient avec fracas, en même temps que des batteries prussiennes dressées à Rozérieulles bombardaient le village de Sainte-Ruffine. Le Saint-Quentin se mit alors de la partie, et son tir très-habilement dirigé fit taire le feu de l'artillerie ennemie. Grâce à cette prompte riposte, le dégât fut moins considérable qu'on eût pu le craindre ; cependant l'incendie dévora cinq maisons, l'église fut endommagée par quelques obus, et bon nombre de propriétés devinrent inhabitables.

On a rapporté que cette attaque de Sainte-Ruffine avait lieu en représailles de la mort de deux soldats prussiens tués près de ce village. Si cela est vrai, il faudrait croire que les incendiaires obéissaient à un mot d'ordre dont le but est assez difficile à expliquer. Espérait-on, par ce moyen, nous empêcher d'avancer nos grand'gardes ? — Évidemment non. — Voulait-on, par cette guerre de Vandales faite aux propriétés, terroriser les populations ? — Ce serait là un singulier procédé pour préparer l'annexion tant désirée.—Fallait-il voir enfin dans ces actes, sans précédents chez les nations civilisées, les marques d'une rage sourde produite par l'arrivée de mauvaises nouvelles? — Nous posons cette dernière question sans pouvoir y répondre; cependant nous constatons que toutes ces dévastations coïncidaient avec l'annonce de succès remportés dans l'intérieur par des troupes françaises. D'où venaient ces informations? Personne ne le savait; néanmoins elles s'accréditèrent tellement à Metz que les hommes les plus sérieux partagèrent la confiance générale. On oubliait le retour offensif tenté, le 3, par les Prussiens sur le château de Ladonchamps; on ne parlait ni de l'insuccès de leur canonnade, ni de leurs efforts inutiles pour brûler la ferme de Sainte-Agathe, ni du tir remarquable de nos batteries de la Maison-Rouge. On dédaignait de s'occuper de la destruction des Maxes et de l'incendie de Jury par les Allemands, on semblait ignorer qu'un petit combat d'infanterie avait été livré près de Plesnoy; tout enfin s'effaçait devant les bruits en circulation.

Quelles nouvelles pouvaient donc ainsi bouleverser les esprits? — On disait que deux armées françaises, l'une venant de Nantes, l'autre de Lyon, auraient opéré leur jonction près d'Etampes et bousculé l'ennemi, qui, harcelé plus loin par l'armée de Paris, serait en retraite sur Château-Thierry ou même sur Epernay. D'autres ajoutaient que le roi Guillaume, retournant en Prusse, avait été vu à Frouard. Là-dessus, chacun a son mot, les commentaires abondent, on raisonne par induction, et il n'est personne qui ne puisse confirmer la défaite des Allemands par mille petits détails jusqu'alors inaperçus. Les derniers prisonniers capturés autour de Metz sont de tout jeunes gens; on ne trouve plus de journaux allemands ni français dans les razzias; au contraire, les prisonniers affirment qu'on a cessé de leur en distribuer. Il y a quinze jours, officiers et soldats les recevaient à profusion, or, les généraux prussiens ne prendraient pas autant de soin de laisser leurs troupes dans l'ignorance, si les nouvelles continuaient à leur être favorables. Aux chants de triomphe et aux hurrahs qui s'entendaient dans les camps ennemis, a succédé un morne silence ; on ne voit plus de ces manifestations bruyantes qui ont signalé les premiers jours de septembre. Voilà ce dont tout le monde s'entretient, et il eût été bien osé celui qui fût venu faire entendre un mot de contradiction dans cet enthousiasme général.

Cependant, les imaginations se calmèrent pour envisager l'inquiétante réalité de la situation de Metz. En effet, les approvisionnements étaient presque épuisés : on n'avait plus de sel, le blé commençait à manquer, et l'on voyait tant de chevaux mourir de faim qu'il était à craindre que la viande aussi vînt à faire défaut. Administration municipale et citoyens cherchaient les moyens de remédier à cet état de choses, chacun apportait son expérience, ses conseils ou sa science pour obvier au mal, et retarder l'échéance fatale qui devenait de plus en plus menaçante. C'est ainsi que le docteur Herpin proposa de retirer le sel de la saumure des fosses à tan, d'où l'on pouvait extraire une grande quantité de chlorure de sodium ; son procédé permettait d'obtenir du sel à 40 ou 50 centimes le kilo.

En outre, le Conseil municipal de Metz avait appelé à sa séance du 4 octobre MM. les Juges de Paix et leurs Suppléants, les administrateurs du Bureau de Bienfaisance, les Répartiteurs et les Capitaines de la garde nationale pour s'occuper de la question des subsistances. Il fut décidé que chaque chef de famille recevrait une carte portant indication de la quantité de pain nécessaire à la consommation quotidienne, et qu'au vu de cette carte, qu'on estampillerait journellement, les boulangers livreraient la ration prescrite.

D'autre part, le *Courrier de la Moselle* du 4 octobre publiait les lettres suivantes :

« Monsieur le Rédacteur,

« Tous nous voyons chaque jour avec un sentiment pénible
« les attroupements qui assiégent les boutiques de nos boulan-
« gers comme si le pain allait manquer, et ne devait être donné
« qu'au premier arrivé, au plus riche, ou au plus vigoureux au-
« quel la force musculaire aura permis de percer la foule.......
« ....

« Que chaque boulanger remette au syndicat, dont le Conseil
« municipal vient d'ordonner la création, la liste de ses prati-
« ques ordinaires, indiquant la quantité moyenne de pain con-
« sommé dans les familles qu'il fournit, ainsi que leur demeure,
« et, autant que possible, le nombre des personnes qui compo-
« sent la maison.

« Le syndicat n'aura plus qu'à vérifier si les quantités usées
« sont en rapport avec les besoins et avec nos ressources actuel-
« les. Il lui sera facile alors de fixer un maximum du poids du
« pain à fournir pour chaque individu, et chacun de nous sera
« certain de trouver son pain chez son boulanger, à n'importe
« quelle heure du jour, sur la présentation de la carte qui lui
« aura été délivrée par ce syndicat.

« Quant aux personnes qui n'ont pas de boulanger attitré, et
« à celles qui habitent la ville d'une manière temporaire, elles
« seront tenus de faire leur déclaration à la mairie, où on
« leur remettra, comme aux autres, des cartes indiquant chez
« quels boulangers de leur section, et autant que possible de la
« rue qu'elles habitent, elles devront se fournir.

« Ces cartes indiqueraient, en même temps, aux boulangers
« quelles sont les personnes auxquelles ils devraient remettre
« le pain gratuitement, pour en être payés, soit par le bureau
« de bienfaisance, soit par toute autre administration.

« Tout alors resterait dans un calme parfait. Le pauvre serait
« certain d'avoir, comme le riche, une quantité de pain déter-
« minée en rapport avec ses besoins et les ressources que laisse-
« rait le siége, et le tableau dont je parlais en commençant
« serait alors sans la moindre tache.
« ....
« ....

« Agréez, etc.

« PRÉVEL. »

« Monsieur le Rédacteur,

« Avant la guerre actuelle, la plupart des habitants des com-
« munes suburbaines étaient pourvus de pain par des fournis-
« seurs locaux qui s'approvisionnaient eux-mêmes en ville chez
« des boulangers avec lesquels ils avaient traité.

« Depuis l'investissement de la Place, ces boulangers ayant
« cessé les livraisons quotidiennes qu'ils faisaient aux fournis-
« seurs locaux, il en résulte que les habitants desdites commu-
« nes se trouvent complétement dépourvus de pain, et qu'ils
« parcourent en vain la ville pour acheter la principale subsis-
« tance (le pain) qu'ils doivent à leurs enfants. C'est vous dire
« qu'ils sont doublement lésés, attendu qu'au lieu d'employer
« leur temps précieux au travail pour subvenir aux besoins im-
« périeux de la famille, ils le dépensent d'une manière infruc-
« tueuse.

« Pour des raisons qu'il est inutile d'énumérer ici, je crois
« cependant que vous partagerez mon opinion en disant que ces
« habitants devraient, *avec justice*, entrer dans le droit commun
« avec ceux de la ville.

« Comment se fait-il que les boulangers ne puissent plus pro-
« duire autant que précédemment?

« Est-ce le manque de farine? D'après les approvisionne-
« ments dont on parle, je ne le crois pas.

« Sont-ce les fours qui font défaut? Dans ce dernier cas, il y
« a une grande ressource; il y aurait même urgence à transfor-
« mer en boulangeries les nombreuses pâtisseries qui sont
« aujourd'hui, à proprement parler, *du luxe* en présence des
« besoins actuels.

« ....
« ....
« Agréez etc.,

« J. ROLLIN. »

De son côté, l'*Indépendant de la Moselle* (n° du 7 octobre) insérait une communication sur le nitrate de potasse employé comme condiment en remplacement du sel marin. Voici en quels termes s'exprimait le médecin signataire de cet article :

« Depuis que nos soldats campés sous les murs de Metz se
« trouvent réduits à ration congrue de sel marin, ration qui
« s'élève seulement à 2 grammes 5 dixièmes, nous avons
« reconnu qu'un certain nombre d'entre eux, ou mal inspirés ou
« mal conseillés, avaient substitué à ce produit condimentaire
« un autre sel très répandu dans le commerce, et qu'on désigne
« sous les noms de Nitre, de Salpêtre, de Nitrate de potasse, etc.

« Comme cette substitution pourrait avoir des résultats
« fâcheux au point de vue sanitaire de notre armée, nous nous
« empressons d'en signaler les dangers à ceux qui seraient ten-
« tés de la mettre en pratique, et de leur faire savoir que le
« nitrate de potasse a, sur l'économie animale, une action telle-
« ment différente de celle du sel marin, qu'il est possible d'affir-
« mer qu'autant celui-ci est nécessaire à la vie, autant l'autre
« est dangereux et nuisible à la santé.

« Nous n'en donnerons pour preuve que le résumé des tra-
« vaux de Joerg, d'Orfila, de Trousseau et Pidoux, du Gubler et
« de Bouchardat, travaux ayant pour but d'approfondir le rôle
« physiologique de ce sel potassique.

« En effet, d'après ces auteurs éminents, l'emploi du nitre, à
« la dose de 8 à 10 grammes par jour, amène chez l'homme une
« stupéfaction considérable, caractérisée par un sentiment de
« défaillance, des lypothymies, un réfroidissement général, des
« vertiges, un affaiblissement du pouls, accidents qui peuvent
« être portés jusqu'à la prostration et même jusqu'à la mort.

« Cet avertissement suffira-t-il à prévenir l'usage d'une pareille
« substance ? — Nous n'en doutons pas ; mais, dans le cas où il
« viendrait à être méconnu, nous espérons que, porté à la con-
« naissance de l'autorité, il provoquera des mesures administra-
« tives sévères dans le but de réglementer la vente d'un pro-
« duit qu'on peut considérer, à juste titre, non-seulement comme
« dangereux, mais même comme toxique.

« Dr P. J. »

On lisait aussi dans le même journal la lettre suivante :

« Monsieur le Rédacteur,

« En voyant les pauvres chevaux ronger l'écorce et le bois
« des arbres de nos promenades, ne pourrait-on se dire qu'il y

« a mieux à faire pour leur procurer un supplément de nourri-
« ture, nous qui possédons des instruments plus puissants et
« plus habiles que leurs incisives ? Ne croyez-vous qu'en rédui-
« sant en copeaux, comme en font les menuisiers au moyen
« de rabots, nos arbres à sève douce et peut-être sucrée comme
« les tilleuls, peupliers, etc., l'on ne pourrait trouver là une
« ressource très-abondante ? Ce travail pourrait se faire par les
« soldats eux-mêmes, à mesure des besoins, de façon à ce qu'il
« n'y eût pas déperdition de sève. Si vous croyez qu'il y a quel-
« que chose de bon et de praticable dans cette idée, veuillez en
« tirer parti, s'il vous plaît.

« *Un Lecteur.* »

Il n'y avait plus à se faire illusion ; tout indiquait que nous marchions vers un dénouement fatal. Les mesures prises par l'autorité attestaient l'épuisement des denrées, et les plus incrédules durent s'en convaincre lorsque parut un ordre du Gouverneur de la Place, ainsi conçu :

PLACE DE METZ.

AVIS.

« Il est enjoint à tous les détenteurs de blés ou de farine de
« faire la déclaration des quantités qu'ils possèdent à la mairie
« de Metz, avant le mardi, 11 octobre courant.

« A partir du lendemain 12, les blés et les farines qui n'au-
« ront pas été déclarés ne seront plus payés, savoir : les blés
« que 30 francs les 100 kilogrammes, les farines que 40 francs
« les 100 kilogrammes, au lieu de 36 francs et 48 francs, prix
« fixés par l'arrêté du 15 septembre dernier. La différence sera
« versée à la caisse du bureau de bienfaisance, et employée pour
« les besoins de cette institution. Les retardataires perdront, en
« outre, la faculté de recevoir en nature, après le blocus, les
« quantités de blé égales à celles qu'ils auront livrées.

« A partir du même jour, 12 octobre, des visites seront faites
« à domicile pour rechercher les blés et les farines qui n'auraient

« pas été déclarés. Celles de ces denrées qui seront trouvées
« seront enlevées par les soins des agents de l'autorité publique.

« Metz, le 7 octobre 1870.

« *Le Général de division, commandant supérieur*
« *de la place de Metz,*

« F. COFFINIÈRES. »

Cependant, le moral de la population et des troupes ne faiblissait pas ; les Messins étaient résolus à tout souffrir plutôt que de se rendre, et nos soldats continuaient à lutter victorieusement avec l'ennemi. Ils lui prouvaient que si nous devions être amenés à composition, du moins ce ne serait pas en le laissant tranquillement attendre que le temps ait fait son œuvre. On peut en juger par ce rapide exposé :

Le 5 octobre, nos avant-postes de Lessy surprirent dans la nuit et firent prisonniers cinquante Prussiens de grand'-gardes, avec leur officier.

Le 6, vers onze heures et demie, l'ennemi dirigea contre nous deux batteries de position établies en avant de Semécourt, mais nos pièces de 12 installées à Ladonchamps et à Woippy lui répondirent si vigoureusement que l'artillerie prussienne fut démontée. Ce succès permit à une colonne d'infanterie de s'avancer vers Maizières où elle entra pendant qu'une locomotive suivie d'un train s'engageait sur la voie, à la gare de Devant-les-Ponts, et arrivait à son tour jusque près du village. Nos soldats poussèrent encore plus loin dans la plaine de Thionville, et après avoir marché sur la droite vers Brieux, ils en ramenèrent du bétail et quelques approvisionnements.

A l'ouest de Metz, les forts du Saint-Quentin et des Carrières faisaient avorter une attaque des Prussiens sur Lessy et le chalet Billaudel.

Dans l'après-midi, le feu recommença du côté de Scy, où les Allemands lançaient des obus du haut des Génivaux. Le Saint-Quentin reprit la parole, et il ne tarda pas à désemparer la batterie prussienne dont deux caissons sautèrent.

Sur la droite, le fort de Plappeville canonnait une redoute ennemie qui, presque aussitôt, arbora le drapeau blanc; mais on ne fut pas dupe de cette vieille ruse qui complète le système de la crosse en l'air, et nos pointeurs continuèrent le tir dès que se furent retirées quelques voitures qui étaient venues chercher les morts et les blessés. Il serait, en effet, trop commode pour l'ennemi d'avoir ou de prendre un prétexte afin de faire cesser un feu qui l'importune; or, nous savions qu'une vingtaine de pièces s'étaient avancées sous bois, et nous avions de bonnes raisons pour croire que les canons étaient restés en place après le départ des chariots d'ambulance.

Le 6 encore, des habitants de Peltre réfugiés à Metz, ont essayé de faire la vendange de leurs vignes, bien que la cueillette du raisin fût devenue impossible. Postés dans les ruines de ce malheureux village, les Prussiens criblaient de balles les travailleurs, et il fallut renoncer à cette opération malgré les efforts des Francs-Tireurs de Frouard qui, sous la conduite de M. Lang leur capitaine, ont montré un dévouement et un courage au-dessus de tout éloge en protégeant nos pauvres campagnards.

A ce propos, disons un mot de ces braves volontaires qui, contraints de se réfugier à Metz après nos premiers revers, concoururent vaillamment à la défense du fort de Queuleu. Maintes fois, ils tinrent la campagne contre les partis ennemis, et ils remportèrent des succès glorieux quoique leurs faits d'armes soient restés presque inaperçus. Aussi, nous faisons-nous un plaisir d'emprunter au *Vœu National* les lignes suivantes :

« Les Francs-Tireurs de Frouard, casernés au fort de Queuleu,
« méritent bien du pays par leurs exploits dans les environs.
« Malheur au Prussien qui s'aventure à 700 mètres de l'un
« d'eux, soit dans la forêt, soit aux abords d'un village; il est
« *démoli*, suivant l'expression consacrée. »

Cette journée du 6 octobre, durant laquelle fusillade et canonnade ne discontinuèrent presque pas, n'avait offert que des combats partiels et disséminés autour de Metz; le 7, au contraire, les opérations eurent beaucoup plus d'importance, car elles semblèrent constituer dans leur ensemble une grande reconnaissance en forces. Ce n'était point une bataille rangée ; cependant, le 3e, le 6e corps et la garde prirent part à l'affaire, et la ligne de combat, sauf quelques intervalles, s'étendait de Nouilly et Noisseville sur la droite, à Ladonchamps et Fèves sur la gauche.

A l'extrême droite, le feu ne commença guère que vers deux heures de l'après-midi ; la plaine de Mey devint alors l'objectif des batteries prussiennes établies à Servigny, Sainte-Barbe, Poix, et Montoy. Les coups de canon se succédaient avec une rapidité inouïe, et, malgré ce grand déploiement d'artillerie, nos soldats secondés par le tir du Saint-Julien et du fortin des Bordes avançaient toujours. A la suite d'un engagement de tirailleurs qui dura près de deux heures, nos hommes se massèrent dans le fond de Nouilly pour aborder les Prussiens à la baïonnette, mais ceux-ci n'acceptèrent pas la lutte, et ils se retirèrent vers Sainte-Barbe où il ne fallait pas songer à les poursuivre.

Au centre, le gros des forces ennemies était échelonné d'Argancy et de Malroy à Charly, d'où leurs fantassins dirigeaient un feu violent sur le 11e bataillon de chasseurs à pied qui s'était avancé jusqu'à Chieulles et Vany ; néanmoins nos braves soldats ne reculèrent pas, et ils se maintinrent jusqu'au soir dans cette position. Les 80e, 85e, 60e et 63ᵉ de ligne se trouvaient également engagés au centre et sur la droite, supportant le feu d'une batterie allemande qui, des hauteurs de Malroy, balayait la plaine sous Chatillon. Ici encore, nos hommes répondirent aux boulets par des balles et la fusillade devint terrible; elle se continuait avec une rage toujours croissante lorsqu'un premier coup de canon, parti du fort Saint-Julien, donna à 10 mètres plus loin que les pièces prussiennes, le second coup porta en plein sur elles, les démonta et éteignit leur feu.

Nous n'insisterons pas davantage sur les opérations entreprises de ce côté, car là n'était pas le théâtre principal de l'action, et c'est dans la plaine de Thionville que se livrait l'engagement le plus sérieux.

Dès avant midi, les 25ᵉ et 26ᵉ de ligne avaient gagné les bois à gauche et en avant de Ladonchamps. Dans les premiers, ils ne trouvèrent aucun Prussien, mais les autres en étaient bondés et nos soldats les abordèrent franchement à la baïonnette. En les attaquant ainsi dans leurs repaires, ils les délogèrent successivement des positions boisées qu'ils occupaient et les refoulèrent sur les pentes et dans la plaine. Aussitôt, l'ennemi déploya son artillerie, formant ainsi, d'Olgy à Fèves, une vaste courbe de feux convergents. A Semécourt, il avait construit des épaulements étagés pour foudroyer Ladonchamps; à Fèves, à Amelange, à Argancy, il démasque encore des canons. Leurs bouches embrasées vomissent des obus dans toutes les directions, des nuages de fumée obscurcissent l'air, et on est étourdi par le bruit imposant de la canonnade. Le Saint-Julien mêle sa voix à cet effroyable concert de détonations incessantes, et le fort des Carrières essaie de prendre le ton en lançant, à 5,300 mètres, deux projectiles sur les batteries de Semécourt. Cependant, notre infanterie n'est pas arrêtée par ce formidable appareil, elle s'élance au milieu d'un ouragan de fer et de feu, et les voltigeurs de la garde, qui montrèrent la plus brillante valeur, prennent l'une après l'autre les fermes des grandes et des petites Tapes. Dans la première, la résistance fut très-vive et tous ses défenseurs périrent; ceux de la seconde, les survivants du moins, se rendirent à discrétion. C'étaient des Polonais du duché de Posen, appartenant aux 58e et 59e régiments d'infanterie prussienne.

La marche par les bois constituait un mouvement tournant qui, outre l'avantage d'habituer les nôtres à traquer l'ennemi là précisément où il se croit le plus en sûreté, faillit encore avoir pour résultat la prise des redoutes prussiennes rétablies à Semécourt. Le bataillon des chasseurs de la garde arriva jusqu'à l'une de ces batteries, composée de 12 pièces, et s'en empara après avoir dispersé ou tué ses servants, mais il fallut l'abandonner par suite d'un retour en forces des Allemands, et comme nos chasseurs ne pouvaient enclouer ces canons à culasse mobile, ils se bornèrent à ramener dans les lignes françaises les chevaux d'artillerie harnachés et équipés. Sur tous les points, l'ennemi avait perdu beaucoup de terrain; refoulé jusqu'au delà de Norroy et de Fèves, il laissa entre nos mains 548 prisonniers, dont un chef de marque. Quant à nous, nos pertes s'élevaient à 100 hommes tués, et à un millier de blessés parmi lesquels le brave général Gibon.

Le but de la journée se trouvait, paraît-il, atteint : on s'était emparé des approvisionnements de toute nature recélés dans les grandes et les petites Tapes, et l'on connaissait les forces prussiennes établies sur la route de Thionville. C'est pourquoi, les troupes reçurent l'ordre de rentrer dans leurs campements à la tombée de la nuit, et pour la sixième fois, Bazaine s'immobilisait sous les murs de Metz après une victoire non douteuse. Les lignes ennemies avaient été forcées ; pourquoi donc le maréchal fit-il sonner la retraite au moment où il était possible de poursuivre la trouée ?

Le soir, vers 7 heures, les Prussiens étonnés qu'on leur eût abandonné les positions qu'ils n'avaient su défendre, tentèrent un retour offensif sur Ladonchamps, et furent repoussés malgré l'infériorité numérique des nôtres. Sept ou huit mille Allemands étaient venus se heurter contre un seul régiment français, le 28e de ligne, bientôt renforcé par le 70e, et ils avaient été contraints de se replier en désordre.

Cette expédition excita vivement la curiosité des Messins qui, jusque fort avant dans la nuit, restèrent en foule compacte aux abords des portes de France et de Thionville par où l'on ramenait les blessés. Chacun commentait vivement les opérations de la journée dont le résultat définitif n'était pas encore parfaitement connu; on s'entretenait aussi des prisonniers français rendus la veille. Appartenant presque tous aux régiments de la garnison de Strasbourg, ces hommes avaient fourni les plus tristes détails touchant la reddition de cette ville. Interrogés sur la situation générale du pays, et particulièrement sur les évènements de Paris, ils donnaient des nouvelles très-satisfaisantes. Ils racontaient, qu'à Lunéville, un officier francais déguisé en bourgeois s'était approché du convoi, et avait glissé ces mots à un soldat : « Dites à Metz que tout va bien. » D'autres prisonniers assuraient avoir lu dans le *Progrès de la Marne* que 40,000 Bavarois avaient fait défection sous les murs de Paris; ils ajoutaient que les Prussiens n'osent pas faire marcher leurs trains de nuit, que les Francs-Tireurs des Vosges les harcèlent sans cesse, coupent les rails et arrêtent les convois. On annonçait que dans les campagnes l'espoir était excellent, et qu'à chaque station, les paysans tâchaient de s'approcher pour répéter cette phrase : « A Paris, ils sont battus. » A Nancy, des femmes et des enfants seraient accourus pour donner des vivres aux prisonniers, mais les Prussiens auraient frappé ces êtres inoffensifs, et il y aurait eu jusqu'à des coups de fusils tirés.

VI.

Sur ces entrefaites, le *Journal de Metz* du 11 octobre publia des nouvelles qui firent sensation. Voici en quels termes il s'exprimait :

« Un sous-officier d'artillerie, prisonnier de Strasbourg, a
« reçu du chef de gare de Nancy et apporte à Metz la dépê-
« che suivante que nous donnons, avec la plus vive joie, tex-
« tuellement :
  « Trois victoires sous Paris.
  « Cent mille Prussiens hors de combat.
  « L'armée prussienne en retraite vers Châlons.
  « Les Francs-Tireurs des Vosges, au nombre de 30,000, ont
« repris Lunéville et marchent vers Nancy (occupée par 3,000
« Prussiens).
  « Que Metz tienne bon.—On arrive.
  « A bientôt les élections,
  « Et VIVE LA RÉPUBLIQUE FRANÇAISE !

La population émue se porta aussitôt sur la place de l'Hôtel-de-Ville. On voulait avoir la confirmation officielle de cette nouvelle, et une députation pria le Maire de l'accompagner auprès de M. le général Coffinières afin d'avoir chez lui quelques éclaircissements. Il fut répondu que le maréchal Bazaine n'avait pas eu connaissance de la dépêche et que rien n'en confirmait l'authenticité. Loin de se calmer, l'agitation ne fit que redoubler ; les gardes nationaux prirent les armes, demandèrent la révocation de leur colonel précédemment nommé par le Gouverneur de la place, et procédèrent à l'élection d'un autre chef (1). En même temps, l'aigle qui ornait la hampe du drapeau de l'Hôtel-de-Ville fut enlevée et jetée sur le pavé sans autre démonstration plus accentuée. Enfin, Bazaine fit afficher en ville la communication suivante :

« Le Maréchal commandant en chef l'armée du Rhin,
« n'ayant reçu aucune nouvelle affirmant les heureux faits de
« guerre qui se seraient passés sous Paris, se borne à en souhai-
« ter la réalisation et assure les habitants de Metz que rien ne
« leur est caché ; qu'ils aient donc confiance dans sa loyauté.

« Du reste, jusqu'à ce jour, le Maréchal a toujours communi-
« qué à l'autorité militaire de Metz les journaux français ou alle-
« mands tombés entre nos mains.

« Il profite de l'occasion pour assurer que, depuis le blocus,
« il n'a jamais reçu la moindre communication du Gouverne-
« ment, malgré toutes les tentatives faites pour établir des rela-
« tions.

« Quoi qu'il advienne, une seule pensée doit, en ce moment,
« absorber tous les esprits, c'est la défense du pays ; un seul cri
« doit sortir de toutes les poitrines :

« VIVE LA FRANCE !

» Ban-Saint-Martin, le 11 octobre 1870. »

La plus grande animation continuait de régner dans les esprits, et les soldats eux-mêmes, qui ne recevaient plus que 300 grammes de pain, se plaignaient hautement. Un instant on avait cru que l'armée allait faire une trouée, et

---

(1) Ils reprochaient, paraît-il, au colonel Lafflite de ne vouloir s'occuper de rien, de ne pas seconder les aspirations de la milice, et de laisser la garde nationale dans l'inaction.

l'on prétendait que les troupes avaient reçu, à cet effet, plusieurs jours de vivres. Chacun attendait donc avec impatience ce départ tant désiré et si souvent sollicité ; mais comme rien de semblable ne se réalisait, un certain dépit se manifesta dans la population de Metz qui reprochait aux généraux de conduire les choses avec faiblesse.

Le mot de Capitulation commence à se murmurer tout bas, il semblerait qu'on essaie de tâter le sentiment public et d'habituer peu à peu les esprits au deuil qui les attend. Cependant, depuis deux mois, l'attitude des Messins a nettement indiqué qu'il n'y avait pas à leur faire une pareille proposition, et que la ville-vierge serait capable de défendre chèrement son honneur même contre des Français qui voudraient la livrer aux Prussiens. Aussitôt, la garde nationale réclama de partager avec la garnison les postes établis aux portes de la place, ainsi que la défense des forts. La presse, s'inspirant du plus pur patriotisme, se fit l'interprète de l'indignation générale des habitants, et porta aux états-majors des paroles ardentes qui ne devaient leur laisser aucun doute sur l'exaspération des masses.

Un jour on lit ce qui suit dans l'*Indépendant de la Moselle* :

« . . . .
« . . . .
« Il est facile de se dire patriote lorsque, tranquille dans ses
« foyers, au milieu d'une sécurité profonde, on se borne à lire,
« après dîner, les bulletins de nos armées triomphantes. Celui-là
« seul mérite ce grand nom, qui préfère la ruine et la mort à la
« honte et à l'asservissement de la patrie. Pour le vrai patriote,
« rendre une des plus grandes places de la France, un des fleu-
« rons de sa couronne, n'est possible que lorsque la famine a
« décimé ses habitants, lorsque les bombes ennemies ont fait

« de la ville un monceau de ruines. Et réjouissons-nous, car si,
« dans notre beau pays il est quelques pusillanimes vantards,
« c'est le vrai patriotisme qui domine. Les vrais patriotes sont
« nombreux : nombreux dans notre belle armée, qui prodigue
« son sang avec l'insouciance des héros; nombreux dans ce grand
« peuple français, qu'on voudrait représenter comme dégénéré,
« et qui ne demande qu'à se faire armée pour rejeter hors du
« pays l'étranger qui en souille le sol.

« Nous, dégénérés ! Ai-je entendu cette parole impie? Allez
« voir nos soldats écrasés par le nombre et tombant sans jamais
« reculer ; voyez nos artilleurs immobiles à leurs pièces sous
« une grêle d'obus, et manœuvrant devant l'ennemi comme au
« polygone; allez avec nos courageuses dames de Metz soigner
« nos blessés; voyez ces braves souffrir et mourir sans une
« plainte, pressés seulement de reprendre leurs rangs. — Nous,
« dégénérés ! Osez donc prononcer ce mot devant ces zouaves de
« Sedan, qui ne veulent point d'une capitulation même inévi-
« table, et se ruant furieux sur les masses ennemies, les traver-
« sent et meurent tous, moins 300, plus heureux mais non moins
« immortels que les héros de Léonidas. Et si vous voulez savoir
« quand les villes françaises se rendent, demandez-le aux défen-
« seurs de Strasbourg.

« O Metz, vieille cité des Francs, maintenant bouclier de la
« France, tu n'auras point, je l'espère, à subir les mêmes
« épreuves. Ta couronne de forts te protège, mais aussi et plus
« encore le courage de tes braves enfants. Ils sont Français, ces
« fils de la Lorraine, que l'outrecuidance allemande réclame.
« Fiers de ce titre, et les bras tendus vers leurs frères de l'ouest,
« ils mourront s'il le faut pour conserver à la France ces rem-
« parts qui la défendent.

« Camille RUAULT. »

Le lendemain, un brave enfant de la Moselle envoyait du camp cette lettre patriotique :

« Une armée qui n'a subi aucun revers, que la misère n'a pas
« encore éprouvée, pleine d'enthousiasme, et n'attendant qu'une
« occasion favorable pour prendre une revanche éclatante de

« l'inaction dans laquelle l'a plongée un blocus forcé, existe sous
« les murs de Metz.

« Ses cavaliers démontés, devenant de solides fantassins, ser-
« vent aux avant-postes des pièces de siége, et remettant le sabre
« au fourreau pour prendre gaiement le chassepot, veulent en-
« core être utiles et rivaliser avec leurs braves camarades de
« l'infanterie.

« Soldats et citoyens, nous voulons tous chasser l'ennemi au-
« dacieux qui a osé envahir notre territoire.

« Nous voulons connaître les privations, nous voulons les en-
« durer, nous voulons rester dignes de nos aïeux ou de nos pères,
« et nous trouvons que nous sommes encore très-loin d'avoir
« accompli cette grande tâche.

« Quand le froid aura raidi nos bras, quand la faim aura amai-
« gri nos membres, quand le corps aura souffert, le cœur sou-
« tiendra ce corps affaibli, et nous resterons toujours debout
« pour crier : Vengeance! pour demander la mort plutôt que la
« honte et l'humiliation.

« Et vous, habitants d'une héroïque cité, vous, justement glo-
« rieux de votre ville que l'étranger n'a jamais profanée, vous
« souffrirez aussi avec nous parce que vous êtes Français avant
« tout.

« Vos nobles et fortes compagnes, qui ont si courageusement
« montré leur dévouement à l'armée et au pays, ont foulé aux
« pieds tous les intérêts personnels pour venir, en pieuses sœurs
« de charité, apporter des consolations aux blessés et ranimer
« les mourants par leurs soins assidus. Ces vaillantes femmes
« couronneront leur œuvre de désintéressement en supportant
« avec nous les privations.

« Metz, cette brave ville qui a donné naissance à tant de
« grands caractères aura, par sa persévérance, l'honneur de
« sauver la Patrie!

« Elle montrera que rien ne peut l'émouvoir, et, comme ses
« glorieuses sœurs, Strasbourg, Toul, Verdun, Montmédy,
« Thionville, elle luttera avec toute l'énergie du désespoir, car
« elle préférera devenir un monceau de pierres, plutôt que de
« parer le domaine de l'étranger.

« Courage donc et patience!

« A bas toutes les mesquines considérations!

« A bas toutes les querelles intestines !
« Oublions, pour le moment, nos vieilles rancunes !
« Que tous les partis s'unissent pour la cause commune, et
« proférons tous ensemble le seul cri à présent national :
« Vive la France!

« G. THOMAS.

» Sous Metz, 14 octobre 1870. »

Le 12 octobre, parut l'avis suivant qui ne laissa pas que de causer une certaine émotion, car les habitants, oppressés par mille doutes et mille pensées affligeantes, étaient enclins à donner aux choses les plus simples une signification néfaste :

VILLE DE METZ.

CAISSE D'ÉPARGNE ET DU MONT-DE-PIÉTÉ.

AVIS IMPORTANT.

« Le Conseil d'administration du Mont-de-Piété et de la Caisse
« d'épargne de Metz,
« Considérant qu'en présence de la cherté toujours croissante
« des subsistances, il importe de faciliter aux déposants de la
« Caisse d'épargne et aux créanciers du Mont-de-Piété, par bil-
« lets nominatifs, le remboursement des sommes qui leur appar-
« tiennent,
« Décide que le délai de huit jours d'avertissement pour les
« retraits est supprimé, et que tous les remboursements, tant
« sur livrets que sur billets, seront effectués à bureau ouvert.
« Les déposants qui ont fait des demandes, avec délai de hui-
« taine, pourront se présenter dès jeudi, 13 octobre, pour rece-
« voir leurs fonds.

» Metz, le 12 octobre 1870.

» *Le Maire, président du Conseil d'Administration,*
« Félix MARÉCHAL. »

Chacun se fit donc rembourser les sommes déposées, bien moins peut-être par besoin d'argent, que parce qu'on voyait dans cette mesure le signe d'une prochaine catastrophe.

En vain, la presse locale offre-t-elle des extraits de journaux belges et allemands avec les nouvelles les plus intéressantes; personne n'y fait attention, et l'on ne veut songer qu'à ce qui se passe autour de nous. Le 13, une nouvelle manifestation eut lieu : la foule se tenait en groupes compactes devant l'Hôtel-de-Ville et se livrait à de nombreux commentaires sur les évènements du jour. On disait que le général Coffinières avait écrit à la municipalité pour annoncer qu'il n'y avait plus de vivres, et qu'il allait devenir impossible de résister plus longtemps. On rapportait qu'une députation du Conseil municipal s'était rendue auprès de Bazaine pour l'inviter, coûte que coûte, à s'éloigner de Metz avec l'armée, et à ne laisser que 30,000 hommes en ville et dans les forts. On réclamait Bourbaki, dont l'absence prolongée intriguait tous les esprits, on demandait que Coffinières fût révoqué de ses fonctions de Commandant supérieur, et l'on voulait placer Changarnier ou Ladmirault à la tête de la garde nationale sédentaire. On parlait d'un colonel qui aurait dit à Coffinières : « Général, « le premier qui parlera de se rendre sera fusillé, » on disait enfin qu'à l'instigation de cette officier, le Gouverneur avait donné sa parole d'honneur qu'il ne rendrait jamais Metz. Au milieu de toute cette agitation, un citoyen couronna d'immortelles la statue de Fabert, cet illustre modèle de fidélité, de bravoure et d'honneur. Un drapeau fut placé dans la main du grand homme de guerre, de l'enfant de Metz qui porta toujours si haut le drapeau de la France, et qui, loin de tout secours, vendait sa propre vaisselle afin de payer ses soldats. C'est lui qui adressait à Louis XIV les belles paroles que nous avons prises pour épigraphe de cet ouvrage et qu'on a gravées sur le bronze décorant le socle de sa statue. La nuit survint et ne put disperser cette foule anxieuse. Tout était sombre dans les rues de la ville ; la lune voilée par les nuages ne remplaçait plus le gaz qu'il faut épargner ; le couvre-feu tintait à la cathédrale. Quelques groupes venaient de la place d'Armes, d'autres plus compactes marchaient dans sa direction. Soudain, le péristyle de l'Hôtel-de-Ville s'illumine, quelques hommes portant des lampes descendent le large escalier de pierre et au milieu d'eux on aperçoit le Maire entouré des membres du Conseil municipal. Les grilles étant fermées, on les ouvre, et la foule se précipite dans l'intérieur du monument. Le Maire, tête nue, se tient debout sur les premières marches d'où il domine l'assemblée ; chacun se découvre, le moment devient solennel, car ce vieillard est le représentant d'une noble cité frémissante ; il va parler en son nom et dire ce qu'elle exige. En ce moment, le beffroi sonne dix heures ; il y a là mille citoyens réunis, des officiers, des bourgeois, des gardes nationaux ; chacun fait silence. Alors, dès que le timbre d'airain a cessé de résonner, le Maire, d'une voix forte, lit cette mâle déclaration des édiles de Metz :

« Monsieur le Général,

« La démarche faite auprès de vous par les officiers de la
« garde nationale a été inspirée par leur sérieuse résolution de
« s'associer énergiquement à la défense de la ville.

« La garnison, à qui appartient cette défense, peut compter
« sur l'ardent concours d'une population incapable de faiblesse,
« quoi qu'il arrive.

« Les communs efforts de l'une et de l'autre garderont jus-
« qu'aux dernières extrémités, à la France sa principale forte-
« resse, et aux Messins une nationalité à laquelle ils tiennent
« comme à leur bien le plus cher.

« Le Conseil municipal se fait l'interprète de la Cité tout
« entière ; il ne peut se défendre d'exprimer son douloureux

« étonnement de la tardive connaissance qui lui est donnée, par
« votre lettre de ce jour seulement, des ressources en subsistan-
« ces sur lesquelles le Commandant supérieur peut compter
« pour assurer la défense de la Place.

« La population en subira néanmoins les conséquences avec
« courage ; elle ne veut, sous aucune forme, assumer la respon-
« sabilité d'une situation qu'il ne lui a pas été donné de connaî-
« tre ni de prévenir.

« Nous vous prions, Monsieur le Général, de faire parvenir
« à Monsieur le maréchal Bazaine cette expression de nos senti-
« ments. Ils se résument dans le cri de :

« Vive la France ! »

Aussitôt, ce cri s'élance de toutes les poitrines, et l'as-
sistance se sépare fortement impressionée de ce qu'elle
vient de voir et d'entendre.

Le lendemain, 14, même affluence sur la place d'Armes,
et même inquiétude dans tous les cœurs. On applaudit à
la lettre du Conseil municipal, et dans tous les groupes,
on entend répéter ces énergiques paroles : « Nous avons
« déclaré ce que nous étions et ce que nous voulons être...
« Français. Nous rendre, jamais... Souffrir, mourir, oui...
« Et s'il nous arrivait de succomber comme ville, qu'on
« puisse dire, au moins, à ceux qui survivront comme
« hommes : Vous avez été malheureux, mais le monde
« s'incline devant les vaincus quand ils ont su se montrer
« des héros. »

Voilà ce que Metz voulait fermement, voilà ce que son
premier magistrat municipal avait été chargé de déclarer
au général Coffinières et au maréchal Bazaine, et l'on dira,
dans l'avenir, ce que fut la capitale de la Lorraine aux
jours de deuil et du danger.

Le matin, parut un arrêté dont voici le texte :

BLOCUS DE METZ

VILLE DE METZ.

ARRÊTÉ CONCERNANT LA CONFECTION ET LA VENTE DU PAIN.

« Le Général de division commandant supérieur de la Place,

« Prenant en considération les difficultés de la situation et la « nécessité de ménager les ressources en grains dont dispose la « ville de Metz, à l'effet de prolonger la défense de cette Place « importante dans l'intérêt du pays,

« Arrête :

« A partir du dimanche, 16 octobre courant, il ne sera fabriqué « qu'une seule sorte de pain, de boulange; il sera confectionné « avec une farine composée de toutes les parties du blé (farine « et son).

« Ce pain sera vendu à raison de 45 centimes le kilogramme.

« Chaque boulanger recevra journellement la quantité de fa- « rine qui lui sera allouée proportionnellement à la population « qu'il sera appelé à servir.

« La ration journalière pour chaque habitant ou résidant tem- « poraire est fixée, savoir :

« A 400 grammes pour les adultes (1).

« A 200 grammes pour les enfants de 4 à 12 ans.

« A 100 grammes pour les enfants de 1 à 4 ans.

« Ces rations seront délivrées chez les boulangers, sur la pré- « sentation d'une carte portant le timbre de la mairie, et indi- « quant le nom du boulanger, le nom du rationnaire, ainsi que « la quantité de rations qui lui est attribuée.

« Il est interdit à tous boulangers autres que celui désigné sur « la carte, de remettre du pain au porteur; il leur est également « interdit d'en délivrer une quantité supérieure à celle indiquée.

« La carte, après livraison du pain, sera rendue à la personne « qui l'aura présentée.

« Le pain sera confectionné avec soin et dans des conditions « satisfaisantes de cuisson.

« Les contraventions aux dispositions précédemment arrêtées « seront rigoureusement constatées et poursuivies.

« Le Général de division commandant supérieur
« de la Place de Metz,

« F. COFFINIÈRES. »

(1) L'armée n'avait que 300 grammes.

C'était une excellente mesure, mais qui aurait dû être prise deux mois plus tôt.

Dans l'après-midi, la population connut la réponse du Gouverneur de Metz à l'adresse du Conseil municipal :

« Metz, le 14 octobre 1870.

« Monsieur le Maire,

« Le Conseil municipal de Metz m'a fait l'honneur de m'adres-
« ser une lettre dans laquelle il exprime les sentiments les plus
« nobles et les plus patriotiques.

« Je m'empresse de vous remercier de cette manifestation qui
« est loin de me surprendre, car je n'ai jamais douté de l'ardent
« concours que la population de Metz donnera aux troupes
« chargées de la défense de notre forteresse. Vous pouvez compter
« également sur l'énergie avec laquelle nous ferons notre devoir.
« Tout ce qu'il sera humainement possible de faire, nous le fe-
« rons sans aucune hésitation. Mais, je vous prie de dire à vos
« administrés que pour atteindre ce résultat désiré par tous, il
« faut surtout le calme qui caractérise les gens fermement ré-
« solus, et qu'il importe de rester unis en évitant avec soin tout
« ce qui pourrait ressembler à l'indiscipline, à la sédition, et
« aux vaines déclamations ; il importe surtout d'exclure la poli-
« tique de nos préoccupations, parce que la politique est un dis-
« solvant qui ne peut que troubler l'harmonie qui doit régner
« parmi nous. Un gouvernement de fait existe en France ; il a
« pris le titre du Gouvernement de la défense nationale ; nous
« devons reconnaître ce Gouvernement et attendre les décisions
« qui seront prises par l'Assemblée constituante élue par le pays.
« En attendant sa décision, nous devons nous rallier au cri que
« vous poussez vous-même : « *Vive la France !* »

« Vous me dites que la population a été péniblement surprise
« d'apprendre que les ressources en subsistances étaient très-
« limitées. Il était cependant facile de se rendre compte que
« lorsqu'une population civile et militaire de plus de 230,000
« âmes a tiré, pendant deux mois, tous ses vivres d'une place
« comme Metz, il ne doit plus rester que de faibles ressources.

« Du reste, je n'ai jamais fait mystère de cette situation des
« subsistances ; la réduction de la ration de l'armée, les recense-
« ments faits en ville, les mesures prises pour assurer le
« service de la boulangerie, et les conversations que j'ai eues,
« soit avec M. le Maire, soit avec divers habitants de la ville,
« démontrèrent suffisamment l'épuisement progressif de nos
« vivres.

« Il serait d'ailleurs inutile de récriminer sur le passé, et de
« rejeter la responsabilité sur les uns ou sur les autres.

« Envisageons courageusement la situation, telle qu'elle est,
« et, comme vous le dites avec beaucoup de raison, subissons-
« en les conséquences avec énergie, et avec la ferme résolution
« d'en tirer le meilleur parti possible.

« *Le Général commandant supérieur*
« *de la Place de Metz,*

« F. COFFINIÈRES. »

Cette réponse ne satisfit personne, car, loin de nous rassurer, elle nous montrait que nous étions sérieusement menacés dans notre honneur. Hélas! nous ne pouvions même pas dire comme les Arabes : « Le passé est un « squelette que le présent recouvre d'un manteau d'or. » Tout nous écrasait : les fautes commises antérieurement, la situation présente, et l'avenir épouvantable dont on ne cherchait plus à nous faire mystère.

Alors, une adresse toute confraternelle aux soldats du maréchal Bazaine se signa dans la garde nationale avec le concours d'un grand nombre de citoyens. Elle était ainsi conçue :

« A nos frères de l'armée,

« Les citoyens et gardes nationaux de la ville de Metz, inspi-
« rés par les nobles résolutions du Conseil municipal, viennent
« vous offrir leur concours pour défendre l'indépendance de la
« Patrie menacée. Ils sont convaincus que vous accueillerez

« avec bonheur cette démarche, et que vous résisterez avec nous
« à toute idée de capitulation.

« L'honneur de la France et du drapeau, que vous avez toujours
« défendus avec une invincible vaillance, la gloire de notre cité
« vierge de toute souillure, nos obligations envers la postérité
« nous imposent l'impérieux devoir de mourir plutôt que de
« renoncer à l'intégrité de notre territoire.

« Nous verserons avec vous la dernière goutte de notre sang,
« nous partagerons avec vous notre dernier morceau de pain.

« Levons-nous comme un seul homme, la victoire est à nous.

« Vivent nos frères de l'armée ! Vive la France une et indivi-
« sible ! »

(Suivent les signatures des citoyens et gardes nationaux).

Le lendemain, l'*Indépendant de la Moselle* publiait la lettre suivante :

« Metz, le 15 octobre 1870.

« Monsieur,

« Plusieurs motifs empêcheront sans doute l'armée de répon-
« dre par une adresse à celle que la garde nationale de Metz lui
« a fait l'honneur de lui envoyer ; mais, à défaut d'une réponse
« collective, elle en recevra certainement de particulières. Plus
« d'un de nous tiendra à remercier la Garde Nationale d'une
« offre de concours qui n'a surpris personne ; la noble cité de
« Metz est toujours digne d'elle-même. Pour moi, je n'ai pas la
« prétention exagérée d'être l'interprète de toute l'armée, mais
« je suis sûr, au moins, d'être l'écho fidèle des pensées et des
« paroles de ceux qui m'entourent.

« Nous vivons dans un temps pénible, dans de douloureuses
« circonstances ; l'union de tous est notre plus grande, peut-
« être notre seule force. Que cette union soit pour nous le plus
« saint des devoirs! Trop longtemps on a cherché à séparer
« l'armée de la Nation ; c'est peut-être là une des causes des
« malheurs de notre pauvre Patrie. Heureusement, cette entre-

« prise coupable n'a qu'imparfaitement réussi; il faut que la
« Nation sache qu'avant d'être soldat chacun de nous est Fran-
« çais et ne réclame de son titre militaire qu'un seul privilége :
« celui de se faire tuer au premier rang. Malheur et honte à
« qui croirait que, dans la terrible épreuve que nous traver-
« sons, nous pourrions avoir d'autre pensée que de sauver la
« Patrie et de mourir pour elle.

« Nous tous, officiers et soldats de l'armée de Metz, nous
« sommes les enfants de la France ; nous sentons battre dans
« notre poitrine le cœur de cette mère chérie ; nous voyons ses
« blessures. Ne pouvant les guérir, hélas ! nous voulons, au
« moins, lui en éviter de nouvelles ; nous voulons la venger.

« Plus de défaillances, plus de hontes, plus de capitulations !
« Si nous devons succomber dans cette lutte suprême, au moins
« ne tombons qu'écrasés. Que l'ennemi voie briller dans les
« yeux de chaque mourant l'éclair de la haine ! et s'il doit
« poser un jour son pied sauglant sur notre Patrie, que ce pied
« ne foule que des ruines !

« Merci à la population de Metz, à ses femmes dévouées, à
« ses hommes fiers et braves ! L'armée conservera toujours dans
« son cœur le souvenir et l'amour de cette héroïque cité.

« Permettez-moi, Monsieur, de rester ce que je suis.

                              « UN INCONNU. »

Tout à coup, un nouvel évènement vint augmenter nos tribulations. Le 15 et le 16 octobre, on entendit de Metz le bruit lointain du canon, et les détonations étaient distinctement perçues de plusieurs points différents. Personne ne doute que ce soit une armée française qui arrive pour nous dégager ; aussi la population est frémissante d'espoir. Elle s'obstine à cette idée sans vouloir examiner les causes probables de la canonnade ; les uns prétendent l'avoir entendue du côté de Pont-à-Mousson, d'autres du côté Verdun, d'autres encore du côté de Thionville. Chacun s'informe de ce qui se passe dans les camps, et lorsqu'on apprend que Bazaine reste inactif, au moins en apparence, l'indignation éclate de toutes parts, on va même jusqu'à crier à la trahison. Cependant, trois hypothèses se présentaient aux méditations des gens calmes et sérieux : celle du bombardement d'une place forte, celle d'une grande bataille livrée par une armée de secours, celle enfin d'un piége tendu par l'ennemi qui aurait cherché à attirer l'armée de Metz en rase campagne et loin des forts. — Plus tard, on a su que le bruit entendu n'était autre que celui du bombardement de Verdun, situé à 13 lieues de Metz à vol d'oiseau. Il est vrai que Verdun se trouvant séparé de nous par des hauteurs boisées qui forment un très-sérieux obstacle à la propagation du son, on pouvait croire que la canonnade de cette ville ne s'entendrait pas aussi distinctement à Metz, mais on aurait dû songer au vent d'ouest qui soufflait avec force et à l'humidité dont l'atmosphère était imprégnée. D'ailleurs, l'hypothèse d'un bombardement était la seule acceptable, attendu que le bruit de l'artillerie avait été perçu dans la nuit du 14 au 15, et il n'y a pas d'exemple que des armées en rase campagne se soient canonnées durant la nuit ; ce ne pouvait donc être une grande bataille. Pour s'arrêter à cette idée, il eût fallu pouvoir supposer que l'armée de secours, ayant devant elle les redoutes de la dernière des trois lignes concentriques formées autour de Metz par les Prussiens, aurait attaqué ces ouvrages après en avoir déterminé la distance pendant le jour. Mais alors, l'action se passant si près de nous aurait été signalée par quelques indices irréfragables. Quant à la troisième hypothèse, celle d'un piége tendu par l'ennemi, elle était pareillement inadmissible : certes, les Prussiens en étaient bien capables, mais la comédie aurait duré trop longtemps, et si riches qu'ils soient en gargousses, on ne pouvait guère accepter qu'ils eussent consenti à brûler tant de poudre pour une ruse à laquelle, dès le début, Bazaine indiquait qu'il ne se laisserait pas prendre.

Malgré tout, on ne voulait croire qu'à la présence d'une armée de secours, et cet espoir s'imposait peut-être à cause des dernières nouvelles arrivées dans notre ville. Une lettre, publiée dans le *Courrier de la Moselle,* disait ce qui suit :

« Un capitaine de mon escadron a reçu des nouvelles de sa
« sœur qui habite Saverne par un prisonnier revenant de
« Cologne.
« Pendant l'arrêt qui s'est fait dans cette ville, elle est venue
« lui apporter la lettre en question. Dans la lettre on ne parlait,
« bien entendu, que d'affaires de famille, mais un ami de ce
« capitaine, qui accompagnait la dame, a dit au porteur de la
« lettre :
« Dites là-bas qu'on ait courage, que tout va bien à Paris,
« que les Prussiens ont déjà un grand nombre d'hommes hors
« de combat, que nous voyons, tous les jours, passer ici sous
« nos yeux (ils logent près de la gare), *quarante ou cinquante*
« *convois* de blessés se dirigeant vers l'Allemagne.
« Remarquez que je ne me trompe pas en disant *convois;* ce
« sont 40 ou 50 convois, et non pas 40 ou 50 wagons.
« J'imagine que ce sont des blessés qu'on évacue pour faciliter
« un mouvement de retraite.
« Agréez, etc. »

D'autre part, le *Vœu National* s'exprime en ces termes :

« Le bruit est répandu et accrédité à Pont-à-Mousson, et,
« assure-t-on, dans toute l'Alsace, que l'armée prussienne,
« harcelée dans une nombreuse série de combats, très-affaiblie
« par les engagements journaliers, finalement démoralisée
« aurait levé le siège de Paris à une date inconnue, et, battant
« en retraite, serait déjà arrivée sur la Marne, près de Châlons.
« Nous n'affirmons pas l'authenticité de ces heureuses nouvel-
« les. Ainsi, l'affaire de Montrouge, la victoire d'Etampes
« seraient confirmées, et aujourd'hui des populations entières

« de la Lorraine et de l'Alsace, en communication avec l'inté-
« rieur, croient fermement à la retraite de l'armée prussienne
« et à sa défaite sous Paris. »

De plus, on savait à Metz que le 6 octobre 14,000 Français avaient livré bataille aux Badois, dans les Vosges, près d'Épinal, et l'on pouvait se demander d'où venait ce corps de troupes, quel était son objectif, et s'il ne formait pas l'avant-garde d'une armée venant de Lyon.

Les esprits tournaient dans ce cercle vicieux lorsque le plus profond silence succéda à la bruyante canonnade des derniers jours. L'anxiété s'accrut, et l'indignation contre Bazaine n'avait d'égal que le triste dépit auquel s'abandonnaient les Messins. Nouvelle et horrible déception, si l'on songe que la croyance générale était qu'une vaillante armée de secours, arrivée jusqu'à nos portes, venait probablement d'être décimée parce que nos généraux ne lui avaient pas tendu la main. On en était à regretter la perte de cette illusion, car, bien que l'espoir mérite d'être appelé un infatigable trompeur, nous lui devons, au milieu même de ses fausses promesses, de véritables et inappréciables bienfaits. Il donne la force et le courage qui, dans toutes les situations, soutiennent le cœur et chassent les défaillances.

Néanmoins, à la date du 17 octobre, les journaux réclamaient un *Communiqué* faisant connaître la vérité, quand l'autorité militaire leur transmit une note officielle dont voici la teneur :

« Ce matin, trois prisonniers de guerre prussiens capturés
« par les compagnies de partisans du 3ᵉ corps d'armée, ont été
« amenés au grand quartier général.
« L'un de ces prisonniers est un enseigne porte-épée du 1ᵉʳ
« régiment d'infanterie, 1ᵉʳ corps d'armée, les deux autres sont

« des soldats appartenant, l'un au 4ᵉ de ligne, même corps
« d'armée, l'autre au 55ᵉ de ligne, 7ᵉ corps.

« Il résulte de la déposition de ces militaires prussiens
« que le demi-cercle d'investissement de la rive droite de la
« Moselle est formé : par le corps de réserve du général de
« Kummer qui a repassé la Moselle, et s'appuie, par la droite,
« à la rivière ; — par le 1ᵉʳ corps d'armée tout entier, avec son
« quartier général à Sainte-Barbe ; — par le 7ᵉ corps ayant son
« quartier général à Ars-Laquenexy, et par une division du 8ᵉ
« corps étendant sa gauche jusqu'à Jouy.

« C'est un total de trois corps d'armée qui sont placés sur
« trois lignes. Derrière cette triple chaîne se trouvent de nom-
« breux régiments de landwehr organisés en divisions.

« Le demi cercle d'investissement de la rive gauche de la
« Moselle est formé : par une division du 8ᵉ corps d'armée,
« s'appuyant sur la rivière ; — par le 3ᵉ et le 10ᵉ corps tout en-
« tiers, et par la division hessoise ; en tout, également, trois
« corps d'armée.

« De nombreux renforts sont arrivés récemment de l'intérieur
« de la Prusse, et comme l'état sanitaire de l'ennemi est géné-
« ralement satisfaisant, on peut admettre avec les assertions
« des prisonniers que les compagnies sont revenues à un effec-
« tif moyen de 230 hommes. On peut en conclure sans exagé-
« ration que l'effectif total des corps d'armée est de 25,000
« hommes chacun. Le chiffre des troupes d'investissement est
« donc toujours à peu près le même, c'est-à-dire d'environ
« 180,000 hommes.

« Interrogés sur les nouvelles qu'ils auraient apprises de
« l'armée prussienne devant Paris, les prisonniers ont répondu
« que les journaux publient journellement des dépêches qui
« n'ont, jusqu'à présent, rien appris de nouveau.

« Paris résiste toujours ; de temps en temps a lieu quelque
« combat d'avant-poste sans importance et sans résultat signi-
« ficatif, ni d'un côté ni de l'autre.

« Quant à la canonnade qu'on a entendue hier et avant-hier,
« les prisonniers prussiens ont déclaré l'avoir entendue ; qu'elle
« venait de la direction de Thionville ; qu'ils n'en connaissaient
« point la signification, et que, dans leurs camps, il n'y eut
« aucun mouvement extraordinaire. »

Cette communication fut accueillie avec la plus grande froideur, et bon nombre de citoyens n'y ajoutèrent aucune foi, prétendant qu'on ne devait accepter que sous bénéfice d'inventaire les assertions des prisonniers prussiens qui ont intérêt à nous tromper, et qui sont où assez inintelligents ou trop intelligents pour nous bien renseigner. Metz retomba donc dans son morne accablement, et ses habitants ne prêtèrent plus attention au tir des forts ni aux combats d'avant-postes qui, pourtant, allaient bientôt cesser. Que nous importent maintenant les retours offensifs de l'ennemi sur le village de Lessy, ses cannonades partant de Jussy et des Génivaux, les succès du Saint-Quentin qui démonte les batteries prussiennes, l'excellence de son feu qui porte l'incendie, à 5,700 mètres, dans la ferme de la Polka et dans les casernes de l'usine Saint-Paul, à Ars-sur-Moselle, distante de cinq kilomètres et demi? Les Prussiens peuvent essayer de mettre le feu à la ferme des Grandes-Tapes, ils peuvent réduire en cendres l'église de Peltre qu'ils avaient respectée lors de la destruction de ce malheureux village. Devant ces attentats sans prétexte et sans excuse, il ne nous reste qu'à maudire la rage incendiaire qui produit le mal pour le mal, et à demander à la justice même des chefs allemands une réparation que nous ne pouvons plus poursuivre les armes à la main. Toutefois, quand on apprit que les Prussiens chassaient nos campagnards de chez eux et leur disaient : « Allez crever de faim avec les gens de Metz, » un frémissement de haine et de vengeance parcourut les masses. Nous ne savons si cette imputation était vraie, mais il suffit que des malheureux vinssent affirmer cet acte contraire aux lois de la guerre pour que l'agitation reprît une nouvelle ardeur.

Alors, parut cette sorte de manifeste :

UN MESSIN A SES CONCITOYENS.

« Ces jours derniers, le mot de capitulation a été prononcé
« par des gens timides, peut-être même par des agents prus-
« siens.

« Que tout le monde sache bien que l'armée et la population
« messine sont unies par la même pensée : ne pas traiter avec
« l'ennemi, et toujours combattre. Et si, dans cette lutte dont
« nous ne nous dissimulons pas les dangers, nous devons résister
« seuls pour l'intérêt de tous, sans le secours de l'intérieur,
« pleins de confiance dans la sainteté de notre cause, dans la
« valeur de nos régiments et dans le patriotisme de la cité,
« nous combattrons jusqu'au dernier soupir pour notre liberté.

« Après les forts les remparts, après les remparts les barricades
« dans toutes les rues, et si dans cette dernière lutte suprême la
« ville doit succomber sous les cadavres de ses défenseurs, ces
« soldats incendiaires, qu'on nomme Prussiens, n'entreront
« en possession que de ruines fumantes, et tout Messin empor-
« tera, en mourant, cette consolation que si Dieu ne lui a pas
« permis de sauver le berceau de sa famille, il a, du moins, par
« ce combat à mort, mis à couvert pour un moment, en arrêtant
« l'ennemi, la liberté de la France menacée.

« Citoyens de Metz, pas de capitulation, mourons tous pour
« la France, nous vivrons dans l'histoire des peuples libres. »

« UN MESSIN. »

Les femmes elles-mêmes partageaient l'émotion de leurs
époux, et l'une d'elles poussa ce cri sublime : « Plutôt
« mourir que capituler ! » Voici ce qu'elle écrivit à *l'Indépendant de la Moselle* :

« Metz, le 16 octobre 1870.

« Monsieur le Rédacteur,

« J'ai cru que, dans la crise actuelle, manifester ses senti-
« ments était non-seulement un besoin mais un devoir, à quel-

« que classe ou à quelque sexe qu'on appartienne. Si la femme
« doit généralement se borner à l'exercice des vertus simples et
« modestes que lui a assignées la nature, elle peut aussi, à un
« moment donné, revêtir les mâles et viriles vertus de l'homme,
« devenir *guerrier*. Le sang des Jeanne d'Arc et des héroïnes
« de Beauvais coule encore dans nos veines, l'amour de la pa-
« trie fait palpiter nos cœurs, et nous sentons nos fronts rougir
« et tressaillir d'indignation tout notre être, à la seule pensée
« d'une reddition ou d'une capitulation quelconque pour
« notre ville. Nous répétons du fond de nos entrailles ce cri
« mille fois répété : *Vive la France !*... nous rendre, jamais!...

« Ennemis, sachez-le bien, si devant notre ville sont de vail-
« lants guerriers, si sur nos murs demeurent nos pères, nos
« époux, nos amis ou nos frères ; derrière eux nous sommes là
« aussi, debout, formant un triple rempart, et ce n'est qu'en
« perçant nos poitrines, en marchant sur nos cendres et sur
« celles de nos enfants que vous parviendrez à souiller notre
« terre. Sachez-le bien, fiers Allemands, nos mains habituées
« à manier l'aiguille, à panser les blessures sauraient au besoin
« tenir des armes ; tout est bon pour le courage ; le droit et la
« volonté suppléent à l'inexpérience. L'honneur national avant
« tout, la mort plutôt que la servitude.

« L'heure du sacrifice a sonné; deux grands maux nous atta-
« quent : l'ennemi est à nos portes, l'hiver à nos côtés. Ouvriè-
« res, nous devons à nos privations habituelles joindre celles
« même du nécessaire. Qu'importe? Nous ne comptons pas
« avec la souffrance. Vaincre ou mourir, c'est là notre devise.

« Metz libre ou détruite gardera sa virginale auréole, et ce
« n'est que sur le dernier de ses enfants que l'étranger posera
« son pied ensanglanté.

« Nous le proclamons hautement, nous serons heureuses de
« contribuer par notre résignation au salut de la France ; nous
« serons heureuses de mourir pour lui garder sa liberté. »

« H. HESTAIR, ouvrière. »

Pendant ce temps, les heures s'écoulaient et la situation ne faisait qu'empirer.

Le 18 octobre, on afficha les actes suivants de l'autorité publique :

VILLE DE METZ.

AVIS.

« Le Maire fait connaître que, par ordre de M. le Général de
« division commandant supérieur de la place, les portes de la
« ville seront ouvertes, à partir du 18 octobre courant, à 7 heu-
« res du matin et fermées à 4 heures du soir.
« La sortie des blés et farines, du pain, des graines fourra-
« gères et de toute denrée alimentaire est formellement inter-
« dite. Cette interdiction ne s'applique pas au vin, à l'eau-de-vie,
« au café, au sucre livrés par les magasins de la place ; ces den-
« rées pourront sortir à la condition qu'elles seront accompa-
« gnées d'un laisser-passer signé par le service de l'intendance.
« L'interdiction ne concerne pas non plus le pain et les farines
« attribués aux communes suburbaines pour l'alimentation de
« leurs habitants. Ces denrées continueront à sortir, savoir :
« les farines, sur la présentation d'un laisser-passer délivré par
« le Maire de Metz ; le pain, sur la présentation de la carte au
« moyen de laquelle on l'aura acheté.

« Metz, le 18 octobre 1870.

» *Le Maire,*
« Félix MARÉCHAL. »

PLACE DE METZ.

ARRÊTÉ CONCERNANT LES DENRÉES ALIMENTAIRES.

« Le Général commandant supérieur de Metz,
« Vu la décroissance rapide de nos ressources en grains et
« farines ;
« Vu l'accroissement de la population résultant de l'entrée
« en ville des populations rurales refoulées par l'ennemi ;
« Vu l'urgence de prendre les mesures les plus énergiques
« pour prolonger la défense ;

« Attendu qu'il est équitable de donner la même ration aux
« habitants qu'aux troupes de la garnison de Metz ;

« ARRÊTE :

« A partir de mercredi, 19 octobre courant, la ration de pain
« attribuée à chaque habitant sera fixée de la manière suivante :
  « La ration entière, — 300 grammes.
  « La demi ration, — 200 grammes.
  « Le quart de ration, — 100 grammes.
« Les quantités de farine attribuées aux communes suburbai-
« nes leur seront délivrées en prenant pour base le poids de la
« ration, tel qu'il est déterminé ci-dessus.

« Metz, le 18 octobre 1870.

« *Le Général de division commandant supérieur*
« *de la place de Metz,*

« F. COFFINIÈRES. »

A la même époque, on parlait à Metz de négociations et de conventions que nul ne pouvait ni confirmer ni démentir. En vain, la presse locale réclamait-elle un *communiqué* qui pût faire connaître la situation ; le maréchal Bazaine garda le silence. Néanmoins, ce que le Commandant en chef voulait cacher se dévoilait peu à peu, et si les détails colportés sur ces bruits aussi étranges que navrants n'étaient pas tout-à-fait exacts, le fond du moins en était vrai. Voici sommairement ce que l'on disait en ville :

Bazaine serait disposé à capituler pour l'armée, sauf à laisser la Place se défendre et résister sans elle.

Le général Boyer (1), envoyé sous Paris pour porter au roi Guillaume les propositions du maréchal Bazaine, serait revenu le 18 au soir avec une réponse négative.

Après un conseil de guerre, il serait reparti, non pas pour Versailles vers le Roi de Prusse, mais pour l'Angle-

---

(1) M. Boyer était colonel, il a été, pour la circonstance, promu général par Bazaine.

terre afin de se rendre auprès de l'Impératrice Eugénie. Son mandat, comme délégué de Bazaine, serait de ramener l'Impératrice en France pour qu'elle pût traiter, à titre de Régente, avec le Roi Guillaume qui, disait-on, se refusait à tout arrangement avec le Gouvernement provisoire.

C'est à défaut d'autre issue que l'on aurait recours à ce système; alors, l'armée de Metz deviendrait libre et rétablirait le gouvernement impérial de Napoléon IV.

On prétendait encore que le général Boyer avait rapporté de l'intérieur de la France les nouvelles les plus sinistres : notamment que la république rouge tyranniserait les grandes villes, et que le Gouvernement provisoire serait débordé à Paris par les hommes les plus violents qui l'auraient mis en fuite.

Ces informations ne furent acceptées qu'avec défiance car elles paraissaient d'origine prussienne, et on n'y vit qu'une ruse de guerre inventée, à l'approche de l'hiver, par l'armée allemande lasse d'une campagne interminable. Cependant depuis deux jours, on n'avait pas entendu un seul coup de canon, et une trêve tacite semblait exister entre les armées belligérantes. De plus, le *Vœu National* parlait du départ plus ou moins prochain, plus ou moins probable de l'armée de Bazaine, et il ajoutait :

« Nous croyons pourtant qu'il se rattache, s'il s'exécute, à
« l'état général du pays, à la situation respective des armées
« et à d'autres considérations que nous n'aborderons pas, et
« pour cause. »

En attendant, les Polonais des avant-postes prussiens profitaient de cette espèce d'armistice pour montrer que les sentiments sympathiques qui ont toujours existé entre les enfants de la Pologne et les Français survivaient aux dures nécessités de la guerre. On en vit s'avancer jusqu'à Woippy et venir auprès de nos soldats, non pas en ennemis, mais en camarades. Ils leur apportaient toutes les provisions dont ils avaient pu disposer.

Le 22 octobre, les nouvellistes étaient à la paix : on démembrerait la France; l'Alsace nous serait enlevée, ainsi que la partie allemande de la Lorraine; Metz resterait à la France et la Sarre deviendrait notre frontière. On assurait en ville que l'armée de Bazaine obtiendrait l'autorisation de se retirer dans l'intérieur de la France avec ses armes et les honneurs de la guerre. Elle aurait pour mission d'assurer la liberté des élections, afin d'obtenir une Assemblée qui pourrait ratifier la Convention pacifique.

Ces récits s'accréditèrent à tel point que le *Vœu National*, dans son numéro paru le 22, adressait à l'armée de Metz les adieux de la cité, et, plus loin, il résumait l'état des choses en ces termes :

« Les forts continuent à rester muets et les avant-postes pai-
« sibles. Il y a, tout au moins, une trêve de fait. Le départ de
« l'armée paraît toujours résolu. Par suite d'un arrangement
« intervenu, elle se retirerait avec armes et bagages, laissant à
« Metz une garnison suffisante. On attend toujours une procla-
« mation, ordre du jour ou communiqué quelconque pour expli-
« quer la situation et donner les nouvelles du dehors. »

Le 23, les bruits les plus désespérants circulent à Metz et dans les camps. Le général Boyer ne revient pas, et on dit que l'ennemi refuse de laisser partir l'armée avec ses armes. On sentit alors l'agitation à peine calmée renaître vive et anxieuse. Un Messin, faisant appel à ses concitoyens, alla même jusqu'à s'écrier : « Nous mangerons du pain d'avoine, du pain d'orge, du son et de la paille (1). »

(1) *Indépendant de la Moselle* du 23 octobre 1870.

Mais, passons à ce patriote un tel excès de zèle; il était fou de désespoir, et c'est là son excuse. D'ailleurs, il continua sa proclamation par ces paroles pleines d'élan que nous reproduisons volontiers :

« Citoyens de Metz, montrons-nous grands dans le malheur ;
« l'adversité, au lieu d'abattre les grandes âmes, les élève en-
« core s'il est possible. Pour la cause que nous défendons, tout
« doit être sacrifié, amour, famille, fortune; tout enfin appar-
« tient à la Patrie.

« Serrons nos rangs, rallions-nous au Gouvernement de la
« défense nationale reconnu à Metz ; les hommes qui le compo-
« sent sont honnêtes, justes et énergiques ; le souffle révolution-
« naire de 1792 anime tous ces grands cœurs.

« Habitants des campagnes, demandez des armes et des car-
« touches à l'autorité, et mêlez-vous dans nos rangs. Vous com-
« battrez à la lueur de l'incendie qui dévore vos villages, vous
« vengerez les berceaux de vos enfants et les champs de vos
« ancêtres souillés par l'étranger. Aux armes ! que tout le monde
« soit debout au premier signal !

« Que faut-il pour sauver la Patrie, disait un tribun célèbre,
« de cette voix tonnante qui poussait nos volontaires vers la
« frontière envahie par ces mêmes Prussiens? Que faut-il pour
« sauver la Patrie? De l'audace, encore de l'audace, toujours de
« l'audace.

« Braves Messins, cette audace nous la possédons ; ajoutons-y
« la constance et la résignation. . . . .
« . . . .
« . . . .

« Un Messin. »

Oui, il fallait de la résignation ; non pas cette résignation lâche qui consiste à se laisser abattre, à ne rien tenter, à ne pas se fatiguer ni s'exposer, mais celle que Daniel Manin préconise et qu'il appelle la résignation vertueuse et virile, celle enfin qui cherche les moyens de lutter contre le malheur, qui s'y acharne, et ne cède que devant la certitude de son impuissance, ou quand il n'existe plus aucun remède. Voilà ce que les Messins entendaient par résignation, et il suffit, pour s'en convaincre, de se reporter aux travaux des édiles de Metz.

Le Général commandant supérieur de la Place, ayant entretenu l'administration municipale de la question des subsistances, manifesta l'intention où serait l'autorité militaire de prononcer la séparation des approvisionnements de l'armée, de la garnison et de la population civile. Le Maire fit observer que cette séparation ne donnerait plus la réserve sur laquelle la Ville a pu compter, et le Comité des subsistances, touché de cette question, témoigna le désir de connaître à quels chiffres peuvent s'élever les réserves de l'armée. Il demanda aussi que ceux relatifs aux approvisionnements de la ville lui soient également communiqués.

D'autre part, M. Emilien Bouchotte ayant proposé d'organiser des distributions de bouillon de cheval pour les pauvres de Metz, le Conseil Municipal, par l'entremise de M. de Bouteiller, s'entendit avec les administrateurs du Bureau de Bienfaisance. Grâce à leur concours empressé, on espérait pouvoir livrer cinq ou six mille litres par jour, représentant environ 12,000 rations, lorsque l'autorité militaire prévint que les livraisons de chevaux étaient sur le point de manquer, et qu'il fallait renoncer à ce projet.

Justement ému, en apprenant que la ressource des chevaux de l'armée allait faire défaut, l'administration émit le vœu de voir requérir les chevaux des particuliers dont le nombre, d'après recensement, était d'environ 1400. MM. de Bouteiller et Geisler présentèrent diverses observations sur les échanges à opérer entre l'armée qui a besoin de bêtes de transport, et la Place qui veut des animaux pour l'alimentation. Il en résulta que ces échanges, ne pouvant être faits ni par tête ni par égalité de poids, mais au moyen d'appréciations spéciales, il y avait lieu de nommer des commissions *ad hoc*.

Cette pénurie des ressources en viande était inévitable ; on peut même s'étonner qu'elle ne se fût pas présentée depuis longtemps, car, si nous avions encore des animaux, la grande difficulté était de les nourrir. Ne recevant plus que des feuilles de chêne presque sèches mélangées avec du tourteau pilé, les chevaux dépérissaient à vue d'œil, beaucoup même ne voulaient plus manger et tombaient d'inanition. On perdait ainsi un grand nombre de bêtes, mortes de faim ou de maladies, en outre de celles qui étaient abattues pour les besoins de la consommation. Plusieurs personnes, notamment M. le vétérinaire Laquerrière, avaient conseillé de faire entrer la viande dans l'alimentation des chevaux ; d'autres réclamaient pour ces malheureuses bêtes les détritus de cuisine et les eaux de vaisselle ; d'autres enfin demandaient que l'on abattît les derniers chevaux encore sains, et que l'on conservât leur viande en la boucanant.

La réunion du Conseil Municipal, tenue le 22 octobre, fut des plus tristes ; le moment des aveux était arrivé, et c'est avec stupeur que le public en prit connaissance. Voici le procès-verbal de cette séance, tel qu'il a été inséré dans les journaux de la localité :

« Aujourd'hui, à l'entrée de la séance, le Conseil a reçu la
« visite de M. le général Coffinières, accompagné de plusieurs
« officiers faisant partie du comité d'approvisionnements. M. le
« Général ayant accepté la présidence de la réunion a fait con-
« naître le but de sa visite. Il a voulu, dit-il, exposer nettement
« au Conseil quel est, au point de vue de l'alimentation, la situa-
« tion de la ville. Les distributions de pain ne pourront plus

« être faites à la garnison et à la population que pendant un
« très-petit nombre de jours. Quant aux chevaux, l'armée n'en
« donnant plus comme elle l'a fait jusqu'ici, la garnison sera
« obligée de recourir à ceux qu'elle possède. Les habitants de la
« ville en possèdent aussi un certain nombre, et M. le Général
« a voulu s'entendre avec le Conseil sur la meilleure voie à sui-
« vre pour les faire entrer dans la consommation. — Des obser-
« vations diverses sont produites par MM. Prost, Bouchotte, de
« Bouteiller, Moisson et Bastien. M. le Général faisant obser-
« ver que le prix d'acquisition des chevaux de luxe n'était plus
« en harmonie avec le tarif imposé à la ville, on propose de
« faire payer la différence par l'Etat. Cette idée ne paraît pas
« admissible à M. le général Coffinières qui ne croit pas que
« l'Etat doive supporter les frais de l'alimentation des citoyens.
« Suivant lui, ce serait à la ville à régler cette différence.

« Les réquisitions sont, d'ailleurs, en cette matière assez dif-
« ficiles, et M. le Général pense qu'il y aurait lieu de se borner
« à provoquer la mise en vente de ces animaux. C'est à cette
« idée que l'on s'arrête provisoirement. Le conseil décide aussi
« que la question financière sera réservée, c'est-à-dire qu'on
« examinera plus tard à qui, de l'Etat ou de la ville, incombera
« la différence résultant du maintien du tarif, et pour éviter que
« la ville et la garnison ne se fassent concurrence sur le marché,
« une commission spéciale sera chargée de présider aux achats.

« M. le Général demande alors au Conseil ce qu'il pense d'un
« bruit qui est parvenu jusqu'à lui, à savoir : qu'il y aurait en
« ville, chez des particuliers, des approvisionnements cachés
« pour un temps considérable. Le conseil répond unanimement
« qu'il résulte des recherches faites qu'il n'y a plus chez les par-
« ticuliers que quelques provisions de ménage, insignifiantes
« quand il s'agit de la nourriture de 120,000 hommes qui com-
« posent la ville et les forts.

« M. de Bouteiller fait remarquer à M. le Général que si on
« dit en ville que les particuliers cachent des approvisionne-
« ments, on dit aussi que l'autorité militaire en a conservé d'im-
« portants, et notamment dans la caserne du génie. — M. le Gé-
« ral, répondant à cette observation, dit que la commission dont
« les membres l'accompagnent, et dont M. le Maire de Metz
« fait partie, a fait un inventaire très-exact de ce que contien-

« nent les magasins militaires ; que c'est d'après ces renseigne-
« ments qu'il a parlé ; que si dans la ville, quelque citoyen vou-
« lait faire lui-même une vérification, les magasins lui seraient
« immédiatement ouverts.

« M. le Général, répondant ensuite à une question de M. Prost
« sur le point de savoir si nous pouvons espérer une armée de
« secours, dit : qu'en dehors de toute possibilité de ce genre, le
« devoir du commandant d'une place est de résister tant que cela
« est possible, mais, que si on lui demande son opinion person-
« nelle, il répond qu'il n'a aucune raison pour espérer un
« secours. »

Après cet échange d'observations, M. le Général prend congé du Conseil ; il exprime de nouveau, en se retirant, la pensée qui l'a amené dans son sein. Il a voulu bien préciser la situation qui nous est faite :

« Dans un très-petit nombre de jours, nos ressources seront
« épuisées ; nous n'avons pas, il est vrai, subi un siége régulier,
« grâce à la présence de l'armée, mais celle-ci a combattu au-
« tour de nous comme la garnison de la Place l'aurait fait dans
« un siége régulier, et notre situation est aujourd'hui, au point
« de vue des approvisionnements, ce qu'elle serait à la fin de la
« lutte (1). »

Cette délibération fut suivie des deux arrêtés dont voici la teneur :

VILLE DE METZ.

SUBSISTANCES.

« Le Général de division commandant supérieur de la Place.
« Considérant que l'armée ne peut plus fournir à la ville les
« chevaux nécessaires à l'alimentation des habitants ;

(1) *Indépendant de la Moselle* du 24 octobre 1870.

« Qu'il est, dès lors, indispensable et urgent d'y pourvoir :
   « ARRÊTE :
« ARTICLE 1ᵉʳ. — Les chevaux existant, tant dans l'intérieur
« de la ville que dans les communes suburbaines comprises
« dans le blocus, sont mis en réquisition pour être affectés à
« l'alimentation des habitants.
   « ARTICLE 2.—Une commission mixte, composée de deux con-
« seillers municipaux, d'un vétérinaire, d'un sous-intendant
« militaire et de deux officiers, sera chargée de désigner les
« chevaux qui seront successivement abattus, et d'en fixer l'es-
« timation. Les vendeurs recevront, au moment de la livraison,
« un récépissé qui établira leurs droits.

   « Metz, le 23 octobre 1870.

« Le Général de division commandant supérieur
« de la place de Metz,

« F. COFFINIÈRES. »

PLACE DE METZ.

ARRÊTÉ

CONCERNANT LA VENTE DES CHEVAUX MIS EN RÉQUISITION.

« Le Général de division commandant supérieur décide que
« les dispositions réglementaires suivantes seront prises pour
« l'exécution de son arrêté du 23 octobre courant :
   « ARTICLE 1ᵉʳ. — Les chevaux nécessaires à l'alimentation des
« habitants et de la garnison de la Place seront achetés, au nom
« du Ministre de la guerre, par la commission mixte instituée
« par la décision précitée.
   « ARTICLE 2. — Le prix déterminé par la commission sera
« celui réel de l'animal au moment de la vente.
   « ARTICLE. 3. — Un officier comptable, attaché à la commis-
« sion, acquittera directement le montant des achats à l'aide
« d'avances qu'il recevra, à cet effet, de M. le Trésorier payeur
« général.

« Article. 4. — Les chevaux destinés à l'armée seront cédés
« à l'administration des vivres de la place. Ceux destinés à la
« ville seront remis à l'administration des domaines qui les
« vendra, séance tenante, aux enchères.

« Article 5. — Les bouchers de la ville et ceux des commu-
« nes suburbaines seront seuls admis à concourir aux achats.
« Ces derniers ne pourront acheter qu'un nombre de chevaux en
« rapport avec les besoins des communes ; ce nombre sera ar-
« rêté par la commission.

« Article 6.—Quels que soient les prix d'achat, les bouchers
« ne pourront vendre la viande au-dessus de la taxe de mon ar-
« rêté du 23 septembre ;—savoir :

« Parties basses . . . . 0,10 c. le kilog.
«   —   moyennes . . . . . 0,50 c. le kilog.
« Viande de choix (le filet excepté). 1,00 c. le kilog.

« Article 7. — La commission se réunira, chaque jour, sur
« la place de la Comédie, à 2 heures de l'après-midi.

« Elle procèdera aux achats en commençant par les animaux
« qui lui seront amenés du consentement de leurs propriétaires.
« Elle procèdera, par voie de réquisition, quand cette catégorie
« sera épuisée.

« Les chevaux achetés auront l'oreille fendue.

» Metz, le 24 octobre 1870.

» *Le Général de division commandant supérieur*
» *de la Place de Metz,*

« F. COFFINIÈRES. »

D'autre part, il fut résolu, avec l'approbation de M. le général Coffinières, que les différences qu'il sera nécessaire de payer afin de faire maintenir par les bouchers le tarif imposé resteraient à la charge de l'Etat. Une commission financière constituée dans ce but décida, qu'en vue de régler l'écart entre la valeur réelle des chevaux acquis et leur valeur en viande, on émettrait pour un million de traites du Payeur Général de l'armée. Ces bons à dix jours de présentation jouiraient d'une bonification de

1 p. % représentant l'intérêt jusqu'au jour où le remboursement pourra être effectué.

Dans l'entre-temps, le *Moniteur de la Moselle* reçut de l'autorité militaire une note qui avait toutes les allures d'une communication officielle. Nous la donnons textuellement :

« Il résulte des reconnaissances faites des lignes prussiennes
« par nos éclaireurs que des ouvrages importants ont été cons-
« truits autour de Metz par l'armée ennemie.

« Sur la route de Verdun, des batteries sont établies à l'au-
« berge de Leipsick, des redoutes défendent, du côté de Grave-
« lotte, les abords de l'ancienne voie romaine, enfin, de véritables
« fortifications s'élèvent devant le cimetière de la commune de
« Vernéville dont le mur d'enceinte est percé de meurtrières.

« Sur la route de Nancy, les batteries d'Orly et de Jussy
« forment une première ligne de feux convergents soutenus,
« en arrière, par les ruines restaurées du vieux castel féodal de
« Saint-Blaise qui domine, à la fois, les bassins de la Seille et
« de la Moselle. Il est vrai que cette redoutable position a son
« côté faible dans le manque absolu d'eau potable, mais on
« prétend que les Prussiens y ont pourvu par le rétablissement
« des anciennes citernes dont l'emplacement était resté indi-
« qué.

« Une forte redoute couronne le confluent du Rupt-de-Mad.

« Sur la route de Nomeny, les batteries de la ferme Saint-
« Thiébault commandent, avec celles de Saint-Blaise, toute la
« vallée de la Seille ; les postes avancés sont à Peltre et à Marly,
« la côte de Pouilly est aussi hérissée de canons.

« Sur la route de Strasbourg, la montée de Mécleuves pré-
« sente une position inexpugnable.

« Les hauteurs de Sainte-Barbe, théâtre de tant de combats
« sanglants, ont été entourées de tranchées et de redoutes qui
« s'étendent entre Noisseville, Nouilly, Servigny, Méchy,
« Charly, Vany, et commandent les deux routes de Boulay et
« de Bouzonville.

« Les batteries d'Argancy surveillent le cours de la Moselle ;

« elles sont reliées par une vaste tranchée à un solide retran-
« chement construit en avant de Maizières, pour couper la
« route de Thionville à l'aide des batteries de Fremécourt et de
« Marange. Un peu plus loin, le village de Richemont, à mi-
« côte, a été garni d'ouvrages pour empêcher le passage de
« l'Orne et conserver le chenal du moulin.

« Saulny est resté au pouvoir de l'ennemi qui s'y est fortifié
« dans le ravin, et a construit sur la crête de la colline domi-
« nant la vallée de la Moselle et celle de l'Orne une formidable
« redoute. Des travaux ont aussi été exécutés, entre Valleroy et
« le moulin d'Auboué, pour intercepter la route de Briey.

« C'est ainsi que s'est occupée l'armée prussienne quand le
« silence des canons de nos forts lui a permis d'employer les
« loisirs de ses soldats.

« Nos troupes, de leur côté, ne sont pas restées inactives,
« mais ce n'est pas à nous à donner le détail des utiles travaux
« qu'elles ont accomplis.

« Les Prussiens ont fait évacuer le village de Nouilly que les
« habitants ont dû évacuer précipitamment. Il n'est resté que
« deux personnes : une petite fille morte que les Prussiens n'ont
« pas laissé le temps d'inhumer, et une pauvre femme qu'il
« était impossible de transporter.

« On croit que l'ennemi veut s'établir fortement à Nouilly
« pour riposter au fort des Bordes dont les projectiles semblent
« le gêner beaucoup. »

Voilà ce qu'on publiait à la veille de capituler. Quel était le but de cette note? Voulait-on reconnaître que, par une faute impardonnable, on avait abandonné à l'ennemi des positions stratégiques excellentes? Voulait-on enlever aux Messins leur dernière illusion parce qu'ils espéraient encore voir partir l'armée ? Voulait-on démontrer aux soldats que toute trouée était impossible, et qu'ils devaient se résigner à capituler? Voulait-on faire taire les plaintes de quelques généraux et officiers qui proposaient de se jeter sur l'un des points de la ligne d'investissement afin de se frayer un passage?

Quoi qu'il en soit, nous touchions à l'heure suprême, et les indignes spéculateurs du commerce de Metz en profitaient pour recommencer leur système d'exploitations honteuses. Aussi, les doléances reprennent et l'*Indépendant de la Moselle* du 23 octobre publiait la lettre suivante :

« Monsieur le Rédacteur,

« Certains boulangers font payer 0 franc 48 centimes le kilo
« de pain, dit pain de boulange, au lieu de 0 franc 45 centi-
« mes qui est la taxe établie par le général Coffinières.
« Dans la crainte qu'on leur refuse du pain, les consomma-
« teurs paient le prix demandé sans oser proférer une plainte.
« D'autres font un tel triage de la farine que le pain ordinaire
« qu'ils vendent n'est composé, pour ainsi dire, que de son, et
« ne se trouve pas suffisamment cuit ; la farine proprement dite
« est sans doute employée pour faire clandestinement du pain
« blanc.
« Je me fais l'interprète d'un grand nombre de personnes en
« vous priant de vouloir bien insérer ces lignes dans votre esti-
« mable journal pour que ces réclamations parviennent à qui
« de droit.
« Agréez, etc.

« C. V. »

De son côté, le *Moniteur de la Moselle* disait à la même date :

« On se plaint généralement de la fabrication du pain. Per-
« sonne ne s'élève contre les mesures prises dans le but de pro-
« longer les moyens d'alimentation, mais on croit qu'avec les
« matières employées le pain pourrait être de meilleure qualité,
« plus cuit, et, par suite, plus salubre.
« Il s'agit ici d'une question importante que notre édilité
« jugera sans doute convenable de prendre en considération. »

Le 22 Octobre, on arrêta un individu qui avait vendu du pain à deux zouaves à raison de huit francs le kilogramme (1).

Les bouchers eux-mêmes, ou certains d'entre eux, essayèrent de se soustraire à la taxe qu'ils déclaraient être implicitement abolie par la raison qu'on ne livrait plus de chevaux. Ces prétentions furent exposées au Conseil municipal qui, dans sa séance du 24 octobre, et tout en reconnaissant que les bouchers ont la faculté de faire leurs acquisitions où et comme ils veulent, déclara qu'ils ne pouvaient vendre qu'aux conditions des tarifs fixés par l'autorité. Le Conseil décida, en outre, que cette taxe serait affichée dans les boutiques, que des instructions seraient données afin que l'erreur ne se maintînt dans l'esprit de personne, et, à la séance du 25, il émit le vœu qu'on demandât au Général commandant supérieur l'autorisation de faire fermer immédiatement les étaux de bouchers qui ne se conformeraient pas aux prescriptions ordonnées. De plus, il fut décidé que pour éviter toute fraude, les chevaux achetés seraient immédiatement conduits à l'abattoir sous la surveillance d'un agent de police, et enfermés jusqu'à l'abattage.

En dehors de la question des subsistances, l'administration s'occupa de l'éclairage public par suite de l'épuisement des provisions de houille à l'usine à gaz, et elle prescrivit qu'à partir du 25 octobre le gaz ne serait employé dans les maisons particulières et les établissements privés, cercles ou cafés, que jusqu'à sept heures du soir.

Passant ensuite à des considérations d'un ordre plus élevé, le Conseil municipal, sur la proposition de M. Prost, exprima le vœu que, par l'intermédiaire du Gouverneur

(1) *Indépendant de la Moselle* du 24 octobre 1870.

de la Place, il fût demandé des informations touchant la situation actuelle du pays et les négociations pendantes. Le Commandant supérieur de Metz répondit qu'il lui était impossible de déférer à cette instance, qu'au surplus c'était au maréchal Bazaine qu'il convenait de s'adresser. Le Conseil résolut alors de faire directement la démarche auprès du Maréchal, et, à cette occasion, M. Moisson réclama que si des conventions militaires intervenaient entre l'armée de Metz et le prince Frédéric-Charles, on n'omît point de prendre en même temps toutes les mesures opportunes pour protéger les intérêts de la Cité. M. Blondin objecta que, suivant lui, et tout en partageant cette manière de voir, le Conseil devait conserver l'attitude qu'il s'était imposée lui-même lorsqu'il avait solennellement déclaré vouloir décliner toute responsabilité dans la situation actuelle.

La population messine était toujours en proie à la plus grande perplexité : mille nouvelles contradictoires, mille bruits décevants se propageaient en ville. Quelques-uns s'accréditèrent, d'autres furent rejetés tant ils choquaient le bon sens et le droit des nations. La paix, disait-on, est signée, l'Empereur de Russie exigerait du roi Guillaume l'abandon de ses prétentions sur Metz et les rives de la Moselle. D'après le traité, nous conserverions nos frontières, la France paierait une indemnité de guerre de quatre milliards, sans compter le Luxembourg que nous devrions acheter au profit de la Prusse. On assurait de plus que, par l'entremise de M. Thiers, les grandes puissances offriraient la couronne de France au comte de Chambord qui, restant monarque pour ainsi dire honoraire, transmettrait ses droits au comte d'Eu. Ce prince gouvernerait sous le régime d'une monarchie constitutionnelle et en conservant le suffrage universel. Le choix du comte d'Eu qui n'est pas le descendant dynastique dans la famille d'Orléans, mais qui serait considéré comme fondateur d'un nouveau système gouvernemental, serait destiné à rallier les partisans de la légitimité, ceux des d'Orléans, et aussi le parti républicain dont le principal chef, Jules Favre, continuerait à figurer avec Trochu dans le Conseil des Ministres. On ajoutait que, jusqu'à conclusion définitive, Metz resterait investie, mais avec un ravitaillement qui n'aurait cependant pas assez d'importance pour que la ville fût en état de résister longtemps si les négociations n'aboutissaient point. Dans tous les cas, un fort serait livré à l'ennemi, à titre de garantie jusqu'à parfait paiement de la dette imposée à la France.

D'où venaient ces importantes nouvelles? On prétendait qu'elles auraient été envoyées à Metz par le général Boyer.

On lisait également dans le *Moniteur de la Moselle :*

« Selon des personnes qui croient être bien informées, voici
« les conditions posées par le roi de Prusse pour la conclusion
« de la paix :

« Cession de l'Alsace, soit les départements des Haut et Bas-
« Rhin, plus trois milliards d'indemnité de guerre.

« Ou

« L'Alsace entière et une partie de la Lorraine allemande, contre cession à la France de quelques communes prussiennes, plus deux milliards d'indemnité ;

« Ou

« Le démantèlement de Strasbourg et de Metz, sans cession de territoire, mais achat par la France, au profit de la Prusse, du grand-duché de Luxembourg, plus cinq milliards d'indemnité. »

Payons les frais de la guerre, disait-on à Metz, s'il est vrai que les Allemands sont les plus forts. Laissons la Prusse prendre une partie de notre territoire si nous ne pouvons l'empêcher, c'est-à-dire si nous sommes battus jusqu'au bout, mais il faut que nos provinces ne soient soumises que par le droit du plus fort qui n'est pas le droit.
— Quant au Luxembourg, il ne nous appartient pas de le livrer au roi Guillaume, parce que les Luxembourgeois seuls peuvent disposer de leur sort. Que le roi de Prusse prenne le Luxembourg si c'est son bon plaisir; il est le plus fort, et, aujourd'hui, nous ne sommes pas en mesure de défendre nos petits voisins contre un puissant envahisseur, mais qu'il ne nous le demande pas, car le droit nouveau que la France a proclamé veut que les peuples soient consultés sur leur nationalité. Or, ce droit nous a été opposé en 1867, et, par un vote presque unanime, le Luxembourg a fait savoir à l'Europe qu'il voulait être indépendant. Nous ne pouvons donc, d'un trait de plume, rayer la constitution de ce pays. Nous ne pouvons pas, non plus, acheter le Grand Duché au roi de Hollande attendu qu'il ne lui appartient pas, et parce que ses droits de souveraineté ne vont point jusqu'à lui permettre de disposer de ce pays sans l'agrément du peuple qui l'habite. En un mot, il n'est au pouvoir de personne de modifier, par une simple signature apposée au bas d'un traité, la nationalité des Lorrains et des Alsaciens, ni celle des Luxembourgeois.

Voilà ce que l'on disait à Metz, et l'on avait raison, car bien imprudent serait le vainqueur du moment qui oserait proposer à la France de signer pareille humiliation. En vain les journaux prussiens essaieront de donner le change sur la rapidité avec laquelle les hordes allemandes nous ont repoussés; en vain ils diront que la Prusse a été surprise par la guerre : personne n'acceptera cette feinte grossière, et l'histoire saura dire la vérité. Pourquoi donc la Prusse appelait-elle sa landwehr à la date du 17 juin 1870, c'est-à-dire bien antérieurement au jour où surgit l'incident Hohenzollern? Voici, d'après *l'Indépendant de la Moselle*, la reproduction d'un ordre de départ qui prouve que la question Hispano-Prussienne n'a été qu'un prétexte volontairement fourni par la Prusse, et que le roi Guillaume était prêt à combattre lorsqu'il fit naître le conflit.

ORDRE DE DÉPART.

Année et numéro de l'inscription : — 1860. — 34.
N° de la compagnie de landwehr : — 3.
Commandé pour le 1ᵉʳ corps d'armée.
N° de la liste d'avis : — 213.

Le landwehr Vinrad Barcynsky, à Bruckow, est averti de se présenter immanquablement le 23 juin 1870, avant six heures, dans les rangs, sur la place publique de Bruckow pour y recevoir des ordres ultérieurs.

Il devra présenter cet ordre et le reste de ses papiers militaires.

Au cas de refus d'obéissance, il s'expose à toute la sévérité des lois.

Barroij, le 17 juin 1870.

Commandement territorial de Landwehr.

L'indemnité de route, depuis le départ, est de 6 silbergroschen 3 pfenning (0.78 centimes.)

La France, il est vrai, a déclaré la guerre, mais cela indique seulement que la Prusse a eu l'habileté de se laisser forcer la main. Elle a chatouillé notre orgueil national, froissé les susceptibilités du peuple français, et après avoir mis avec elle la force brutale, elle a encore trouvé moyen de se donner un semblant de droit. Ce sont là des finesses dont M. de Bismarck est coutumier, mais malgré toute son habileté, la lumière se fait et peu à peu l'on cesse d'être dupe de cette politique à coups de canon. Le ministre prussien n'a-t-il pas ouvertement admis pour principe que « la force prime le droit ? » — Le roi Guillaume ne fait-il pas graver sur ses pièces d'artillerie la devise « *Ultima ratio regis ?* » Tel est, en effet, l'argument préféré par la diplomatie de Berlin. Mal dirigés, nous avons été battus, et peut-être, pour n'avoir pas été prêts à entreprendre la guerre, nous faudra-t-il encore plier sous les coups d'armées innombrables qui depuis longtemps s'étaient préparées à cette lutte inégale, mais il n'est pas certain que les races latines, et à leur tête la Nation française, aient dit leur dernier mot. C'est pourquoi le jour de la revanche peut arriver, et si l'on exige de nous l'impossible ou si l'on démembre nos provinces, il faut renoncer à une paix durable, car, après une trêve plus ou moins longue, la guerre recommencera inévitablement.

Le 26 octobre, dès le matin, on ne parlait à Metz que de la capitulation de l'armée et de la ville, les citoyens s'abordaient avec la rage au cœur et la consternation sur le visage. Ce réveil de nos rêves était d'autant plus cruel qu'il n'y avait plus à se faire d'illusions. Cependant, la Garde Nationale signa une adresse au Maire et au Conseil municipal ; elle commençait en ces termes :

« Des bruits de capitulation de Metz circulent dans notre ville ; la Garde Nationale se déclare péniblement affectée par ces bruits qu'elle aime à croire mal fondés.
  « La Garde Nationale espère que cette capitulation n'a pas
« été signée, surtout sans conditions comme on l'annonce, et
« elle offre toujours son concours à l'armée pour continuer une
« défense même désespérée. »

Un Messin lançait aussi ce suprême appel à ses concitoyens :

« Ouvriers, bourgeois, paysans, luttons, résistons, pas de
« capitulation ; nous sauverons Metz.

« Que nos soldats n'oublient jamais qu'ils sont citoyens, et
« que si la carrière des armes est sainte et sacrée quand elle
« appelle l'homme à délivrer son pays, c'est un métier lâche et
« déshonorant quand il sert à l'opprimer.

« Messins, l'héroïque défense de Sarragosse a sauvé l'Espa-
« gne ; imitons Sarragosse.

« Notre Gouvernement de la Défense Nationale est digne de
« l'immortelle Convention qui, en 1792, sauva les libertés de
« la France, décréta la victoire, et donna à l'Europe coalisée
« un sanglant démenti ; montrons-nous dignes de lui.

« En 1792, l'Europe fut vaincue, les vieilles troupes de la
« coalition furent battues et dispersées par nos volontaires
« en sabots, par les soldats de Sambre Meuse et Moselle, parce
« que le drapeau tricolore portait dans ses plis la liberté. Val-
« my, Jemmappes, Fleurus s'inscrivirent sur nos étendards
« mutilés, les bornes du droit et de la justice furent marquées
« par autant de champs de bataille où le despotisme fut vaincu,
« et l'Europe épouvantée implora la paix.

« Ces souvenirs glorieux font battre vos cœurs, n'est-ce pas ?

« Ah ! nous sommes bien les fils de ces intrépides volontaires
« dont le mot d'ordre était : « Vive la France ! » — « Vive la
« Liberté ! »

Vains efforts !..... la triste réalité était là accablante et
irrémédiable. Changarnier lui-même, qui s'était rendu
auprès du prince Frédéric-Charles, n'avait pu nous sauver ;
à peine parvint-il à obtenir quelques adoucissements aux
conditions que nous imposait le vainqueur.

Dans la journée, le Conseil municipal fut officiellement
saisi des dispositions prises par les généraux, et voici ce
que porte le procès-verbal de la séance du 26 octobre
1870 :

« En réponse à la délibération transmise hier à M. le maré-
« chal Bazaine, le Conseil a reçu, à l'entrée de la séance de ce
« jour, une douloureuse communication qui sera portée demain
« par M. le général Coffinières à la connaissance de tous nos
« concitoyens.

« Il résulte de cette communication que l'armée assiégeante
« a refusé tout traité qui ne comprendrait pas, à la fois, l'armée
« et la Place de Metz, et que M. le Général, en présence de
« l'épuisement des vivres, et sur l'ordre du Maréchal, a dû subir
« cette solidarité.

« Le Conseil a entendu avec la plus profonde tristesse cette
« irrévocable décision de l'autorité militaire, et a reçu, en même
« temps, l'assurance que les personnes et les propriétés des
« habitants seraient, en tous cas, l'objet de la sollicitude du
« Commandant supérieur de la Place. »

Metz qui va subir la grande humiliation prend le deuil ; elle pleure son passé sans tache et la flétrissure qu'on lui impose pour l'avenir, elle pleure sa virginité perdue et son antique renom de bravoure et de gloire. On vit un de ses plus honorables habitants, M. Emilien Bouchotte, refuser la croix de la Légion-d'Honneur qui lui était offerte pour d'éminents services rendus, pendant le blocus, à la ville et à l'armée. Il avait, dit-il lui-même, désiré cette distinction toute sa vie, mais il pensa que dans le moment où la Patrie est malheureuse on ne devait rien accepter d'elle, pas même une récompense honorifique. D'ailleurs, il lui aurait été douloureux de voir sur son brevet l'encre qui avait servi peut-être à signer la capitulation de l'armée et de sa ville natale (1).

(1) Ces sentiments de haute dignité ne surprirent personne, car ils répondent au patriotisme légendaire de la famille Bouchotte.

Le lendemain, parut la proclamation suivante :

« Habitants de Metz,

« Il est de mon devoir de vous faire connaître loyalement
« notre situation, bien persuadé que vos âmes viriles et coura-
« geuses seront à la hauteur de ces graves circonstances.

« Autour de nous est une armée qui n'a jamais été vaincue et
« qui s'est montrée aussi ferme devant le feu de l'ennemi que
« devant les plus rudes épreuves. Cette armée, interposée entre
« la ville et l'assiégeant, nous a donné le temps de mettre nos
« forts en état de défense et de monter sur nos remparts plus de
« 600 pièces de canon ; enfin, elle a tenu en échec plus de 200,000
« hommes.

« Dans la Place, nous avons une population pleine d'énergie
« et de patriotisme, bien décidée à se défendre jusqu'à la dernière
« extrémité.

« Si nous avions du pain, cette situation serait parfaitement
« rassurante, malheureusement il n'en est point ainsi.

« J'ai déjà fait connaître au Conseil municipal que, malgré la
« réduction des rations, malgré les perquisitions faites par les
« autorités civiles et militaires, nous n'avions de vivres assurés
« que jusqu'au 28 octobre.

« De plus, notre brave armée déjà si éprouvée par le feu de
« l'ennemi, puisque 42,000 hommes en ont subi les atteintes,
« souffre horriblement de l'inclémence exceptionnelle de la sai-
« son et des privations de toutes sortes. Le Conseil de guerre a
« constaté ces faits, et M. le Maréchal commandant en chef a
« donné l'ordre formel, comme il en a le droit, de verser une
« partie de nos ressources à l'armée.

« Cependant, grâce à nos économies, nous pouvons résister
« encore jusqu'au 30 courant, et notre situation ne se trouve pas
« sensiblement modifiée.

« Jamais dans les fastes militaires, une place de guerre n'a
« résisté jusqu'à un épuisement aussi complet de ses ressources
« et n'a été aussi encombrée de blessés et de malades.

« Nous sommes donc condamnés à succomber, mais ce sera
« avec honneur, et nous ne serons vaincus que par la faim.

« L'ennemi qui nous investit péniblement depuis plus de 70

« jours sait qu'il est près d'atteindre le but de ses efforts ; il
« demande la Place et l'armée, et n'admet pas la séparation de
« ces deux intérêts. Quatre ou cinq jours de résistance désespé-
« rée n'auraient d'autre résultat que d'aggraver la situation des
« habitants. Tous peuvent d'ailleurs être bien convaincus que
« leurs intérêts privés seront défendus avec la plus vive sollici-
« tude.

« Sachons supporter stoïquement cette grande infortune, et
« conservons le ferme espoir que Metz, cette grande et patrioti-
« que cité, restera à la France.

« Metz, le 27 octobre 1870,

« *Le Général commandant supérieur,*
« F. COFFINIÈRES. »

Des groupes nombreux se tinrent toute la journée devant les affiches de cette proclamation, mais un morne silence exprimait seul l'accablement qui oppressait nos cœurs.

Voici en quels termes la presse locale se prononça sur ce triste dénouement :

INDÉPENDANT DE LA MOSELLE.

« Le terrible mot *Capitulation*, si mal sonnant pour une
« oreille française, retentit depuis deux jours dans notre ville.
« Il n'est malheureusement que trop vrai. Ce bruit que nous
« écartions hier encore avec indignation a pris de la consis-
« tance, et Metz-la-Pucelle verra, pour la première fois de sa
« vie, l'ennemi passer sous ses portes et pénétrer dans ses murs.

« La fière cité qui, en 1815 après la capitulation de Paris,
« construisit un pont sur la Moselle, en dehors de la ville, plutôt
« que de laisser l'armée alliée passer dans l'enceinte de ses
« remparts, entendra le pas des chevaux et la crosse des fusils
« ennemis résonner sur son pavé. Ombre de Fabert, de quel
« œil contempleras-tu l'humiliation de ta ville chérie ? Et nous,

« oserons-nous lever encore nos regards vers ta statue, symbole
« du patriotisme le plus ardent !

« Oui, nous sommes encore dignes de toi, dignes de vous, ô
« nos pères de 1792, qui alliez en sabots défendre la Patrie
« outragée, et verser votre sang pour la Liberté et les Droits de
« l'Homme.

« Ce n'est pas nous qui capitulons, car, avant de voir l'enne-
« mi dans nos murs, nous comptions lui faire un rempart de nos
« cadavres, et le forcer d'enjamber cette barricade sanglante
« avant de chanter victoire sur nos places publiques. Mais,
« notre volonté a été enchaînée, notre force brisée, notre cou-
« rage enrayé, et, quand on nous a vus impuissants et réduits
« à l'inaction, on est venu sonner le glas funèbre de la Patrie à
« nos oreilles.

« L'histoire un jour dira :

« Il fut une ville protégée par des forts, hérissée de canons,
« remplie d'une population mâle et virile; ses remparts étaient
« entiers, pas de trace de projectiles ennemis, nul bombarde-
« ment, nul assaut, nulle tranchée ouverte, nulle parallèle, pas
« l'ombre d'un siège; et cette ville vit l'ennemi entrer en vain-
« queur dans ses murs.

« Mais l'histoire aussi dira qui a fait son devoir, et, de son
« burin d'acier, elle stigmatisera en termes ineffaçables ceux
« sur la tête desquels doit retomber cette lourde responsabilité.

« C'est devant ce tribunal que nous les attendons. »

COURRIER DE LA MOSELLE.

« Metz capitule ! L'armée est prisonnière de guerre. La res-
« ponsabilité de ce désastre pèse tout entière sur le Commandant
« en chef, le maréchal Bazaine, qui seul en rendra compte à la
« France, à l'histoire et à la postérité. Ne devançons pas leurs
« arrêts. Pour nous, Messins, nous avons fait ce que nous
« devions, et c'est par la dignité de notre attitude que nous
« saurons subir ce qu'il ne nous a pas été donné d'empêcher.

« Pendant toute la durée du blocus, la population valide tout
« entière n'a cessé de protester officiellement, publiquement, et

« en mainte circonstance, de sa résolution de défendre jusqu'à
« la dernière extrémité le Boulevard de la France. Pendant
« toute la durée du blocus, pas une plainte de la part du pauvre,
« pas une voix ne s'est élevée pour demander à ceux qui tenaient
« nos destinées dans leurs mains la cessation de misères vail-
« lamment supportées.

« Pendant trois mois, jusqu'au dernier jour, les citoyens
« n'ont cessé de faire cause commune avec leurs frères de
« l'armée, dont ils n'ont cessé d'admirer le courage digne d'un
« sort meilleur.

« Tous, nous leur disons encore à ces tristes heures du
« départ : Pleurons ensemble sur les malheurs immérités de
« notre pauvre France ; pleurons, mais restons toujours fiers et
« dignes, car la honte n'est pas pour celui qui succombe ayant
« fait jusqu'au bout son devoir. »

LE *VŒU NATIONAL.*

« Tout est fini !..... la capitulation est signée !...... Nous n'en
« dirons pas plus. Empreint d'une grande douleur, le silence a
« sa dignité.....

« Encore un mot. Au nom de nos plus précieux intérêts,
« gardons, chers concitoyens, dans notre impuissance absolue,
« le calme et la résignation. »

LE *MONITEUR DE LA MOSELLE.*

« L'évènement a trahi notre courage et nos résolutions. Metz
« est rendue ainsi que l'armée qui campait sous ses murs.
« Notre valeur et notre patriotisme ont été impuissants ; il a
« fallu céder à ce hideux fléau qui brise les forces, démoralise
« les esprits, atrophie les volontés. Cette position, ce n'est pas
« nous qui l'avons faite.

« L'auréole virginale de notre cité a disparu, ses remparts
« hérissés de canons, nous ne pouvons plus les défendre.

« Le mot fatal de *Capitulation*, balbutié d'abord, est devenu
« maintenant l'expression d'un fait accompli : M. le maréchal
« Bazaine a capitulé pour l'armée et pour notre ville.

« Puisqu'il ne nous a pas été donné de combattre l'ennemi et
« de lui faire payer le prix de sa trop facile victoire, puisque la
« cruelle solution qui nous a été imposée est irrévocable, exami-
« nons stoïquement notre situation. Voilons aujourd'hui le
« passé avec douleur, respectons les profondeurs de l'avenir, et
« occupons-nous du présent.

« La reddition de la ville emporte son occupation par l'armée
« assiégeante. Les Prussiens vont donc pénétrer dans ces murs
« autrefois si redoutables. Quelle sera notre attitude en cette af-
« freuse circonstance ?

« Les vainqueurs n'attendent de nous ni des palmes pour les
« couronner, ni des chants d'allégresse pour célébrer leur
« triomphe. Le silence morne, le silence du désespoir doit être
« notre seul accueil.

« Gardons-nous bien de protester autrement contre la mau-
« vaise fortune qui nous accable.

« Evitons des collisions qui nous exposeraient à des repré-
« sailles venant encore accroître la somme de nos infortunes.

« Pour sauvegarder les personnes et les propriétés, suppor-
« tons notre malheur avec le calme qui convient à notre dignité.
« Nous sommes des victimes et non des coupables.

« Dans ce drame inouï, bornons-nous à refouler au fond de
« notre âme ces sentiments de fierté indignée que nous avons
« tant de peine à contenir. Concentrons, pour le moment, nos
« regrets amers et stériles. Les destins sont inexorables : nous
« avons à nous courber devant leur sentence; mais l'histoire
« jugera...

« La capitulation de Metz est un grand deuil pour la France.
« Ce n'est pas nous qui devons assumer la responsabilité de ce
« malheur national. Nous étions disposés à tout sacrifier pour
« conserver le dépôt sacré qui nous était confié. Si nous devons
« subir aujourd'hui une affreuse catastrophe, ce n'est pas sur
« notre population qu'en retombera la honte. »

LE *JOURNAL DE METZ*.

Cette feuille refusait d'accepter la capitulation; elle poussait à la résistance, dût-on l'imposer par la révolte armée, à laquelle elle excitait les citoyens.

Le 28 octobre, on eut connaissance de la dernière communication faite par Bazaine à ses soldats :

ARMÉE DU RHIN.

Bulletin N° 12.

ORDRE GÉNÉRAL
A L'ARMÉE DU RHIN.

« Vaincus par la famine, nous sommes contraints de subir
« les lois de la guerre en nous constituant prisonniers. A di-
« verses époques de notre histoire militaire, de braves troupes
« commandées par Masséna, Kléber, Gouvion-Saint-Cyr, etc.,
« ont éprouvé le même sort, qui n'entache en rien l'honneur
« militaire quand, comme vous, on a aussi glorieusement
« accompli son devoir jusqu'à l'extrême limite humaine.

« Tout ce qu'il était loyalement possible de faire pour éviter
« cette fin, a été tenté et n'a pu aboutir. Quant à renouveler un
« suprême effort pour briser les lignes fortifiées de l'ennemi,
« malgré votre vaillance et le sacrifice de milliers d'existences
« qui peuvent encore être utiles à la Patrie, il eût été infructueux
« par suite de l'armement et des forces écrasantes qui gardent
« et appuient ces lignes; un désastre en eût été la conséquence.

« Soyons dignes dans l'adversité, respectons les conventions
« honorables qui ont été stipulées si nous voulons être respectés
« comme nous le méritons. Evitons surtout, pour la réputation
« de cette armée, les actes d'indiscipline comme la destruction
« d'armes et de matériel, puisque, d'après les usages militaires,
« place et armement devraient faire retour à la France lorsque
« la paix sera signée.

« En quittant le commandement, je tiens à exprimer aux

« généraux, officiers et soldats, toute ma reconnaissance pour
« leur loyal concours, leur brillante valeur dans les combats,
« leur résignation dans les privations, et c'est le cœur brisé
« que je me sépare de vous.

« Au grand quartier général du Ban-Saint-Martin, le 28 octobre 1870.

« *Le Maréchal Commandant en chef,*

« *Signé :* BAZAINE.

« Pour ampliation,
« *Le Général de division, chef*
« *d'Etat-major général,*

« L. JARRAS. »

L'*Indépendant de la Moselle* fit suivre cette publication de paroles sévères qui méritent d'être reproduites :

« En présence de la cruelle situation que nous subissons,
« nous devons rester calmes et dignes. Cette fin lamentable,
« que personne ne voulait prévoir, est arrivée à son heure
« comme la balle lancée par un joueur habile touche au but
« à l'instant calculé d'avance.

« Oui, à défaut de patriotisme, vous avez eu de l'habileté ;
« vous avez bien calculé les délais, bien mesuré les distances;
« vous avez habilement ourdi le piége dans lequel nous devions
« tomber.

« Vous nous avez bercés de belles paroles, leurrés de bonnes
« promesses... Ils sont si naïfs, ces gens de province!... Bien
« joué, maître Machiavel; vous vous êtes conduit en digne
« disciple de ce grand homme. Vous vouliez régner, et, pour ce
« faire, il faut dissimuler. Le lion messin montrait la griffe,
« vous avez usé de douceur, vous lui avez limé les ongles et les
« dents. Et, ajoutant l'ironie à la trahison, vous insultez ceux
« que vous avez vendus. Les mots : Honneur, Patrie, Courage,
« sont une insulte dans votre bouche; vous avez le cœur placé
« trop bas pour comprendre ces sentiments. Mais, vous avez
« oublié une chose : le pain de la trahison est amer, et l'or in-
« fâme des Judas glisse dans les mains. Ceux dont vous avez
« servi les desseins ne vous en estiment que moins.

« Nous vous demanderons au moins de quelles promesses on
« a payé la honte de la France. »

Dans les camps, la douleur et l'indignation n'étaient pas moindres qu'en ville.

Voici ce qu'écrivait un officier de cette malheureuse armée du Rhin :

« Au camp, le 27 octobre 1870.

« Les bruits les plus incroyables circulent aujourd'hui parmi
« nous. Après avoir, dit-on, recherché tous les moyens possi-
« bles de sortir de la position effroyable dans laquelle nous
« sommes tombés, on n'aurait trouvé que celui d'une honteuse
« capitulation !... C'est impossible !... Et cependant ?... Eh bien !
« il nous est venu une idée pour sortir honorablement de notre
« triste situation. . . . .
« . . . .
« Nous sommes douze ou quinze mille officiers subalternes,
« peut-être plus ; qu'on nous donne des fusils et des cartouches,
« qu'on nous forme en compagnies, en bataillons, et, qui aime
« son pays nous suive ! De quoi ne sera pas capable une pa-
« reille phalange composée d'hommes intelligents, forts et ré-
« solus à tout : Nous passerons, et alors notre retraite laissera
« loin derrière elle la retraite de Cyrus. Si nous devons suc-
« comber, eh bien ! nous serons morts comme les Spartiates de
« Léonidas.

« Agréez, Monsieur le Rédacteur, les sentiments d'un capi-
« taine d'infanterie qui aime mieux mourir pour sa Patrie que
« de rendre son épée (1). »

Le même jour, 28 octobre, l'autorité porta à la connaissance du public le texte du protocole et des conventions annexes, signés, la veille, au château de Frescaty par les chefs d'état-major des armées française et allemande. On lut avec la plus profonde douleur ces documents qui désormais appartiennent à l'histoire.

(1) *Indépendant de la Moselle* du 30 octobre 1870.

PROTOCOLE.

« Entre les soussignés, le chef d'état-major général de l'armée
« française sous Metz, et le chef d'état-major de l'armée prus-
« sienne devant Metz, tous deux munis des pleins pouvoirs de
« Son Excellence le maréchal Bazaine, commandant en chef,
« et du général en chef Son Altesse Royale le prince Frédé-
« ric-Charles de Prusse,

« La convention suivante a été conclue :

Article premier.

« L'armée française placée sous les ordres du maréchal
« Bazaine est prisonnière de guerre.

Art. 2.

« La forteresse et la ville de Metz, avec tous les forts, le ma-
« tériel de guerre, les approvisionnements de toute espèce et
« tout ce qui est propriété de l'Etat, seront rendus à l'armée
« prussienne dans l'état où tout cela se trouve au moment de
« la signature de cette convention.

« Samedi, 29 octobre, à midi, les forts de Saint-Quentin,
« Plappeville, Saint-Julien, Queuleu et Saint-Privat, ainsi que
« la porte Mazelle (route de Strasbourg) seront remis aux
« troupes prussiennes.

« A dix heures du matin de ce même jour, des officiers d'ar-
« tillerie et du génie, avec quelques sous-officiers, seront admis
« dans lesdits forts pour occuper les magasins à poudre, et pour
« éventer les mines.

Art. 3.

« Les armes, ainsi que tout le matériel de l'armée consistant
« en drapeaux, aigles, canons, mitrailleuses, chevaux, caisses
« de guerre, équipages de l'armée, munitions, etc., seront lais-
« sés à Metz et dans les forts à des commissions militaires ins-
« tituées par M. le maréchal Bazaine, pour être remis immé-
« diatement à des commissaires prussiens. Les troupes, sans
« armes, seront conduites, rangées d'après leurs régiments ou
« corps et en ordre militaire, aux lieux qui sont indiqués pour
« chaque corps. Les officiers rentreront alors librement dans
« l'intérieur du camp retranché ou à Metz, sous la condition

« de s'engager sur l'honneur à ne pas quiter la Place sans l'ordre
« du commandant prussien.

« Les troupes seront alors conduites par leurs sous-officiers
« aux emplacements de bivouacs. Les soldats conserveront leurs
« sacs, leurs effets et leurs objets de campement (tentes, cou-
« vertures, marmites, etc.).

Art. 4.

« Tous les généraux et officiers, ainsi que les employés mili-
« taires ayant rang d'officiers, qui engageront la parole d'hon-
« neur par écrit, de ne pas porter les armes contre l'Allemagne,
« et de n'agir d'aucune manière contre ses intérêts jusqu'à la
« fin de la guerre actuelle, ne seront pas faits prisonniers de
« guerre; les officiers et employés qui accepteront cette condi-
« tion conserveront leurs armes et les objets qui leur appar-
« tiennent personnellement.

« Pour reconnaître le courage dont ont fait preuve pendant la
« durée de la campagne les troupes de l'armée et de la garni-
« son, il est en outre permis aux officiers qui opteront pour la
« captivité d'emporter avec eux leurs épées ou sabres, ainsi que
« tout ce qui leur appartient personnellement.

Art. 5.

« Les médecins militaires, sans exception, resteront en ar-
« rière pour prendre soin des blessés; ils seront traités d'après
« la Convention de Genève; il en sera de même du personnel
« des hôpitaux.

Art. 6.

« Des questions de détail concernant principalement les in-
« térêts de la ville sont traitées dans un appendice, ci-annexé,
« qui aura la même valeur que le présent protocole.

Art. 7.

« Tout article qui pourra présenter des doutes sera toujours
« interprété en faveur de l'armée française.

« Fait au château de Frescaty, le 27 octobre 1870.

« *Signé :* L. JARRAS. — STIEHLE. »

APPENDICE

A LA CONVENTION MILITAIRE EN CE QUI CONCERNE LA VILLE ET LES HABITANTS.

Article premier.

« Les employés et les fonctionnaires civils attachés à l'armée
« ou à la Place, qui se trouvent à Metz, pourront se retirer où
« ils voudront en emportant avec eux tout ce qui leur appar-
« tient.

Art. 2.

« Personne, soit de la garde nationale, soit parmi les habi-
« tants de la ville, ou réfugié dans la ville, ne sera inquiété à
« raison de ses opinions politiques ou religieuses, de la part
« qu'il aura prise à la défense, ou des secours qu'il aura fournis
« à l'armée ou à la garnison.

Art. 3.

« Les malades et les blessés laissés dans la Place recevront
« tous les soins que leur état comporte.

Art. 4.

« Les familles que les membres de la garnison laissent à Metz
« ne seront pas inquiétées, et pourront également se retirer
« librement avec tout ce qui leur appartient comme les em-
« ployés civils.

« Les meubles et les effets que les membres de la garnison
« sont obligés de laisser à Metz ne seront ni pillés, ni confis-
« qués, mais resteront leur propriété. Ils pourront les faire en-
« lever dans un délai de six mois, à partir du rétablissement de
« la paix ou de leur mise en liberté.

Art. 5.

« Le commandant de l'armée prussienne prend l'engagement
« d'empêcher que les habitants soient maltraités dans leurs
« personnes ou dans leurs biens.

« On respectera également les biens de toute nature du dépar-
« tement, des communes, des sociétés de commerce ou autres,
« des corporations civiles ou religieuses, des hospices et des
« établissements de charité.

« Il ne sera apporté aucun changement au droit que les cor-
« porations ou sociétés ainsi que les particuliers ont à exercer
« les uns contre les autres, en vertu des lois françaises, au jour
« de la capitulation.

Art. 6.

« A cet effet, il est spécifié en particulier que toutes les admi-
« nistrations locales et les sociétés ou corporations ci-dessus
« mentionnées conserveront les archives, livres et papiers, col-
« lections et documents quelconques qui sont en leur posses-
« sion.

« Les notaires, avoués et autres agents ministériels conser-
« veront aussi leurs archives et leurs minutes ou dépôts.

Art. 7.

« Les archives, livres et papiers appartenant à l'Etat reste-
« ront en général dans la Place, et, au rétablissement de la
« paix, tous ceux de ces documents concernant les portions de
« territoire restituées à la France feront aussi retour à la
« France.

« Les comptes en cours de règlement, nécessaires à la justifi-
« cation des comptables ou pouvant donner lieu à des litiges, à
« des revendications de la part de tiers, resteront entre les mains
« des fonctionnaires ou agents qui en ont actuellement la garde,
« par exception aux dispositions du paragraphe précédent.

« Fait au château de Frescaty, le 27 octobre 1870.

« *Signé* : L. JARRAS. — STIEHLE.

En exécution de ce qui précède, les gardes nationaux allèrent remettre leurs armes dans les magasins qui leur avaient été indiqués; les pompiers eux-mêmes qui, dès les premiers jours du blocus, avaient eu l'honneur d'occuper le poste de l'état-major de la place, vinrent aussi déposer leurs fusils. Ce triste devoir s'accomplissait avec calme lorsque, soudain, les groupes nombreux qui se tenaient devant l'Hôtel-de-Ville cédèrent à l'indignation qui les oppressait, et voulurent prouver une dernière fois que la population messine n'avait en rien participé à l'acte de Bazaine.

Vers trois heures, un certain nombre de soldats qui portaient des faisceaux de fusils à l'arsenal furent arrêtés par quelques jeunes gens et des gardes nationaux ; en un instant, les armes furent enlevées et on organisa une manifestation aux cris de : « A bas Bazaine! » Plusieurs colonnes, précédées de drapeaux, parcoururent les rues en chantant *la Marseillaise*, et l'une de ces bandes se porta au quartier-général de la rue de la Princerie avec des intentions hostiles contre le général Coffinières, gouverneur de la Place. Celui-ci s'était fait entourer d'officiers et de protecteurs armés ; néanmoins, il fut contraint de recevoir des délégués qui l'apostrophèrent de la façon la plus violente. La bande, après avoir placé cinquante des siens les plus résolus à la porte du général, pour le tenir en charte privée et l'empêcher de fuir, revint sur la place d'Armes. Un capitaine des carabiniers de la garde haranguait les mécontents, un lieutenant d'infanterie les guidait en montrant sa poitrine découverte, et en disant : « On me « frappera le premier, là..... Venez!..... Moi, je joue ma « tête..... mais hors d'ici le Prussien ! » Dans un autre groupe, le rédacteur d'un journal de la localité se tenait à cheval et chantait *la Marseillaise*. Il ponctua sa dernière strophe en déchargeant trois coups de révolver dont les détonations effrayèrent la foule qui se mit à fuir. Jusqu'à huit heures du soir, quelques gens montés au beffroi sonnèrent tour à tour le tocsin et la Mutte (bourdon de la cathédrale). C'était l'agonie de notre malheureuse Cité. Toutefois, aucun désordre grave ne s'est produit, aucune collision n'a eu lieu entre les citoyens et la troupe commandée pour maintenir la circulation. Des groupes stationnaient sur les places et dans les carrefours, se demandant avec anxiété ce que leur apporterait le lendemain, mais ils ne se mêlèrent pas à la manifestation bruyante d'une poignée d'enfants. Le soir, la place d'Armes fut occupée par deux bataillons d'infanterie de la garde et un bataillon de ligne ; à dix heures, la foule s'était dispersée et, toute la nuit, le plus grand silence régna sur la ville.

Dans l'après-midi, on avait affiché la proclamation suivante :

VILLE DE METZ.

LE MAIRE ET LES MEMBRES DU ONSEIL MUNICIPAL

A LEURS CONCITOYENS.

« Chers Concitoyens,

« Le véritable courage consiste à supporter un malheur sans
« les agitations qui ne peuvent que l'aggraver.

« Celui dont nous sommes tous frappés aujourd'hui nous at-
« teint sans qu'aucun de nous puisse se reprocher d'avoir, un
« seul jour, failli à son devoir.

« Ne donnons pas le désolant spectacle de troubles intérieurs,
« et ne fournissons aucun prétexte à des violences ou à des
« malheurs nouveaux et plus complets encore.

« La pensée que cette épreuve ne sera que passagère, et que
« nous, Messins, n'avons assumé dans les faits accomplis aucune
« part de responsabilité devant le pays et devant l'histoire doit
« être en ce moment notre consolation.

« Nous confions la sécurité commune à la sagesse de la popu-
« lation.

« Félix Maréchal, *Maire*. — Boulangé. — Bastien. —
« Noblot. — Géhin. — de Bouteiller. — Blondin.
« — Bezanson. — Gougeon. — Bultingaire. —
« Moisson. — Simon. — Favier. — Marly. — Sturel.
« — Geisler. — Prost. — Worms. — Collignon. —
« Rémond. — Puyperoux. — Salmon. — Général
« Didion — et Schneider. »

VII.

Le 29 octobre, dès le matin, Metz offrit le spectacle le plus désolant : la statue de Fabert avait été voilée d'un long crêpe noir, quelques soldats de garde à l'Hôtel-de-Ville marchaient silencieux et abattus auprès de leurs fusils en faisceaux. Les femmes avaient pris des vêtements de deuil, et les hommes se lamentaient en comptant les dernières minutes qui leur restaient avant de changer de maîtres. Aux termes de la capitulation, les troupes françaises furent désarmées, puis conduites aux lieux indiqués, et les officiers, après avoir été présentés au vainqueur, revinrent en ville. On les voyait passer, la tête basse et les yeux noyés de larmes, en même temps que de nombreux bataillons prussiens entraient dans la Place, musique en tête et enseignes déployées. Le sacrifice était consommé !... Jusqu'au soir les rues et les places publiques furent occupées militairement, et, pendant la nuit, des piquets de soldats allemands demeurèrent sous les armes pour garder les carrefours.

Le roi Guillaume avait fait connaître à la reine Augusta la reddition de Metz par un télégramme ainsi conçu :

« Quartier-général, jeudi 27 Octobre 1870.

« *Le roi Guillaume à la reine,*
   « *A Hombourg.*

(Officiel.) « Ce matin, l'armée de Bazaine et la forteresse de Metz ont capitulé. — 150,000 prisonniers, y compris 20,000 blessés et malades, sont entre nos mains.

« Cette après-midi, l'armée et la garnison déposeront les armes.

« C'est un des évènements les plus importants de ce mois. Grâces soient rendues à la Providence.

« GUILLAUME. »

D'autre part, le prince Frédéric-Charles adressait à ses soldats l'ordre du jour que voici :

« Corny, sous Metz, 27 octobre 1870.

« Soldats de la 1re et de la 2e armée,

« Vous avez livré des combats, vous avez cerné l'ennemi vaincu par vous dans Metz durant soixante-dix jours, jours bien longs, dont la plupart ont ajouté à l'honneur et à la gloire de vos régiments, mais dont aucun n'a laissé une tache. Vous n'avez pas laissé la moindre issue à un vaillant ennemi jusqu'à ce qu'il mît bas les armes. C'est fait.

« Aujourd'hui donc, cette armée qui compte encore 173,000 hommes, la meilleure armée de la France, forte de cinq corps, y compris la garde impériale, a capitulé avec trois maréchaux de France, plus de cinquante généraux et plus de 6,000 officiers, et même Metz l'imprenable !

« Avec ce boulevard, d'immenses approvisionnements en canons, armes et matériel de guerre sont tombés aux mains du vainqueur.

« Les lauriers sanglants, vous les avez cueillis par votre

« valeur dans la bataille de Noisseville et dans les combats au-
« tour de Metz, plus nombreux que les localités d'alentour qui
« leur ont donné leur nom.

« Je reconnais volontiers et avec gratitude votre bravoure,
« mais pas seulement cette bravoure. J'estime presque plus haut
« votre discipline, votre persévérance, votre fermeté patiente
« au milieu des privations et des souffrances. C'est ce qui ca-
« ractérise le bon soldat.

« Le grand et mémorable succès de ce jour a été préparé par
« les batailles que nous avons livrées avant d'investir Metz, et,
« —disons-le avec reconnaissance,—par le roi lui-même, par les
« corps qui l'ont suivi dans sa marche en avant, et par tous ces
« chers camarades qui ont trouvé la mort sur le champ de
« bataille ou qui ont succombé aux suites de leurs blessures.
« Voilà ce qui a rendu possible la grande œuvre que vous
« voyez aujourd'hui accomplie avec la grâce de Dieu, à savoir :
« la puissance de la France brisée à jamais.

« La portée de l'évènement de ce jour est incalculable.

« Soldats! vous, qui à cette fin avez été réunis sous mes
« ordres devant Metz, vous allez bientôt vous rendre à de nou-
« velles destinations. Je dis adieu aux généraux, officiers et
« soldats de la 1re et de la 2e armée, et à la division Kummer,
« et je vous souhaite de nouveaux succès.

« Le Général de cavalerie,
« FRÉDÉRIC-CHARLES. »

De son côté, le roi de Prusse transmit, de Versailles, la proclamation suivante à l'armée :

« Soldats des armées alliées allemandes,

« Lorsqu'il y a trois mois, nous entrâmes en campagne con-
« tre un ennemi qui nous avait provoqués à la guerre, je vous
« exprimais la confiance que Dieu protégerait la juste cause.

« Cette confiance n'a pas été trompée.

« Depuis le jour de Wissembourg où nous avons rencontré
« pour la première fois l'armée ennemie, jusqu'à ce jour où je

« reçois l'annonce de la capitulation de Metz, les noms de batai-
« les et de combats nombreux ont été gravés en caractères inef-
« façables dans les annales de l'histoire militaire.

« Je rappelle les journées de Wœrth et de Sarrebrück, les
« batailles sanglantes autour de Metz, les combats de Sedan,
« Beaumont, Strasbourg, Paris, et autres; chacun de ces com-
« bats a été pour nous une victoire. Nous pouvons nous rappe-
« ler cette époque avec la fière conscience que jamais guerre
« plus glorieuse n'a eu lieu.

« Vous êtes dignes de votre gloire, je vous le dis avec satis-
« faction. Vous avez fait preuve de toutes les vertus qui hono-
« rent particulièrement le soldat, le plus haut courage dans les
« combats, la persévérance, l'abnégation dans les maladies et
« les privations.

« Par la capitulation de Metz, la dernière des armées enne-
« mies qui nous menaçaient au début de la guerre vient d'être
« anéantie. Je saisis ce moment pour vous exprimer à vous tous
« et à chacun, général ou soldat, ma satisfaction et ma recon-
« naissance. Je désire vous honorer tous en nommant au grade
« de Feld-maréchal général mon fils, le prince royal, et le gé-
« néral de cavalerie Frédéric-Charles de Prusse, qui récemment
« vous ont si souvent conduits à la victoire.

« Quoi que l'avenir nous réserve, je l'attends avec calme, car
« je sais qu'avec de pareilles troupes la victoire ne nous fera
« pas défaut, et que nous accomplirons notre tâche aussi glo-
« rieusement que nous l'avons poursuivie jusqu'à présent.

« Quartier-général de Versailles, 28 octobre 1870.

« GUILLAUME. »

On a dit que l'Allemagne avait illuminé et fêté par des salves d'artillerie la nouvelle de la capitulation. En effet, c'est l'usage du vainqueur de célébrer ainsi les succès que la guerre lui procure, et il ne prend souci ni des larmes ni des deuils qui affligent son propre pays. Mais, il n'est pas indifférent d'opposer à cette allégresse de commande la désolation sincère qui, chez le vaincu, fait gémir tant de malheureux trahis par les hommes autant que par l'inconstante fortune.

Les troupes françaises avaient laissé leurs camps et retranchements dans un état horrible à voir : ce n'étaient partout que carcasses déchiquetées et cadavres de chevaux encore frais, sur lesquels on avait taillé de larges quartiers de viande. Des lambeaux de chairs sanglantes, des restes sans nom parsemaient le terrain ; la boue, la corruption, la puanteur faisaient fuir de ces champs où nos soldats avaient vécu. Des mules errant à l'aventure, des chevaux abandonnés au piquet, des chariots renversés, quelques tentes à moitié pourries ; voilà ce qui restait de ces magnifiques bivouacs que nous avions tant de fois admirés. Hors de la ville, les environs jadis si riants ne présentaient que ruines, douleurs, famine, misère et maladies. Toutes ces belles promenades qui s'étendaient aux portes de Metz, ces pavillons coquets, ces élégantes maisonnettes, ces ravissants jardins où le bourgeois et l'ouvrier venaient se délasser, tout cela est démoli, ravagé. On n'aperçoit plus un arbre dans le vaste rayon où Français et Prussiens voulaient attaquer et se défendre ; Metz avec ses fortifications apparaît comme un point noir au milieu d'une plaine immense sur laquelle un effroyable ouragan aurait tout entraîné, tout saccagé. Et pourquoi tant de dévastations ? Pour arriver au désastre honteux que chacun connaît.

Nous empruntons à une correspondance de la *Gazette de Cologne* la description de l'aspect de Metz au moment de l'entrée des Prussiens :

« Quand je passai sur le pont, près la porte Serpenoise, Sedan
« me revint à l'esprit comme je l'avais vu le lendemain de la
« capitulation. C'étaient les mêmes rues étroites remplies de

« soldats désarmés, portant leurs petits paquets sous le bras,
« une foule bariolée d'hommes dont les visages n'exprimaient
« que deux sentiments : une résignation passive ou une sombre
« ironie. Les bourgeois aux fenêtres ou aux portes, les compères
« causant en groupes, les vainqueurs et les vaincus l'un à côté
« de l'autre, mais irréconciliables comme l'huile et l'eau. Les
« magasins fermés avec ostentation ou à demi ouverts par con-
« trainte, derrière les grilles des bouchers des quartiers de
« cheval. Les femmes en deuil évitant de regarder le vainqueur
« détesté, les hommes s'effaçant d'un air qui pouvait passer
« pour de la politesse, mais qui, en réalité, n'était pas plus
« inoffensif qu'une grenade chargée. »

Nous n'avons rien à modifier à ce tableau très-exacte-
ment tracé par la *Gazette de Cologne,* et il ne nous reste
plus qu'à conclure comme son correspondant :

« Inutile pour les générations à venir que nous espérions
« trouver chez cette population des sympathies pour nous. Ils
« nous haïssent plus que nous ne haïssons les Français, et si
« Metz doit rester à l'Allemagne, il faudra qu'un régiment de fer
« l'occupe. Toute bienveillance, toute douceur seraient mécon-
« nues par les Messins, et les bienfaits seraient semés sur un
« terrain de pierre. »

Telle est aussi notre pensée, car ce serait une chimère de
croire que Metz pût, comme Francfort, la Saxe et le Ha-
nôvre, confondre ses intérêts avec ceux de la Prusse. Pour
obéir à de pareilles influences, il faut que les pays se com-
prennent en parlant la même langue, et qu'ils puissent
avoir un but commun, sinon l'assimilation devient impossible ainsi qu'on l'a vu à Luxembourg qui, après cinquante
années de contact avec le gouvernement fédéral, n'avait
pu s'assouplir à la domination germanique. Metz n'a au-

cune des allures d'une ville allemande; elle est essentiellement française de caractère, d'intérêts et d'aspirations; voilà pourquoi elle ne pourra jamais devenir une ville prussienne. Les vainqueurs paraissent ne pas l'ignorer; néanmoins, nous le répétons de peur qu'ils ne l'oublient, et nous disons aussi, en vue des négociations à intervenir, « *Indocti discant, et ament meminisce periti* (1). »

Pendant les premiers jours qui suivirent la prise de possession de Metz, la ville présentait un contraste frappant. Les maisons restent fermées, les habitants sont silencieux et mornes, mais dans les rues règne une grande animation. Officiers et soldats français, qui ne semblent pas se hâter de partir en captivité, circulent au milieu des Prussiens. D'immenses convois militaires traversent la ville en même temps que de longues files de véhicules retournent vers les villages, et transportent les malheureuses familles qui avaient quitté les campagnes pour se réfugier dans la forteresse. Les charrettes sont chargées de caisses, de lits, de matelas, de meubles, de batteries de cuisine; les pauvres gens reportent ces objets dans leurs demeures vides et probablement à demi démolies. Les femmes et les filles vous regardent avec leurs yeux rouges de larmes, les hommes détournent leur sombre visage, et cette procession se déroule triste et lente, s'arrêtant à chaque pas, car le chemin est barré par des voitures de maraîchers entourées de groupes affamés ou de ménagères aux abois. On voit de malheureux soldats

---

(1) Aujourd'hui la conquête de Metz par l'Allemagne est un fait accompli, mais on a pu voir déjà quelques-unes des conséquences de cette faute que l'aveuglement de la victoire ne saurait lui-même excuser. L'avenir ne peut que compliquer une pareille situation, et certainement il faudra la dénouer soit par un traité soit par la force des armes. Mais c'est sur nous-mêmes que nous devons compter, et non pas sur les Allemands. Soyons prudents, devenons réfléchis, apprenons ce qu'il nous faut savoir, et peut-être un jour pourrons-nous arracher nos chères provinces au joug de l'étranger.

tendre la main et mendier un morceau de pain que les Prussiens partagent avec eux ; d'autres, ivres et chancelants, profèrent contre Bazaine les insultes les plus méprisantes, et mêlent leur voix aux malédictions dont tout Metz accable celui qui l'a livrée.

Aussi, l'autorité allemande prit-elle, sans plus de retard, des mesures énergiques pour faire cesser cet affreux état de choses.

Dès le 30 octobre, avait paru la Proclamation suivante :

« AUX HABITANTS DE METZ.

« La forteresse de Metz a été occupée hier par les troupes
« prussiennes, et le soussigné est provisoirement Commandant
« de la forteresse.
« Je saurai maintenir entre les troupes la discipline prus-
« sienne éprouvée. La liberté des personnes et la propriété sont
« garanties. Les charges qui incomberont, ces jours-ci, aux
« habitants avant que les affaires ne soient tout-à-fait réglées
« doivent être portées, et je reconnaîtrai si les habitants sauront
« apprécier les circonstances.
« Où je rencontrerai de la désobéissance j'agirai avec toute
« sévérité, et d'après les lois de la guerre.
« Celui qui mettra en danger les troupes allemandes ou leur
« portera préjudice par des actions perfides sera traduit devant le
« Conseil de guerre. Celui qui servira d'espion aux troupes fran-
« çaises, ou logera des espions français, ou leur prêtera assis-
« tance, qui montrera volontairement les chemins aux troupes
« françaises, qui tuera, blessera, ou volera les troupes alleman-
« des ou les personnes appartenant à leur suite, qui détruira les
« canaux, chemins de fer ou lignes télégraphiques, qui rendra
« les chemins impraticables, qui mettra le feu aux munitions ou
« provisions de guerre, enfin qui prendra les armes envers les
« troupes allemandes sera puni de mort.

« Arrêté :

« 1° Les maisons dans lesquelles ou hors desquelles on com-

« mettra des actes d'hostilité envers les troupes allemandes ser-
« viront de casernes ;

« 2° Plus de dix personnes ne pourront se rassembler dans
« les rues ou sur les places publiques ;

« 3° Toutes les armes qui se trouvent entre les mains des
« habitants doivent être livrées jusqu'à lundi, 31 octobre, qua-
« tre heures de l'après-midi, au palais de la division, rue de la
« Princerie ;

« 4° Toutes les fenêtres doivent être éclairées en cas d'alarme
« pendant la nuit.

« Metz, le 30 octobre 1870.

« *Le Lieutenant-Général de division*
« *et Commandant.*

« Von KUMMER. »

Le même jour, on afficha un avis conçu en ces termes :

AVIS.

« D'après l'article III de la capitulation, datée de Frescaty
« 27 octobre 1870, les soldats français de Metz sont devenus
« prisonniers de guerre et devaient sortir, hier, avec leurs régi-
« ments. Néanmoins, je vois beaucoup de soldats français dans
« la ville, qui sont prisonniers de guerre. J'ordonne que tous
« les soldats français qui sont restés dans la ville, et qui sont
« valides, se rendent aujourd'hui, dimanche jusqu'à quatre heu-
« res de l'après-midi, dans la caserne Chambière pour se pré-
« senter comme prisonniers de guerre. A partir de cette heure,
« je ne permettrai le séjour dans la forteresse à aucun soldat
« français qui ne pourra exhiber son autorisation, et j'ai donné,
« par conséquent, les ordres les plus sévères en vertu de mon
« pouvoir.

« *Le Lieutenant-Général de division*
« *et Commandant,*

« Von KUMMER. »

Nos pauvres soldats ne s'empressèrent pas de se rendre à cet avis, et, trois jours après, on lisait sur les murs de Metz une nouvelle affiche portant ce qui suit :

AVIS

AUX SOLDATS FRANÇAIS.

« *J'ordonne par la présente* aux soldats français prisonniers de
« guerre qui se trouvent toujours sans autorisation dans la for-
« teresse et aux environs de se rendre *immédiatement* au fort
« Saint-Julien. Dans le cas contraire, ils seront eux-mêmes
« cause des mesures sévères qui seront prises contre eux pour
« leur désobéissance.

« Metz, le 2 novembre 1870.

» *Le Lieutenant-Général de division et Commandant,*
« Von KUMMER. »

Un premier convoi de 500 officiers généraux, supérieurs et autres partit de Metz le 30 octobre à 5 heures du soir. Le lendemain, à 10 heures du matin, un train de Metz à Mayence, par Nancy, fut organisé pour les généraux et officiers d'état-major. Le 1er novembre, à la même heure, un troisième convoi de généraux et officiers supérieurs quitta notre ville, et un ordre du Gouverneur prussien fixa comme il suit le départ des officiers subalternes français :

Mardi, 1er novembre 1870.

« 1er *Train*. — 9 heures 30 minutes du matin, à la gare de
« Metz, par la ligne de Metz-Saarbrück, — la garnison de Metz.
« 2e *Train*. — 11 heures 30 minutes du matin, — la garde im-
« périale, la division de cavalerie de réserve, le génie.
« 3e *Train*. — 1 heure 30 minutes du soir, — 6e corps (Canro-
« bert), division Forton.

« 4ᵉ *Train*. — 4 heures 15 minutes du soir, — 2ᵉ corps (Fros-
« sard), brigade Lapasset.
« 5ᵉ *Train*. — 6 heures 15 minutes du soir, — 4ᵉ corps (Le
« Bœuf.)

Mercredi, 2 novembre 1870.

« 6ᵉ *Train*.—6 heures 15 minutes du soir, — 4ᵉ corps (Ladmi-
« rault.)
« MM. les officiers sont priés d'arriver avec leurs effets
« évent. (?), domestiques, à la gare de Metz, au moins une heure
« avant le départ du convoi, et de bien vouloir se présenter pour
« indiquer leurs noms à un officier prussien qui se trouvera à
« la gare.
« La direction n'ayant pas assez de wagons de personnes se
« trouve dans la fâcheuse nécessité de devoir faire usage d'autres
« wagons, mais qui seront couverts. Ces messieurs sont priés
« de prendre les mesures nécessaires afin de pouvoir s'asseoir
« en route, le Maire de la ville ayant déclaré ne pouvoir fournir
« des siéges.

« Metz, le 31 octobre 1870.

« *Le Lieutenant-Général de division et Commandant,*
« Von KUMMER. »

Chaque jour, jusqu'au 4 novembre, deux trains furent assignés aux officiers pour se rendre en Allemagne; cependant, tous n'étaient pas partis à cette date, et la communication suivante vint leur rappeler que le vainqueur ne les perdait point de vue :

AVIS

A MM. LES OFFICIERS FRANÇAIS.

« MM. les officiers français valides qui n'ont pas donné leur
« parole d'honneur, et qui se trouvent néanmoins encore dans la
« ville, sont priés instamment de se rendre demain matin (6
« novembre), entre 8 heures et midi, à la gare, et de s'adresser

« au capitaine Steinhausen pour prendre des renseignements
« sur le départ du 7 courant.

« MM. les officiers qui ne se rendront pas à cette invitation
« seront eux-mêmes la cause des mesures sévères qui seront
« prises contre eux.

« Metz, le 5 novembre 1870.

» *Le Lieutenant-Général de division et Commandant,*
« Von KUMMER. »

Le lendemain, ce fut le tour des officiers blessés et malades qui reçurent un avis ainsi conçu :

« MM. les officiers français blessés ou malades sont prévenus
« qu'il ne leur sera délivré un sauf-conduit que dans le cas où
« ils pourront présenter un certificat du médecin en chef prussien à Metz, constatant qu'ils sont totalement invalides.
« MM. les officiers en voie de guérison sont obligés de donner leur parole d'honneur s'ils veulent retourner dans leurs
« foyers ; ceux qui ne la donneront pas seront considérés comme
« prisonniers de guerre, et devront partir pour l'Allemagne.
« Dans ce cas, ils doivent se présenter au Gouverneur pour
« prendre des renseignements sur les départs.

« Metz, le 6 novembre 1870.

« *Le Lieutenant-Général de division*
« *et Commandant,*
« Von KUMMER. »

A partir de ce moment, il ne resta dans la Place que les médecins et quelques officiers qui, par suite de fonctions spéciales, devaient prolonger leur séjour à Metz. L'armée française ne fut plus représentée en ville que par ses plus tristes débris, et il était navrant de voir ces malheureux soldats, revêtus d'uniformes d'une nuance douteuse, se traîner péniblement, marcher à l'aide de béquilles, ou la tête enveloppée de linge, ou le bras en écharpe, haves, défaits, amaigris, et les traits dévastés par les souffrances et les privations.

Le 9 novembre, le lieutenant-général von Lœwenfeld remplaça au commandement de la Place le lieutenant-général von Kummer, et son premier acte fut de déclarer les Francs-Tireurs de Metz prisonniers de guerre, en leur enjoignant de se rendre, sans délai, à la caserne Chambière pour se présenter à l'officier du jour.

L'administration civile allemande s'installait également en ville, après avoir offert aux fonctionnaires français de continuer leur service. Aucun de ces derniers n'accepta, et tous refusèrent de prêter serment au roi Guillaume. Seule, la Magistrature était invitée à rester en fonctions sans qu'on l'astreignît à la formalité du serment, mais la Cour de Metz, après une délibération prise à l'unanimité, fit répondre aux autorités allemandes que les circonstances présentes ne lui paraissaient pas offrir les garanties de liberté et d'indépendance nécessaires à l'œuvre de la justice, et, qu'en conséquence, elle suspendait ses séances.

Le jour même de l'occupation prussienne, parut l'avis suivant :

« Le préfet de la Lorraine allemande informe le public qu'il
« vient de transférer sa résidence de Sarreguemines à l'hôtel de
« la préfecture de Metz.

« Le Sous-Préfet de Metz, jusqu'à ce jour à Faulquemont, ré-
« sidera au même hôtel.

« Les bases de l'administration départementale, comme d'ail-
« leurs de toute administration allemande, seront : bienveil-
« lance, impartialité et loyauté.

« Metz, le 29 octobre 1870.

« *Le Préfet de la Lorraine allemande,*
« Comte HENCKEL-DONNERSMARCK. »

Le service postal fut rétabli à Metz le 30 octobre 1870, avec un Directeur en chef des postes de la Lorraine allemande (1).

Enfin le 4 novembre, on afficha sur les murs de la ville un document que nous reproduisons sans rien changer ni de son style ni de son orthographe.

PROCLAMATION
POUR LE DÉPARTEMENT DE LA MOSELLE.

« J'ordonne d'après le § 18, II partie du code militaire prus-
« sien, pour le département nommé ci-dessus, pour toutes les
« personnes qui ne comptent pas parmis les troupes de l'armée
« française énnemie, et qui occasionnent à dessin un domage ou
« un danger quelconque à l'armée de S. M. le Roi de Prusse et
« de ses Augustes Alliés, ou qui assistent à l'armée énnemie,
« de paraître devant le tribunal militaire.

« La peine de mort sera prononcée :

« A) Contre tous ceux qui servent d'éspions à l'énnemi ou qui
« reçoivent, cachent, ou assistent des éspions d'énnemi.

« B) Contre tous ceux qui, comme guides, montrent de bon
« grès les chemins aux troupes des énnemis, ou qui comme tels
« montrent à dessin de fautes routes à nos troupes ;

« C) Contre tous ceux qui, par vengence ou par cupidité,
« tuent, blessent, ou volent à dessin des personnes appartenants
« à nos troupes ou à leurs suites ;

« D) Contre tous ceux qui détruisent les ponts, les caneaux,
« les chemins de fer et coupent les télegraphes, qui rendent
« inpracticables les routes, et qui mettent le feu aux provisions

---

(1) Ce Directeur se nommait HACKE.
Parmi les autres fonctionnaires administratifs prussiens nommés à Metz, les plus connus étaient :
MM. BACK, sous-préfet de l'arrondissement ; Von STŒPHASIUS, directeur de la police ; DANIEL, directeur des contributions de la Lorraine allemande ; HAFEN, contrôleur des contributions ; JESSE, receveur des postes.
M. JAHN, directeur royal du chemin de fer, à Sarrebrück, fut chargé de l'exploitatton de la ligne de Metz et Frouard.

« des munitions de vivres et d'autres provisions de guerre ou
« aux quartiers militaires des troupes ;

« E) Contre tous ceux qui prennent les armes contre nos
« troupes. »

« H. Q. Metz, le 4 novembre 1870.

« *Le Général en chef.*

« V. ZASTROW. »

Les Prussiens, traînant à leur suite une foule de trafiquants de toute espèce, envahirent Metz, et d'innombrables colonnes de troupes ne cessèrent de passer (1), requérant le gîte, et imposant aux bourgeois l'obligation de fournir quatre plats à chaque repas d'officier, ou de payer une contribution de six francs par jour et par tête. La ville prit à sa charge cette dernière indemnité, bien qu'elle dût déjà subvenir pour une large part aux frais de passage des hommes de guerre, et entretenir dans divers hôtels un nombre déterminé de tables et de couverts (2). Tous les monuments et établissements publics furent occupés par les Prussiens qui s'établirent aussi dans un grand nombre de maisons particulières.

---

(1) On annonce en effet que toutes les troupes qui ont participé de près ou de loin au blocus ont obtenu la faveur de traverser la ville.
(Moniteur de la Moselle, du 11 novembre 1870.)

(2) « L'autorité militaire prussienne impose aux habitants chargés de
« loger des officiers l'obligation de les nourrir ou de payer, pour tenir
« lieu de la nourriture, une indemnité de 6 francs par jour. Sur l'avis con-
« forme de la commission des logements militaires, le conseil décide que
« la ville prendra à sa charge l'indemnité dont il s'agit. Cette mesure a
« pour but de répartir équitablement l'obligation entre tous les habitants,
« et d'éviter les divers inconvénients que pourrait entraîner la fourniture
« directe des repas par les citoyens. »
(Séance du conseil municipal de Metz, du 2 novembre 1870.)

« Avis est donné au Conseil que l'autorité prussienne a adhéré à la
« mesure prise au sujet de la nourriture des officiers logés chez l'habitant.
« La nourriture ne sera plus exigée de celui-ci, à charge par la ville de
« payer tous les cinq jours l'indemnité stipulée. »
(Séance du 3 novembre 1870.)

« Les dépenses extraordinaires que les circonstances imposent à la ville
« (dont l'encaisse est tout entier aux mains de l'Etat), deviennent chaque
« jour plus considérables. L'emprunt de 100,000 francs, voté le 2 courant,

Les drapeaux français furent enlevés, et les couleurs de la Confédération allemande flottèrent sur le portail de la Préfecture. Seul, notre pavillon national qui surmonte la flèche de la cathédrale n'a pu être arraché, et il semble, aujourd'hui encore, protester contre la présence des Allemands dans la vieille cité des rois d'Austrasie.

Metz, la plus fière des villes françaises, Metz, qui n'avait jamais subi pareil outrage, était là pantelante sous le régime prussien.

Aussitôt après la capitulation, plusieurs caravanes de dames hospitalières, partie religieuses, partie laïques, entrèrent à Metz. Dans ce nombre figuraient des diaconnesses venues d'Allemagne, et deux groupes de dames belges conduites par M. Kayser, pharmacien à Bruxelles, membre du Comité de la Croix-Rouge. — Elles se trouvaient placées sous la direction des chevaliers de Saint-

---

« est insuffisant pour y faire face : l'indemnité due pour la nourriture des
« officiers logés chez l'habitant a coûté près de 18,000 francs pour les cinq
« premiers jours, et il faudra y ajouter les dépenses faites pour les États-
« Majors dans les divers hôtels de la ville, les frais d'ameublement des
« bâtiments occupés par les généraux, etc., etc. La commission des finances
« estime que, pour parer aux charges qui nous grèvent et menacent de
« nous grever encore, il faut recourir à un deuxième emprunt dont elle
« fixe l'importance à 500,000 francs. Le conseil décide qu'un emprunt de
« cette importance sera réalisé........ »
(Séance du 10 novembre 1870.)

« Ajoutons que M. le préfet de la Lorraine allemande avait décidé, le 2
« novembre 1870, que la ville de Metz prélèverait les droits d'octroi comme
« par le passé.

« De plus, dans sa séance du 10 décembre 1870, le conseil municipal
« décida qu'en considération des charges énormes imposées à la ville
« depuis l'occupation, les droits d'octroi seraient établis de la manière
« suivante, à partir du 11 du même mois, savoir :

	Sur les Vins.	Sur les Alcools.
« Taxe principale..................	3 fr. 50	56 fr. 85
« — additionnelle...............	0 75	10 40
« — extraordinaire..............	1 25	22 75
« Ensemble par hectolitre	5 50	90 »

» Il décida, en outre, que ces droits seraient perçus sur les liquides entrés
« en entrepôt à partir du 29 octobre 1870.

Jean qui, on le sait, fournissent des secours de tout genre aux malades ou aux blessés des nations belligérantes, sans distinction.

Une ambulance volante du même pays, avec MM. F. Eloin, Barbier (de Liège), Coomans (d'Anvers) et Willems (de Gand), distribua aussi de nombreux secours. Aidée par la *société du Pain*, de Bruxelles, que dirige M. Astruc, grand-rabbin de cette ville, elle pourvut à l'alimentation de 90 blessés, et Mme Astruc se rendit de Bruxelles à Metz pour présider elle-même à la répartition des ressources recueillies en Belgique. Rien n'était plus curieux que la colossale voiture de cette ambulance ; on la rencontrait attelée de quatre vigoureux chevaux, et dirigée par un chef à longue barbe. Elle visitait successivement tous les hôpitaux, répandant partout des quantités de vêtements de laine qui furent pour nos malades un inestimable bienfait.

Parmi les secours que nous fournit la Belgique, on doit citer particulièrement ceux apportés par Mme la Baronne de Combrugghe. Cette dame, et quatre de ses compatriotes ont pris la direction et la charge de l'ambulance établie dans les magasins de l'artillerie, près de la citadelle. Là, 500 malades reçurent les soins les plus délicats, et deux fourneaux fonctionnèrent pour la nourriture de ceux dont l'état réclamait un régime particulier.

Nommons encore Lady Pigot qui vint d'Angleterre à Metz pour se consacrer à nos pauvres soldats mutilés ou prisonniers, et leur distribuer, en vivres et en vêtements, une partie de sa fortune personnelle.

Les dames de Metz accueillirent avec bonheur ces nobles étrangères, leurs sœurs en charité, qui se présentaient pour les relever des fonctions dont elles s'étaient acquittées avec tant de courage et de dévouement pendant trois mois.

La société liégeoise pour les secours à apporter aux blessés et aux victimes de la guerre envoya, comme délégués, MM. Edmond Heuschling, Charles Thuillier et Edouard Sarazin. Ils amenaient un chargement de différentes denrées, d'effets d'habillement, de tabac, etc., qu'ils ont partagés entre tous ceux qui avaient souffert des malheurs du blocus. Ses soins s'appliquèrent principalement aux habitants des villages les plus éprouvés, et elle s'efforça de leur procurer les semailles nécessaires en vue de la prochaine campagne.

On remarqua également l'ambulance hollandaise, présidée, à La Haye, par M. Scherff, et dont le correspondant à Metz, le colonel néerlandais Mascheck, rivalisa d'abnégation avec M. Teissandier-Lambarède, de l'ambulance luxembourgeoise. Elle s'installa au Jardin Fabert et rendit les plus grands services dès les premiers jours de novembre.

Une autre association, *la Luxembourgeoise pour secourir les blessés*, s'empressa d'accourir à Metz aussitôt que le protocole définitif eût été mis à exécution. MM. Charles Munchen, Antoine Pescatore, de la Fontaine, Simonis, de la Marche, Gustave Metz, Dutreux, et d'autres encore amenèrent trente voitures chargées de vivres. Ils se multiplièrent pour faire le bien, et des milliers de voix s'élevèrent pour bénir ces hommes courtois et magnanimes.

La société britannique de secours pour les militaires malades ou blessés fit parvenir dans notre ville d'immenses approvisionnements de toute espèce. Vingt employés, sous la direction du capitaine Brackenbury, de l'artillerie royale, et de M. Ramsay-Bushnan, travaillèrent nuit et jour pour opérer les distributions. La bienfaisance des Anglais fut admirable d'élan, et elle a témoigné du plus grand dévouement pour les douleurs causées au milieu de nous.

Enfin, sous les auspices du Comice agricole de Metz, présidé par M. H. Maguin, il se forma une Association de secours aux habitants des campagnes. Elle se mit en rapports avec une société anglaise analogue, représentée dans notre ville par MM. Thomas William Pumphrey, Daniel Hack, le docteur Lewis, William Jones, et les deux institutions se concertèrent pour répartir leurs bienfaits.

Comme on le voit, tous les pays fournirent leur contingent d'abnégation, et ce fut une consolation pour Metz d'exprimer sa gratitude à ceux qui, de si loin, avaient songé à la secourir.

L'autorité prussienne protégea avec une louable libéralité ces œuvres couvertes par la Convention de Genève, et qui sont au plus haut degré dignes d'admiration, parce qu'elles protestent éloquemment contre les folies atroces qui répandent le deuil et la désolation sur de vastes provinces, sans que les vainqueurs eux-mêmes en puissent recueillir autre chose que des remords et des leçons de barbarie.

Ah! si l'esprit qui anime ces humbles et glorieux soldats de la bienfaisance publique était plus répandu dans notre société européenne, nous n'assisterions pas aux affligeants spectacles de destruction et de mort qui sont la honte de la civilisation. Si l'histoire est véridique et juste, elle gardera les noms de ces généreux citoyens qui consacrent leur intelligence, leur activité et leur fortune à réparer les affreux ravages causés par l'orgueil de quelques potentats. Ces derniers, malgré les actes dont ils se font gloire, seront en exécration comme des fléaux; les autres, au contraire, seront vénérés comme les bienfaiteurs de l'humanité. Honneur donc à ceux qui viennent apporter au milieu des belligérants, bien plus que des paroles de paix, des exemples de charité et de dévouement.

ÉPILOGUE

VIII.

On a dit que l'Empereur avait eu de la répugnance pour la guerre, et que M. Emile Ollivier, l'homme au *cœur léger*, la combattait aussi. Nous n'en croyons rien, car acceptant même le fait comme exact, il n'y aurait pas moyen d'admettre que l'Empereur ait eu la main forcée par la nation française. Il est certain que l'exaltation un peu chauvine d'une grande partie de la population doit avoir une part dans cette affreuse guerre, mais elle est née des circonstances que l'Empereur a créées. En favorisant, par ses entretiens confidentiels de Biarritz avec M. de Bismarck, l'agrandissement de la Prusse, Napoléon III avait d'avance placé la France dans une situation d'infériorité qui s'aggrava ensuite par le refus, devenu officiel, du Ministre prussien d'accorder à son allié tacite aucun dédommagement. En 1866, nous n'avions qu'une politique à suivre : mettre 200,000 hommes sur nos frontières de l'Est, et, sans tirer un coup de fusil, nous empêchions Sadowa de produire au centre de l'Europe le géant qui nous écrase aujourd'hui.

Depuis cette époque, l'Empire avait à la fois contenu et entretenu, selon les circonstances, les jalousies de la France, attendant une occasion favorable de guerre.

Peut-être a-t-il hésité au moment de jouer son va-tout sur l'incident de la candidature du prince de Hohenzollern, mais lorsque M. de Gramont est venu, le 6 juillet, apporter à la tribune du Corps Législatif la grossière provocation qu'ont applaudie la servilité de la droite et du centre et le fanatisme belliqueux d'un certain nombre d'esprits superficiels, l'Empire a voulu et a fait seul une guerre qu'avec un peu de prudence il aurait pu éviter.

Il tenait tellement à cette guerre, tout en paraissant réclamer le *placeat* des Chambres françaises, qu'il a dû les tromper pour obtenir une sanction dont il croyait pouvoir se couvrir contre toute éventualité. On a vu alors l'un de ses Ministres, le maréchal Le Bœuf, venir affirmer sur l'honneur que tout était prêt pour commencer les hostilités. Pense-t-on que si la parole d'un Maréchal de France, d'un Ministre de la guerre, n'avait pas été engagée de la sorte, les Députés eussent consenti à lancer le pays dans une entreprise aussi gigantesque? Pense-t-on que la foule eût montré un tel enthousiasme au départ des troupes, et crié : « Vive la guerre ! » si elle avait su que l'heure était précisément celle choisie par la Prusse, et que, depuis plusieurs jours, ses soldats marchaient contre la Lorraine et l'Alsace ? — Non. — L'empire avait été dans le passé le premier préparateur de la guerre, il en a été, en 1870, le promoteur décisif et l'artisan coupable. Il a même poussé la démence jusqu'à n'opposer que des forces insuffisantes aux douze cent mille soldats de l'Allemagne.

Au milieu de tant de fautes, la plus grave de toutes est d'avoir ouvert les hostilités sans plan de campagne, sans forteresses armées, sans approvisionnements dans les places, sans organisation dans les corps de troupes, et sans avoir rien préparé pour assurer le succès, rien prévu pour l'éventualité d'un revers. Il ne nous appartient pas de faire ici de la stratégie, et nous laissons aux hommes du métier le soin de dire quelle conduite on devait tenir ; mais nous constatons qu'on n'a marché que d'échecs en échecs, et qu'au milieu du plus complet désarroi, les défaillances se sont accumulées sur mille imprévoyances ou méprises. Il aurait fallu une main ferme, un cœur droit, un esprit élevé, un homme de caractère et de dévouement pour rétablir la situation ; Bazaine, investi du commandement en chef, était-il à la hauteur d'une telle mission ? On sait ce qu'il a fait de Metz et de son armée !....

Bazaine, en signant la capitulation de la grande citadelle, pucelle inviolée de la France, a livré 180,000 hommes, la seule armée régulière qui restât au pays, une place imprenable jusqu'alors, 53 aigles, 6,000 officiers, 3 maréchaux, 50 généraux, d'immenses magasins, une fabrique de poudre, et un matériel à défrayer des armées : 800 canons de rempart, 540 pièces de campagne, 66 mitrailleuses et 300,000 fusils. Il y avait ici des cuirasses, des sabres, des mousquetons en quantité innombrable, des montagnes de projectiles, des poudrières bourrées de munitions, 2,000 fourgons, des masses de bois, de plomb et de bronze, des voitures, outils et harnachements pour une immense valeur (1). Si énorme que fût cette perte, elle n'était rien cependant à côté des conséquences incalculables d'un pareil désastre : outre la honte imposée à la nation, à Metz et à l'armée, Bazaine donnait de plus à l'ennemi le moyen d'en finir avec les forteresses qui résistaient encore. Il permettait à des forces imposantes de sortir de leur immobilisation pour se porter vers les points où la défense se maintenait héroïquement, il abandonnait des canons, des

---

(1) On a estimé à 88 millions le matériel de guerre capturé dans Metz par les Prussiens.

mortiers et des chassepots dont on allait se servir contre nous, il consacrait enfin la conquête de la Lorraine par la reddition de sa capitale; et, en laissant aux Prussiens la possibilité de dicter leurs volontés à la France du haut des forts de Metz, il précipitait le pays dans un abîme épouvantable.

Quelles ont donc été les causes de ce sinistre évènement ?

Elles tiennent à de nombreuses fautes, à l'incapacité, aux lenteurs et à l'indécision du Commandant en chef, à la mollesse et au décousu de la défense, aux lacunes de l'administration, à la mauvaise gestion des magasins et des approvisionnements, et à ces manœuvres tortueuses au moyen desquelles Bazaine frelatait la vérité de la situation pour faire de ses soldats les instruments aveugles d'abominables intrigues. C'est ce que nous allons essayer de prouver.

Demandons, d'abord, pourquoi le maréchal Bazaine n'a pas poursuivi le succès du 14 août contre l'armée du général Steinmetz? — Au lieu de prendre ce parti, qui eût changé la situation, il continua son mouvement en arrière dans la direction de Verdun, et passa de la rive droite à la rive gauche de la Moselle. Pour tout le monde, il était évident que cette retraite ne pouvait réussir, car les colonnes devaient s'accumuler sur deux routes d'un parcours rendu très-difficile par les rampes à gravir. De plus, la marche était mal réglée, les troupes se trouvaient encombrées de bagages ou mêlées aux parcs et à la cavalerie; enfin, il était à craindre, qu'ayant mis un jour et une nuit à traverser la rivière, l'armée ne fût exposée à tous les accidents que présentent les défilés et la nécessité d'occuper une ligne de plus de dix lieues.

Après la victoire de Gravelotte (16 août), pourquoi n'a-t-il pas persisté dans sa marche sur Verdun? Il le pouvait, attendu que, le 17, l'armée de Steinmetz n'avait pu dépasser les positions situées en avant de Gorze, et, de l'aveu même des officiers prussiens, ce mouvement était praticable car l'ennemi se trouvait démoralisé. Mais, comme précédemment, tout est mal ordonné, les corps sont mêlés entre eux, et il y a un tel encombrement d'hommes et de bagages que la division de Lorencez mit trente-six heures pour faire deux lieues.

Pourquoi le 18, à Saint-Privat, l'armée française, luttant contre deux armées allemandes réunies, n'a-t-on pas vu Bazaine sur le champ de bataille? Et pourquoi la Garde a-t-elle été tenue jusqu'à la nuit en dehors du combat? Il y eut pourtant un moment critique, pendant lequel l'ennemi fit une trouée entre le 4e corps et les troupes de Canrobert. Si la Garde, au lieu d'être condamnée à l'inaction derrière le ravin de Châtel-Saint-Germain, était arrivée plus tôt, la victoire nous appartenait. Au contraire, on laisse Ladmirault seul et débordé; en vain il réclame du secours ou des instructions, il expédie officiers sur officiers, mais aucune réponse ne lui parvient parce que Bazaine, resté chez lui, dort et que personne ne veut l'éveiller. Oui, si incroyable que ce soit, le Maréchal reposait pendant qu'une partie de son armée était compromise à quelques pas de lui. Enfin, un capitaine pénètre jusqu'auprès de Son Excellence qui donne l'ordre de se replier sous les forts de la Place.

Que fait-on à partir de ce moment? L'armée se resserre et s'entasse sur la rive gauche, en laissant la rive droite tellement dégarnie que les Prussiens enlèvent des hommes isolés à Montigny, qui est en quelque sorte un faubourg de Metz. Au lieu de garder les coteaux de Saint-Blaise et de Saint-Thiébault, les hauteurs de Vaux, Jussy, Sainte-Ruffine, Lessy, etc., etc., qui sont d'admirables positions, on se retire entre les forts et la ville. Il y avait là cependant des fortifications naturelles et excellentes qu'il fallait conserver, car, au moyen de quelques travaux, on forçait les Prussiens à élargir leur cercle, à augmenter leur armée d'investissement, et on couvrait de nombreux villages qui nous auraient approvisionnés tandis qu'on les a livrés au pillage de l'ennemi.

Bazaine connaît les forces dont disposent les Allemands, il doit s'attendre à un investissement, néanmoins il ne fait rien pour l'empêcher ou pour le contrarier. Il ne songe même pas à assurer l'existence de ses soldats et des habitants de Metz en enlevant les fourrages et denrées diverses dont regorgeaient les campagnes environnantes. Il abandonne ces ressources aux Prussiens, et, le lendemain, le blocus devenait hermétique. Certes, il fallait remettre de l'ordre parmi les corps endommagés le 18 août, mais ce délai ne devait pas se prolonger au delà du temps strictement nécessaire, d'autant plus que l'ennemi, mieux avisé que nous, se hâtait d'élever des batteries sur tous les points dominants. Ces travaux auraient dû être troublés par tous les moyens possibles, par des sorties fréquentes, par des expéditions de nuit, en un mot par ces mille ruses qui déconcertent, fatiguent et démoralisent l'assiégeant. Loin d'agir ainsi, Bazaine reste commodément installé au Ban-Saint-Martin, et on ne bouge pas jusqu'au 26 août.

A cette date, le maréchal Bazaine avait massé toute son armée en avant de Saint-Julien ; pourquoi n'a-t-il pas livré bataille? On a prétexté du mauvais temps !..... Mais, est-ce que la pluie n'était pas pour les Prussiens comme pour nous? Est-ce qu'elle ne mouille pas tout le monde? Le Maréchal ne pouvait ignorer que Mac-Mahon approchait par le Nord, et de l'avis unanime des officiers il résulte qu'on aurait pu le rejoindre; en effet, l'ennemi n'avait pas encore ces terribles batteries de position qui ont commencé à nous canonner quelques jours après. Les Prussiens avaient mis à profit ce nouveau délai.

Pourquoi, le 31 août, l'armée n'a-t-elle pas poursuivi, même pendant la nuit, les avantages qu'elle avait obtenus? Pourquoi le commandant en chef est-il rentré tranquillement à Saint-Julien, laissant ses troupes sans direction? Il y avait à peine un bataillon pour garder les positions les plus avancées; 15 pièces d'artillerie étaient tombées entre nos mains et un officier proposa d'utiliser les attelages disponibles pour les emmener, mais on lui répondit « qu'on « aurait le temps le lendemain. » C'est alors que Changarnier fit briser la culasse de ces canons qu'un retour en forces de l'ennemi nous obligea d'abandonner, quelques heures plus tard.

Pourquoi, depuis lors, Bazaine n'a-t-il pas réuni sur un point déterminé toutes ses forces pour faire une trouée? S'il avait agi comme le taureau qui, acculé, s'élance en baissant les cornes, il serait passé au travers des lignes ennemies. Pourquoi s'obstinait-il à rester sous Metz? Ne suffisait-il pas d'une garnison pour garder les forts ainsi que les enceintes du corps de la place? Et lui, Bazaine, n'était-il pas à la tête de l'armée de la France, de cette armée qui devait combattre pour elle, et non pas attendre que les paysans vinssent la délivrer?

Pourquoi, après avoir pris les Maxes, ne les a-t-on pas occupées jusqu'à ce que les immenses approvisionnements qui s'y trouvaient eussent été amenés dans Metz? Au lieu de cela, on s'est retiré après avoir emporté pour les États-Majors quelques sacs de grains, quelques bottes de paille. Les Prussiens alors sont revenus pendant la nuit, et ont allumé ce vaste incendie que nous avons tous vu.

Pourquoi, après l'affaire de Peltre, a-t-on négligé de prendre 400 milliers de foin qui se trouvaient à la Grange-aux-Bois, autant de gerbes non battues, et de grandes quantités de denrées à Mercy et à Colombey? On aurait pu rapporter beaucoup plus qu'on ne l'a fait, et la preuve, c'est qu'aussitôt après notre départ, les Prussiens qui devaient supposer que nous n'abandonnerions pas toutes ces ressources sans retour, ont incendié Mercy, la Grange-aux-Bois, Peltre, et Colombey.

Pourquoi, le 7 octobre, a-t-on livré un grand combat dans la plaine de Thionville ? Etait-il raisonnable d'engager une armée dans cette vallée de trois à cinq kilomètres de largeur lorsqu'on n'était pas maître des hauteurs qui la bordent de chaque côté, et d'où les canons ennemis croisaient leur feu sur nos troupes ? En n'opposant que peu de canons aux innombrables batteries allemandes, l'opération n'était pas possible ; on n'aurait pu réussir qu'en massant de l'artillerie sur le point attaqué, et en faisant comme les Prussiens qui nous apprennent l'art de bien combattre. Au lieu de commencer la lutte avec quelques régiments, il fallait faire avancer un corps d'armée ou deux au besoin. Cependant, par leur bravoure, nos soldats se sont emparés des grandes Tapes où se trouvaient des greniers bien approvisionnés. Bazaine cherchait-il un succès ? On serait tenté de croire le contraire, puisque après l'avoir obtenu au prix de pertes sensibles et grâce à la valeur de ses troupes, la retraite a été ordonnée. Un officier déclare la chose infâme, et dit que si on avait voulu faire une démonstration sérieuse de ce côté, il fallait déboucher par le plateau défriché, en avant du fort des Carrières, pour occuper la tête des bois de Châtel et de Fèves. Il ne nous appartient pas d'exposer ici par quels mouvements ce plan eût pu réussir, et nous laissons à de plus autorisés que nous le devoir d'approfondir cette question.

Voilà, au point de vue militaire, les fautes principales qu'on reproche au maréchal Bazaine, et nous ne faisons que répéter ce que beaucoup d'autres ont déclaré avec une précision trop compétente pour être mise en doute. Ecoutons, à ce sujet, ce que dit l'auteur de *La Capitulation de*

Metz devant l'histoire ; c'est un officier qui parle : « Eh
« bien, non; on n'a pas fait tout ce que l'on pouvait faire.
« On a cédé à des paniques sans nombre, à un aveugle-
« ment incroyable. Par goût comme par devoir, j'ai beau-
« coup étudié l'histoire militaire ; ma mémoire ne me four-
« nit aucun exemple, dans aucun temps, dans aucun pays,
« d'une armée aussi nombreuse se laissant enfermer,
« affamer sans avoir été battue, sans avoir tenté un effort
« sérieux pour rompre l'investissement »......................
Plus loin, il ajoute :

« On assure que le général de Zastrow s'est exprimé en
« ces termes :

« Si le maréchal Bazaine n'avait pas manqué de détermina-
« tion, l'armée de Metz aurait pu partir. »

D'autre part, on a rapporté que le prince Frédéric-
Charles aurait répondu à Changarnier qui s'en fut, lui le
brave soldat, le vieux général aux cheveux blancs, solliciter les honneurs de la guerre pour l'armée française :
« qu'il ne croyait pas devoir accorder ces honneurs à une
« armée qui, depuis près de deux mois, n'avait pas fait
« une tentative sérieuse pour se dégager de l'investisse-
« ment. »

Passons maintenant aux faits qui concernent la gestion
des subsistances.
La ville de Metz était abondamment pourvue d'approvisionnements de toute nature ; aussi a-t-elle pu nourrir
240,000 bouches pendant deux mois et demi, mais en y
puisant toujours sans les renouveler, on ne devait pas tarder à en voir la fin. Là, comme pour le reste, on eut à

souffrir de l'imprévoyance du commandement, car, avant de ressentir la pénurie des ressources, on les avait gaspillées. Pendant un mois, on put voir des voitures chargées de pain blanc circuler dans les camps, et les soldats jeter leurs rations pour acheter ce pain qu'ils trouvaient meilleur. Les rations d'avoine ont été quelquefois énormes, et on a distribué du blé aux chevaux sans réfléchir qu'on n'en aurait bientôt plus pour les hommes. On s'est rationné trop tard, et on n'a pas voulu, malgré des demandes réitérées, aider les habitants à rentrer en ville les récoltes qui étaient amassées dans les fermes comprises entre nos avant-postes et ceux de l'ennemi. Qu'en est-il résulté? Les Prusriens ont brûlé le riche domaine de Saint-Ladre, et c'est seulement après ce lamentable avertissement que l'Intendance s'est décidée à emporter les denrées renfermées à Blory et à la Grange-Mercier.

Cependant, puisque l'armée restait devant Metz, il fallait prendre toutes les précautions nécessaires pour prolonger la résistance, d'autant plus que la Place n'avait point compté sur une pareille agglomération d'hommes, et l'ennemi qui était dépourvu d'un parc de siége, ne pouvant pas songer à une attaque en règle, s'efforcerait d'user nos ressources. La simple prudence prescrivait donc d'accroître et de ménager les subsistances.

Qu'a-t-on fait pour augmenter la masse de nos approvisionnements? Rien ou très-peu de choses si l'on songe aux résultats qu'on aurait pu obtenir avec moins d'inertie et de torpeur. Qu'a-t-on fait pour les ménager ou pour en prolonger la conservation? Rien encore; et, pour comble de maladresse, on rejetait toutes les offres des citoyens de Metz. C'est ainsi, notamment, qu'on a refusé les propositions du docteur Herpin, qui avait trouvé moyen d'extraire le chlorure de sodium du résidu des fosses à tan, et qui promettait de le livrer à bon marché; on a décliné sa demande sous prétexte de ne pas léser les intérêts privés, et pourtant le sel manquait absolument.

Bazaine a-t-il obéi aux règlements militaires qui veulent que, dans toute place assiégée, on organise une commission des vivres? Non, car à Metz cette Commission n'a été convoquée qu'à la fin du blocus pour constater que les magasins étaient vides. Ces mêmes règlements prescrivent aussi de ménager de bonne heure les approvisionnements : on n'y a pas songé, puisque les brasseurs ont pu, jusqu'au dernier jour, fabriquer de la bière et détruire les denrées les plus précieuses (1). A-t-on, comme les règlements l'ordonnent encore, fait entrer dans la Place, avant l'investissement, les grains, les bestiaux, les fourrages qui se trouvaient aux alentours? On ne s'en est nullement préoccupé, et l'on a laissé prendre ou brûler par l'ennemi, sous le canon de la forteresse, des approvisionnements que les paysans demandaient avec instance à nous vendre ou à nous donner.

Qu'ont donc fait le Commandant en chef de l'armée et le général Coffinières de Nordeck, gouverneur de la place de Metz?

La viande de boucherie, réservée exclusivement pour les officiers de tous grades, a cessé d'entrer dans l'ordinaire des troupes ou dans la consommation des habitants de la ville, et, dès la fin d'août, les familles aisées furent contraintes elles-mêmes de manger du cheval. Il fallut sacrifier la cavalerie, mesure commandée, d'ailleurs, par la disette de fourrages; on livrait, chaque jour, 400 ou 500 chevaux à l'abattoir, et bien d'autres mouraient de faim. Après avoir gaspillé le peu de denrées fourragères qu'on avait eu, il ne restait plus rien à leur donner. Les pauvres

---

(1) *La Capitulation de Metz devant l'histoire* (Extrait de l'*Indépendance belge*), en brochure chez Rodez fils, 10 et 12, passage de la Monnaie, à Bruxelles.

bêtes attachées aux arbres en rongeaient l'écorce aussi haut qu'elles pouvaient atteindre ; celles qui étaient réunies par escadrons se sont réciproquement dévoré la crinière et la queue ; les mangeoires ont absolument disparu sous leurs dents (1).

Le 7 septembre, le maréchal Bazaine consent à une réduction dérisoire et secrète de 50 grammes sur les 750 grammes de pain alloués, par jour, à chaque soldat (2).

Le 15 septembre, à la suite d'un vœu émis par le Conseil municipal, le général Coffinières ordonne le recensement des blés et farines qui existent dans la ville.

Le 18 du même mois, Bazaine adhère, non sans peine, à une nouvelle réduction qui porte la ration de pain à 500 grammes.

Le 7 octobre, on enjoint à tous les détenteurs de blés et farines de faire à la Mairie déclaration des quantités qu'ils possèdent.

Le 10 seulement, un arrêté interdit la sortie des blés, farines et denrées fourragères.

Le 12, on ordonne qu'il ne sera fabriqué qu'une seule sorte de pain, dit pain de boulange, composé de farine et de son, et la ration est abaissée à 400 grammes pour chaque habitant. La troupe n'avait que 300 grammes, mais la ration de viande fut portée à 750 grammes de cheval par homme et par jour.

Le 13 octobre, le Conseil municipal apprend subitement qu'il n'y a plus de vivres que pour quelques jours, et les édiles de Metz écrivent au général Coffinières une lettre sévère. Ce dernier, dans une réponse embarrassée, se con-

---

(1) *La Capitulation de Metz devant l'histoire* (extrait de l'*Indépendance belge*), en brochure chez Rodez fils, 10 et 12, passage de la Monnaie, à Bruxelles.

(2) *L'acte d'accusation de Bazaine*, par MM. H. Nazet et E.-A. Spoll. (Bruxelles, chez Mertens, rue de l'Escalier, 22.)

tente d'engager le Conseil et les habitants à « *ne point faire de récriminations intempestives.* »

Le 18, la ration de pain est réduite à 300 grammes par homme adulte.

Le 23, l'armée ne peut plus fournir à la ville les chevaux nécessaires à l'alimentation des habitants, et l'on met en réquisition les animaux appartenant aux particuliers.

Enfin, dans les derniers jours, on a tout d'un coup réduit presque à rien les rations de nos soldats qui ne se soutenaient plus qu'à l'aide d'excitants alcooliques (1).

Grâce à la séparation entre les ressources de l'armée et celles de la Ville, on put atténuer les souffrances, mais il est avéré que le 19 octobre l'armée se trouvait au moment de manquer de pain. Citons un témoin auquel nous avons déjà emprunté de nombreux aperçus (2) :

« On fit appel au patriotisme des soldats, on leur dit : « Vous
« pouvez encore être utiles à la Patrie, serrez-vous le ventre et
« élargissez votre cœur. » Ils l'on fait, mais comme ils ont
« souffert !.... Pendant cinq longs jours ils n'ont point reçu de
« pain. Les hommes les plus grands, les plus forts étaient les
« plus éprouvés. J'ai vu des soldats mendier quelques miettes
« dans la ville ; on pouvait rarement leur donner, chacun
« n'ayant qu'une chétive ration. Quelques-uns achetaient des
« dragées, on trompait sa faim avec de l'amidon et de l'herbe.
« Les moins capables de résistance succombaient, et cela lors-
« que d'autres souffraient sans doute, mais n'étaient pas
« réduits à une telle extrémité. J'ai vu un soldat, appartenant à
« un régiment de chasseurs à cheval, tomber de faiblesse dans
« la rue, et n'être ranimé qu'avec peine. J'avais lu bien des
« récits où il était question d'hommes morts de faim, mais
« jamais ce douleureux spectacle n'avait frappé mes yeux, et je
« ne l'oublierai de ma vie. »

(1) *L'acte d'accusation de Bazaine* par MM. H. Nazet et E.-A. Spoll.
(2) *La capitulation de Metz devant l'histoire.*

Ah! si, du moins, on avait pu se dire que de telles souffrances étaient engendrées par la force insurmontable du destin, et qu'on avait tout fait pour y obéir ou les retarder, on eût éprouvé peut-être quelque soulagement. Mais cette consolation ne restait même pas à nos soldats, et les malheureux savaient qu'ils mouraient de faim par la faute de leurs chefs et à cause du gaspillage criminel de toutes les denrées. Il semblerait qu'on ait voulu affamer la ville et l'armée pour les familiariser avec l'idée d'une capitulation honteuse, et pourtant elles ne demandaient, l'une qu'à souffrir, l'autre qu'à marcher à l'ennemi. Jamais tant de patriotisme et de vaillance n'ont été annihilés par l'incurie, le gâchis et le désordre.

Bazaine était-il donc un général inepte? Nous ne sommes pas compétent pour trancher cette grave question, mais nous croyons qu'il était un administrateur sans prévoyance ou volontairement prodigue. De plus, il essaya de se montrer un personnage politique, et, là encore, il a échoué après avoir tenu une conduite indigne de son rang et de la confiance du pays. Le Maréchal s'est-il bercé sérieusement de l'espoir d'imiter Monck? — A-t-il tenté de se créer une situation à la façon de Prim? Ou bien a-t-il cherché à jouer le rôle rêvé par Dumouriez? Cette dernière hypothèse n'est guère admissible, car Dumouriez voulait rendre son armée l'auxiliaire d'un parti vraiment national, et il n'a montré dans son aventure que l'étourderie de l'esprit français se trompant de route; tandis que Bazaine fait litière des sentiments de la France, et il jette son armée en holocauste de sa déception politique. Ses actes enfin portent l'empreinte de la ruse et de la dissimulation. Qu'on en juge par les documents qui suivent!

Le 19 octobre, date à laquelle l'armée était terrifiée par des privations soudaines, (singulière coïncidence), les chefs de corps firent verbalement aux officiers une communication dont voici les termes (1) :

« Messieurs, je suis chargé par M. le Général de division, et
« de la part de M. le Maréchal Commandant en chef, de vous
« faire connaître des faits importants qui se sont produits de-
« puis quelques jours. Les approvisionnements de la place de
« Metz diminuent de plus en plus ; M. le Maréchal a cru devoir
« entrer en pourparlers avec l'ennemi. Il a désigné le général
« Boyer, son premier aide-de-camp, qui s'est rendu à Ver-
« sailles, au quartier-général du roi Guillaume. L'empresse-
« ment avec lequel l'envoyé du Maréchal a été accueilli semble
« prouver que les Prussiens sont très-désireux de terminer la
« guerre. Ainsi, le général Boyer, ayant parcouru en chemin
« de fer le trajet de Metz à Château-Thierry, le service des
« trains était interrompu afin de rendre son voyage plus rapide.
« A Château-Thierry, une voiture aux armes du Roi de Prusse
« l'attendait pour le transporter à Versailles. A peine arrivé, le
« Général est reçu par M. de Bismarck qui transmet au Roi la
« demande d'audience ; il est aussitôt introduit, et se trouve en
« présence d'un Conseil de guerre auquel assistent, sous la pré-
« sidence du Roi de Prusse, les principaux chefs de l'armée
« prussienne.

« Le général Boyer ayant exposé le but de sa mission, le gé-
« néral de Moltke prit la parole, et déclara que dans une ques-
« tion toute militaire les négociations ne pouvaient être lon-
« gues. L'armée de Metz devait subir le sort de l'armée de
« Sedan et se rendre prisonnière de guerre. M. de Bismarck
« fit observer que la question politique devait primer la ques-
« tion militaire ; « je serais disposé à admettre, — continua-t-il,
« — une convention qui permettrait à l'armée de Metz de se
« retirer sur un point désigné du territoire français afin d'y pro-
« téger les délibérations nécessaires pour assurer la paix. » Cette
« idée était suggérée à M. de Bismarck par les difficultés que

(1) Cette pièce a été rédigée immédiatement par quelques officiers qui se sont réunis pour contrôler entre eux leurs souvenirs, et ils en attestent l'exactitude.
(*Indépendant de la Moselle* du 29 octobre 1870.)

« faisait naître, pour le Gouvernement prussien lui-même,
« l'absence de tout Gouvernement en France.

« En effet, les renseignements recueillis par le général Boyer,
« le long de la route auprès des chefs de gare et auprès de di-
« verses autres personnes, les journaux qu'il a pu rapporter ne
« laissent malheureusement subsister aucun doute à cet égard.
« L'anarchie la plus complète règne actuellement en France ;
« Paris investi, affamé, et sans communications extérieures,
« doit s'ouvrir aux Prussiens dans très-peu de jours. La dis-
« corde civile y paralyse la défense, les membres du Comité de
« défense nationale ont été débordés. Gambetta et de Kératry
« sont partis en ballon ; l'un est venu tomber à Amiens, l'autre
« à Bar-le-Duc. Le désordre est au comble dans le Midi de la
« France ; le drapeau rouge flotte à Lyon, à Marseille, à Bor-
« deaux. Une armée de volontaires bretons a été détruite près
« d'Orléans ; la Normandie parcourue par des bandes de bri-
« gands a appelé les Prussiens pour rétablir l'ordre ; le Hâvre,
« Elbœuf, Rouen ont actuellement des garnisons prussiennes
« qui concourent, avec la garde nationale, à sauvegarder la
« sécurité publique. Un mouvement d'un caractère religieux a
« éclaté en Vendée ; le Nord désire ardemment la paix. La
« Prusse réclame la Lorraine et l'Alsace avec plusieurs milliards
« d'indemnité de guerre ; l'Italie réclame la Savoie, Nice et la
« Corse.

« Cette anarchie, le Gouvernement provisoire étant dispersé,
« les différentes villes ne s'accordant pas quant à la forme d'un
« Gouvernement nouveau, les d'Orléans ne s'étant pas présentés,
« cette anarchie cause au Gouvernement prussien disposé à
« traiter de la paix des difficultés imprévues. Il ne peut songer à
« établir des bases de négociations qu'en s'adressant au Gouver-
« nement de fait qui existait avant le 1er septembre, c'est-à-dire
« à la Régence. On ignore encore si, dans les circonstances ac-
« tuelles, la Régente voudra prêter l'oreille à des propositions
« pacifiques, mais, en cas de refus, on ne pourrait s'adresser
« qu'à la Chambre des Députés, issue du suffrage universel et
« qui représente encore légalement la Nation. Toutefois, pour
« que le Corps législatif qui a siégé jusqu'au 1er septembre puisse
« se réunir de nouveau et puisse délibérer, il faut qu'il soit
« protégé par une armée française. Tel est le rôle qu'aura sans

« doute à remplir l'armée de Metz. En attendant le retour du
« général Boyer reparti pour Versailles avec de nouveaux pou-
« voirs, il est urgent de faire savoir aux troupes que la situation
« pénible où nous nous trouvons n'est que transitoire. L'armée
« sépare sa cause de celle de la ville de Metz. En attendant
« qu'elle puisse partir pour aller remplir une nouvelle mission
« patriotique, elle saura supporter courageusement encore
« quelques jours de privations. Si vous avez, Messieurs, quel-
« ques explications nouvelles à demander, je m'empresserai de
« vous les donner, mais je dois vous dire qu'aucune discussion
« ne saurait être admise. »

Oh! à quoi bon de nouvelles explications? Il était clair qu'on voulait affaiblir le moral du soldat pour l'amener à accepter la honte comme une délivrance. Il était clair qu'on voulait contraindre nos troupes à redevenir cohorte impériale, et à s'illustrer par les exploits de la guerre des rues. Pour écarter l'armée de son devoir, on recourait à des récits dont la plupart étaient mensongers, ainsi qu'on l'a reconnu par la suite, et on la trompait pour en faire l'instrument docile d'un ambitieux.

Il n'est guère possible d'en douter quand on connaît les impressions recueillies par toute la presse de l'Europe. En voici quelques exemples :

On écrivait de Jouy-aux-Arches (devant Metz), le 20 octobre, à la *Gazette d'Elberfeld :*

« · Le général Boyer, chef d'état-major du maréchal Bazaine,
« était hier au quartier général du prince Frédéric-Charles.
« Tout le monde ici est dans l'attente de quelque évènement
« important. »

L'Indépendance belge ajoute :

« Cette correspondance prouve qu'après sa visite à Versailles,
« le général Boyer est repassé par Metz avant de venir en Bel-

« gique pour se rendre en Angleterre. Le général Boyer était à
« Bruxelles le 21 ; il était encore à Metz le 19 au soir. »

Le même journal (1) disait :

« Le général Boyer, envoyé par le maréchal Bazaine à Ver-
« sailles, vient de se rendre du quartier général allemand en
« Angleterre aver une mission dont on ne sait pas la nature.

« Faut-il rattacher ce voyage à ce que les journaux alle-
« mands nous apprennent d'une agitation particulière qui
« règne, depuis quelques jours, à Wilhemshœhe? Tout le
« monde aurait, dans les environs, remarqué un va-et-vient
« insolite.

« Le docteur Conneau est parti, le 20 octobre, pour se rendre
« auprès de l'ex-Impératrice ; l'écuyer Raimbaud aurait aussi
« quitté le château ; enfin, M. Daviller Regnauld de St-Jean-
« d'Angely serait en route pour la Suisse. D'autre part, on
« attendrait à Wilhemshœhe la très prochaine arrivée d'un
« hôte important, le comte Kanitz, officier adjudant du Roi de
« Prusse.

« Tout cela indiquerait une recrudescence sérieuse de la
« conspiration bonapartiste. »

Le *Dailly-News* parle d'offres de capitulation faites par le maréchal Bazaine, mais dont les conditions auraient paru inacceptables au général de Moltke.

On lit dans l'*Indépendance belge* du 25 octobre :

« La France se résignerait, suivant des renseignements que
« publie l'*Opinione*, au démantèlement de Metz et de Stras-
« bourg, ainsi qu'au paiement d'une indemnité de deux mil-
« liards.

« Nous ne savons jusqu'à quel point cette assertion est
« exacte, — tout en souhaitant qu'elle le soit, — mais ce qui est
« bien certain, c'est que, comme l'ajoute la feuille italienne, la
« France n'ira pas au delà . . . .
« . . . .

(1) Numéro du 20 octobre 1870.

« Serait-ce pour cela que l'on recommence à tant parler
« d'intrigues ayant pour but d'infliger de nouveau à la France
« un Gouvernement anti-national, incapable de reculer devant
« rien désormais, ayant Sedan dans son histoire?

« D'après le journal de Londres l'*Observer*, le voyage du
« général Boyer en Angleterre se rattacherait vraiment à ces
« intrigues éhontées, et aurait pour objet d'amener le retour de
« l'ex-Impératrice en France. Jusqu'à preuve du contraire nous
« voulons nous refuser à y croire. »

Une dépêche de Berlin, 24 octobre, est ainsi conçue :

« *La Gazette de la Croix* fait observer au sujet des pourparlers
« du général Boyer avec M. de Bismarck, que le maréchal
« Bazaine dirigeait ces pourparlers, non seulement en dehors du
« Gouvernement provisoire, mais même en contradiction avec
« ce Gouvernement. »

Le Times recevait une correspondance datée du 25
octobre, et disant :

« Hier les négociations du maréchal Bazaine ont été pour-
« suivies en dehors et en opposition des actes du Gouvernement
« républicain. »

Les manœuvres tortueuses de Bazaine étaient connues
même à Tours d'où l'on écrivait à l'*Indépendance belge*,
le 24 octobre :

« . . . . En revanche,
« on paraît assez « battu de l'oiseau » quant à ce qui concerne
« les nouvelles de Metz et de Versailles : j'entends quant à la
« mission du général Boyer, et au bruit d'une excursion à
« Londres de cet émissaire sorti de Metz. Les hypothèses les
« plus diverses circulent; je ne m'en ferai pas l'écho, parce que
« je ne connais pas les bases sur lesquelles on les pose, et que
« la question est plus que délicate . . . . »

Comme on le voit, Metz était l'enjeu d'une partie déloyale ; il ne s'agissait plus de lutter ni de conserver à la France sa principale forteresse. On allait la livrer aux Prussiens, en échange de quelque complaisance de M. de Bismarck qui seconderait les intrigues de Wilhemshœhe.

Suivant le *Times,* voici en quoi se résumait cette merveilleuse combinaison :

« L'Impératrice allait à Versailles ou sur un point quelcon-
« que occupé par les armées allemandes. Là, en sa qualité de
« Régente et en vertu de ses pouvoirs, elle signait un traité de
« paix qui cédait l'Alsace et la Lorraine conjointement avec
« l'abandon de Metz par Bazaine. Les Allemands ayant pris
« Strasbourg et Metz, et obtenu une cession nominale des deux
« provinces, pouvaient procéder à leur incorporation, tandis
« que le maréchal Bazaine et ses troupes passeraient du côté de
« l'Impératrice et aideraient au rétablissement de l'Empire,
« après avoir donné parole de ne plus se battre contre l'Allema-
« gne. Toute la partie du pays occupée par les forces allemandes
« serait délivrée de leur présence, et promesse serait faite de
« réduire le reste dans une certaine mesure.

« Rien de mieux imaginé que ce plan..... sur le papier.
« L'expérience acquise par le maréchal Bazaine, en aidant à
« l'établissement de Maximilien au Mexique, l'aiderait on ne
« peut plus utilement à rétablir l'Empire en France. Cependant,
« plus d'une difficulté s'offrait dans l'exécution . . . . . .
« . . . .

« Deux circonstances fatales ont fait échouer la combinai-
« son. L'armée de Metz voulait bien se battre sous Bazaine
« contre l'Allemagne, sans se soucier du régime qu'il faisait
« profession de servir, — la Constitution de la France serait
« discutée et établie après la retraite de l'ennemi, — mais elle
« n'était nullement disposée à se battre contre les Français
« pour la restauration de l'Empire. Et puis, on n'était pas cer-
« tain de la coopération de l'Impératrice (1) . . . . »

(1) *Indépendance Belge* du 29 octobre 1870.

Certes, l'armée manifestait la plus grande répugnance à se faire la complice de Bazaine, et elle avait encore assez de gloire pour ne pas vouloir de la guerre des rues; c'est là un point acquis. Mais on peut se demander s'il est vrai que M. de Bismarck participât de bonne foi aux projets de Bazaine, ou si, coutumier du fait, il ne s'est pas joué du Maréchal jusqu'au dernier moment. On serait tenté de le croire en lisant le récit de M. Régnier, cet autre émissaire occulte qui a fourni des détails sur les complots, les allées et venues qui ricochaient de Metz à Chislehurt, de Versailles à Wilhemshœhe.

Voici les principaux traits de la mission ténébreuse de M. Régnier, d'après ce qu'il a écrit lui-même. Le 20 septembre, il est en face de M. de Bismark; nous lui laissons la parole :

« Je suis venu, Comte, vous demander de m'accorder une
« passe qui me permettra d'aller à Wilhemshœhe..... Il me re-
« garda fixement, et me tint ce langage :

« Monsieur, notre position est devant vous. Que pouvez-vous
« nous offrir? Avec qui pouvons-nous traiter? Nous avons la
« résolution inébranlable de profiter de notre situation présente
« pour éviter à l'avenir, au moins durant une longue période,
« toute nouvelle guerre avec la France. Pour obtenir ceci, une
« modification des frontières de la France nous est indispen-
« sable. D'un autre côté, nous nous trouvons en présence de
« deux Gouvernements, l'un de fait, l'autre de droit. Nous ne
« pouvons pas changer leur position, et il nous est difficile, si-
« non impossible, de traiter avec l'un ou l'autre. . . . . .
« . . . .
« Quand nous nous trouverons nous-mêmes en face d'un
« Gouvernement de fait et de droit, propre à traiter sur la base
« que nous proposons, alors nous traiterons. Quant à présent, il
« est inutile de faire connaître nos demandes par rapport à une
« cession de territoire, en voyant qu'elle est déclinée d'une ma-
« nière absolue. »

« Le second jour, après l'entrevue de M. Jules Favre avec le Chancelier du Nord, M. Régnier est de nouveau introduit auprès du comte de Bismarck. Il propose à ce dernier d'aller à Metz et à Strasbourg voir le Commandant supérieur de chaque place, et faire un arrangement d'après lequel ces places seraient rendues au nom de l'Empereur.

« Le Chancelier aurait répondu :

« Monsieur, le destin a déjà décidé ; vous aveugler vous-
« même sur ce fait n'est pas l'action d'une nature qui se
« domine, mais la preuve de l'indécision du caractère qui se
« laisse aller aux illusions. Rien ne peut empêcher que ce qui
« est ne soit. Pouvez-vous nous placer en face d'un pouvoir
« capable de faire un traité ? Vous aurez rendu un grand service
« à votre pays.
« Je donnerai des ordres pour qu'un sauf-conduit général vous
« soit délivré, qui vous permettra de voyager dans toutes les
« possessions allemandes et les places occupées par nos troupes.
« Un télégramme vous précèdera à Metz qui y facilitera votre
« entrée. »

« En effet, le 23 septembre, M. Régnier est en présence de Bazaine, qui commence par protester de la pureté de ses vues, ajoutant qu'il ne pouvait pas répondre de la garnison de la place, mais seulement de l'armée devant Metz.

« Je lui dis, — c'est M. Régnier qui parle, — qu'au lieu
« d'envoyer le colonel Boyer, il devait, sans soumettre les
« considérations militaires à la politique, faire des premières
« l'auxiliaire de celle-ci. Il est évident que le Maréchal ne peut
« pas répondre pour le général Coffinières ; mais sa généreuse
« offre de se mettre lui-même à ma disposition me permettrait,
« sans le sacrifice des intérêts militaires à la politique, d'obtenir
« du comte de Bismarck les meilleures conditions par rapport à
« l'état précaire de la dynastie.
« Bazaine m'expliqua ses conditions, il me dit que les
« termes : « avec les honneurs de la guerre » comprenaient
« toutes choses. »

« M. Régnier quitta le Maréchal après une cordiale poignée de main et de bons souhaits mutuels. Peu après, il confiait au général Bourbaki deux lettres, dont une pour l'Impératrice. Avant de le quitter, il lui répéta plusieurs fois ce qu'il avait à faire et à dire.

« Le 24 septembre, le messager se retrouvait dans le cabinet du comte de Bismarck, et lui exposait tout un plan pour traiter de la paix avec le Gouvernement de la Régence, appuyé par la Chambre des Députés, le Sénat, et défendu par une portion de l'armée sous le commandement d'un Maréchal de France. M. Régnier pouvait assurer que, par suite des intentions du maréchal Bazaine, et les deux maréchaux Canrobert et Le Bœuf étant d'accord sur tous les points, le Prince Frédéric-Charles, une fois les dispositions arrêtées, aurait 120,000 hommes disponibles pour être transportés où il les jugerait utiles.

« On lui répondit que rien ne pouvait être fait jusqu'à ce que Metz se fût rendue.

« Sur ces entrefaites, le Chancelier du Nord envoya une dépêche à Bazaine, lui demandant s'il autorisait M. Régnier à traiter pour la capitulation de Metz. Le Maréchal répondit :

« Je ne puis trancher affirmativement ces questions ; j'ai dit à
« M. Régnier que j'étais dans l'impossibilité d'effectuer la capi-
« tulation de la ville. »

« Le négociateur frustré atteint Chislehurt, le 4 octobre, et il y trouve le général Bourbaki qui n'avait absolument rien fait pour le progrès de l'affaire remise à ses soins (1).

Qu'est-il advenu par la suite ? L'Impératrice a-t-elle refusé de signer la cession à la Prusse des provinces françaises réclamées par le vainqueur ? A-t-on jugé qu'il fût déshonorant de reprendre un trône dans de telles circonstances ? A-t-on reculé devant l'incertitude du succès ?

---

(1) Récit de la mission Régnier extrait de l'*Homme de Metz* par le comte Alfred de la Guéronnière, d'après la relation anglaise de M. Régnier lui-même.

Etait-on convaincu que la France rejetait à tout jamais la dynastie de Napoléon? Se réservait-on d'agir plus tard, et de se passer de l'appui compromettant des Prussiens? Bazaine lui-même avait-il compris qu'il ne pouvait remplir un tel rôle? Sentait-il que l'armée lui avait retiré son estime et sa confiance, et qu'il devait renoncer à entraîner ses troupes dans les hasards d'une guerre civile parce qu'il n'en était plus le chef aimé et respecté ?

Quoi qu'il en soit, une nouvelle communication fut faite verbalement aux officiers par leurs chefs, le 27 octobre 1870. Cet entretien, comme le premier, a été rédigé immédiatement par quelques officiers qui ont contrôlé entre eux leurs souvenirs; ils en attestent l'exactitude, et nous le reproduisons d'après l'*Indépendant de la Moselle* du 31 octobre.

« Le Colonel a parlé en ces termes :

« La Convention dite de Londres, voulant le rétablissement de
« la Régence de l'Impératrice, c'est-à-dire le Gouvernement du
« 4 septembre, n'a pas abouti, pas plus que celle qui eût donné
« la liberté à l'armée de Bazaine pour soutenir de ses armes un
« Gouvernement quelconque reconnu et accepté par le peuple
« français.

« Le Maréchal recevait, presque au moment, une dépêche du
« général Boyer et de Bismarck lui annonçant l'avortement de
« ces combinaisons.

« A ces nouvelles qui détruisaient les espérances du maréchal
« Bazaine, ce dernier convoqua immédiatement son Conseil de
« guerre qui fut consulté sur les résolutions extrêmes qu'on
« devait prendre.

« A l'unanimité moins une voix, le Conseil décida que la
« capitulation était nécessaire.

« Le général Changarnier fut alors envoyé par le Maréchal
« auprès du prince Frédéric-Charles, dont le quartier-général est
« à Ars-sur-Moselle, pour traiter des conditions d'une capitu-

« lation que l'on espérait au moins honorable pour une armée
« vaillante qui avait tenu les Prussiens en échec depuis trois
« mois et demi, après les avoir plusieurs fois vaincus.

« Après un accueil affable et cordial fait au Général par le
« Prince, ce dernier lui déclara que ne faisant pas partie de l'ar-
« mée active, il ne pouvait, en aucune façon, traiter avec lui
« des conditions de la Capitulation, que, dès lors, leur conversa-
« tion ne devait prendre aucun tour politique, quel qu'il soit, et
« que conséquemment elle devait se borner à des détails purs
« et simples sur les évènements locaux.

« C'est ainsi qu'il lui dit qu'il savait parfaitement que Metz
« n'avait plus que pour trois jours de vivres, et, lui montrant un
« train en gare, tout bardé de ravitaillements divers, il ajouta :
« Voilà pour la ville de Metz et votre armée qui manque de
« tout, et nous voulons mettre fin à vos souffrances. »

« Autre détail navrant : « Nous avons toujours su ce que vous
« faisiez et ce que vous vouliez faire. Pour vous en donner un
« exemple, je vous dirai qu'aussitôt après un Conseil de guerre,
« j'étais immédiatement informé de ce qui y avait été décidé. »
« Et, pour preuve, il cita, jour par jour, les propositions de tel
« ou tel commandant de corps d'armée qu'il nomma par son
« nom, et les résolutions prises à la suite de ces propositions.

« Le général Changarnier retourna près du Maréchal qui
« renvoya auprès du Prince le général de Cissey.

« Il résulte de cette nouvelle entrevue ceci : « Nous avons en
« France 1,200,000 hommes. En ce moment une armée de 150,000
« hommes est à Dijon marchant sur Lyon. De même que Metz
« a été investie et prise par la famine, de même Paris succom-
« bera, de même Lyon. Nous ne détruisons aucune ville par
« bombardement, nous irons à Marseille, s'il le faut, nous irons
« partout, partout. »

« Le général de Cissey objectant que si l'armée capitule ce
« n'est pas une raison pour que Metz se rende, le Prince a
« répondu : « Avant la déclaration de guerre, nous connaissions
« aussi bien que vous et dans les plus minutieux détails l'état
« de défense de la ville ; alors, les forts étaient à peine ébau-
« chés et la ville ne pouvait opposer qu'une faible résistance.
« C'est depuis la présence de l'armée française sous Metz que
« cette ville est devenue ce qu'elle est aujourd'hui ; ce sont vos

« hommes qui ont achevé et armé les forts. Metz, devenue par
« votre fait une place de guerre de premier ordre, rentre,
« comme conséquence, dans toutes les conditions d'une capitu-
« lation qui confondra, à la fois, et la ville et l'armée. C'est
« ainsi que nous le jugeons et que nous l'exigeons. »

« Le général de Cissey demandant si, dans les clauses de la
« capitulation, il serait ainsi fait qu'à Sedan, à savoir : si les
« officiers seraient libres sur parole, à certaines conditions, le
« prince répondit : « Non. — A Sedan, deux généraux et trois
« cents officiers, libres sur parole de ne pas servir contre nous,
« sont rentrés dans les rangs et nous ont combattus à nouveau ;
« en sorte que, pour l'armée de Metz, tous les officiers indis-
« tinctement se rendront sans conditions. »

C'en était fait!.... Il n'y avait plus qu'à régler les clauses de la Capitulation, et le général Jarras, Chef-d'Etat-Major de Bazaine, partit pour Ars afin d'arrêter le Protocole qu'on a lu plus haut.

Cette convention, qui formera le triste pendant de celle de Baylen, porte l'empreinte du plus odieux oubli de ce qu'exigent l'honneur du pays, la réputation d'une armée et les usages de la guerre. Comment!.... vous livrez les drapeaux, et vous permettez que ces symboles de la foi militaire soient assimilés au matériel de guerre ! Au lieu de les détruire, vous consentez à remettre ces trophées aux Prussiens, et vous ornez vous-même leur triomphe ! Une voix autorisée a dit à ce sujet : « La remise des drapeaux, « c'est une tache à l'honneur militaire ; celle des armes et « des munitions, c'est une forfaiture » (1). Nous le croyons aussi, car, puisque le manque de vivres nous contraignait à capituler, on pouvait il fallait tout brûler.

Pourquoi n'avoir pas fait sauter les forts, et ne s'être pas présentés au vainqueur sans armes et résignés

(1) *La Capitulation de Metz devant l'histoire*.

comme la garnison de Puebla ? Le sort de l'armée n'aurait pas été pire que celui auquel vous l'avez condamnée. Qu'avez-vous répondu à ceux qui soutenaient cette destruction des armes et des forts ? Nous le savons par un officier (1) qui a eu l'occasion d'insister auprès d'un général, deux fois par écrit et une fois de vive voix, pour que cette résolution fût portée dans le Conseil de guerre. On lui a répondu : « Que voulez-vous, je n'y puis rien, les Prus-
« siens tiennent à avoir la Place et le matériel en bon état ; c'est à cette condition qu'ils épargneront la ville et les bagages des officiers. »

Le même témoin ajoute :

« Les Prussiens ! toujours les Prussiens, jamais les Français!
« Qui donc était-on chargé de défendre et de protéger ? Mais
« des officiers n'ont pas voulu qu'on pût leur reprocher un jour
« d'avoir plus estimé quelques hardes que l'intérêt du pays.
« Une protestation, faite à la hâte dès que la Capitulation a été
« connue, a réuni une soixantaine de signatures. L'original,
« déposé en main sûres, parviendra au Gouvernement français
« quel qu'il soit ; une copie certifiée a été donnée dans la
« journée du 20 octobre au général Coffinières. »

C'est encore par suite du même abandon de tout esprit français que Bazaine recommande « pour la réputation de
« l'armée » de s'abstenir d'actes d'indiscipline, comme la destruction d'armes et de matériel. Qu'est-ce donc que la discipline ? Consiste-t-elle à se remettre docilement entre les mains de l'ennemi avec des armes en bon état ? Si un tel langage ne se trouvait consigné dans un document officiel, on refuserait de croire qu'il ait été tenu par un homme élevé au plus haut rang des dignités militaires, et honoré de la mission de défendre son pays.

(1) *L'auteur de la Capitulation de Metz devant l'histoire.*

De quel droit Bazaine autorise-t-il, par l'article 4 de la Convention de Frescaty, les officiers à retourner chez eux en souscrivant la promesse de ne pas servir contre l'Allemage. C'est une désobéissance à nos lois militaires (1), car, aux termes des ordonnances sur le service en campagne et dans les places de guerre, les officiers ne doivent pas se séparer de leurs soldats et ils sont tenus de partager leur sort. Tous les militaires diront qu'un général devient coupable en insérant pareil article dans une capitulation, et qu'un officier, quel que soit son grade, manque à ses devoirs en signant spontanément pareille promesse. Seul le général en chef, s'il y est contraint par des considérations d'ordre supérieur, pourrait autoriser des retours individuels.

Que faisait donc Bazaine dans son repaire du Ban-Saint-Martin, fuyant la lumière du jour, muet et invisible? Avant de livrer son armée, il fit répandre dans les camps que les soldats, au lieu d'être emmenés en captivité, seraient renvoyés dans leurs foyers. Ce ne fut que peu de jours avant qu'il donna l'ordre aux officiers supérieurs d'habituer les soldats à l'idée d'aller en Allemagne (2). Cependant, il n'était pas encore assez sûr d'eux, puisque c'est seulement après leur avoir volé leurs drapeaux et leur avoir fait rendre leurs armes, qu'il osa leur communiquer les termes de cette Capitulation qui livrait à la fois et la ville et l'armée (3). Nous ne raconterons pas ici les scènes de désespoir de nos pauvres soldats, voulant garder leurs aigles, ou exigeant qu'on les brûlât devant eux; nous ne redirons pas les actes de sombre énergie des Messins, exaspérés de voir leur ville s'écrouler sous la honte sans qu'elle ait eut l'honneur de recevoir un boulet ni de brûler

---

(1) *La Capitulation de Metz devant l'histoire.*
(2) *L'acte d'accusation de Bazaine* par MM. H. Nazet et E.-A. Spoll.
(3) Ibidem.

une cartouche. Ils avaient pourtant obligé le Commandant supérieur à dire publiquement sur la place d'Armes : « qu'il fallait être fou pour songer à une capitulation « avant que la ville eût subi trois assauts, et qu'on eût « ouvert dans ses murs un brèche praticable. »

Est-il vrai que la porte Serpenoise devait être remise la première, mais qu'on a dû y renoncer dans la crainte de collisions en cet endroit le plus fréquenté de la ville ?

Est-il vrai que le départ des troupes devait s'effectuer en armes, et qu'on avait expressément arrêté que celles-ci seraient ensuite déposées en présence de l'ennemi ?

Est-il vrai que les officiers français ayant déclaré que, dans le cas où on obligerait leurs hommes à défiler ainsi devant les Prussiens, ils ne pouvaient répondre de l'ordre, nos soldats furent désarmés préalablement à leur sortie de la forteresse ?

Tout indique que Bazaine ne croyait ni à la résignation des Messins ni à celle de l'armée. Le paragraphe du protocole relatif aux magasins à poudre et aux galeries de mines prouve, en effet, qu'on craignait un acte de désespoir comme celui de Laon.

De plus, on savait que des pourparlers existaient entre officiers et soldats pour faire une trouée et sauver, au moins, l'honneur de l'armée. Les généraux Deligny, Bisson, Boissonnet, Clinchant, et d'autres encore avaient déclaré que si l'on parvenait à réunir 15,000 ou 20,000 hommes pouvant marcher, ils se mettraient à leur tête ; mais la dispersion des camps, la brièveté du délai pendant lequel on a pu se concerter, et l'état d'affaiblissement de nos soldats affamés empêchèrent de donner suite à ce projet.

Pense-t-on que tant d'hommes de cœur eussent eu l'idée de se faire massacrer dans une suprême tentative, s'ils avaient jugé la capitulation digne d'eux-mêmes et de leurs soldats? Cependant, Bazaine, dans une proclamation monstrueuse où il se compare à Messéna, à Kléber, et à Gouvion-St-Cyr, appelle le protocole de Frescaty une convention honorable! En vain nous cherchons par quelles relations les actes de ces illustres capitaines peuvent présenter une analogie quelconque avec la reddition de Metz.

A Gênes, Masséna imposa les conditions qu'il voulut à ses adversaires; il fut transporté à la frontière française avec armes et bagages, et l'*enfant chéri de la victoire* recommença la guerre aussitôt.

Kléber, après des exploits fameux en cent lieux, répondit à une demande de capitulation par la victoire d'Héliopolis.

Gouvion-St-Cyr, quoique surpris à Dresde au milieu des horreurs de la retraite de Russie, ne rendit la Place qu'après une longue résistance. On sait qu'il devait être reconduit en France avec ses troupes, et s'il fut maintenu en captivité, c'est par trahison.

Plût au ciel que Bazaine, au lieu d'invoquer ces grands noms sans les imiter, se fut inspiré de leurs exemples; il ne nous aurait pas perdus, et il ne serait pas maudit par son pays après avoir été insulté sur le chemin de la captivité. S'il est vrai, comme on l'a rapporté, qu'il dût fuir de Metz en voiture fermée, et qu'à Ars les femmes l'accueillirent par les cris de traître! lâche! serpent! voleur! S'il est vrai qu'à Pont-à-Mousson il dût se mettre sous la protection de l'autorité prussienne; s'il est vrai qu'à Nancy on lui jeta des pierres, c'était le commencement du châtiment, et il dut voir que l'opinion publique est un terrible juge. Nous sommes loin d'applaudir à ces actes de violence, car nous pensons que Bazaine a droit aux ménagements que l'on observe envers un accusé, mais alors il faut qu'il parle, qu'il explique sa conduite, et qu'il rende compte de ce qu'il a fait.

Le 2 novembre, le maréchal Bazaine adressa, de Cassel, la lettre suivante au journal *le Nord* :

« En arrivant à Cassel, où nous sommes internés par ordre
« de l'autorité prussienne, j'ai lu votre *Bulletin* (partie poli-
« tique) du 1er novembre, sur la Convention militaire de Metz
« et la proclamation aux Français de M. Gambetta. Vous avez
« raison, l'armée n'eût pas suivi un traître, et pour toute réponse
« à cette élucubration mensongère afin de continuer à égarer
« l'opinion publique, je vous envoie l'ordre du jour adressé à
« l'armée après les décisions prises à l'unanimité par les Con-
« seils de guerre des 26 et 28 octobre au matin.

« Le délégué du Gouvernement de la Défense nationale ne
« semble pas avoir conscience de ses expressions ni de la situa-
« tion de l'armée de Metz, en stigmatisant le chef de cette ar-
« mée qui, pendant près de trois mois, a lutté contre des forces
« presque doubles, dont les effectifs étaient toujours tenus au
« complet, tandis qu'elle ne recevait même pas une communi-
« cation de ce Gouvernement, malgré les tentatives faites pour
« se mettre en relations. Pendant cette campagne de trois mois,
« l'armée de Metz a eu un maréchal et 24 généraux, 2,140 offi-
« ciers et 42,350 soldats atteints par le feu de l'ennemi.

« Se faisant respecter dans tous les combats qu'elle a livrés,
« une pareille armée ne pouvait être composée de traîtres ni de
« lâches. La famine, les intempéries ont fait seules tomber les
« armes des 65,000 combattants réels qui restaient (l'artillerie
« n'ayant plus d'attelages et la cavalerie étant démontée), et
« cela après avoir mangé la plus grande partie des chevaux et
« fouillé la terre dans toutes les directions pour y trouver rare-
« ment un faible allègement à ses privations.

« Sans son énergie et son patriotisme, elle aurait dû succom-
« ber dans la première quinzaine d'octobre, époque à laquelle
« les hommes étaient déjà réduits, par jour, à 300 grammes,
« puis à 250 grammes de mauvais pain. Ajoutez à ce sombre
« tableau plus de 20,000 malades ou blessés sur le point de
« manquer de médicaments, et une pluie torrentielle depuis
« près de quinze jours inondant les camps, et ne permettant
« pas aux hommes de se reposer, car ils n'avaient d'autre abri
« que leurs petites tentes.

« La France a toujours été trompée sur notre situation qui a été constamment critique. Pourquoi? Je l'ignore, et la vérité finira par se faire jour. Quant à nous, nous avons la conscience d'avoir fait notre devoir en soldats et en patriotes.

« Recevez, etc. « BAZAINE. »

Ce n'est pas là une justification suffisante, et si le Maréchal estime que ses actes défient le blâme, il doit être plus explicatif, chercher l'examen qui produit la lumière, et ne pas se borner à de vagues généralités quand on lui oppose des faits essentiellement précis. Il importe de savoir si, comme on l'a répété, de braves généraux, auxquels s'attache le renom du vieil honneur français, ont renié Bazaine et ses auxiliaires. Il importe d'expliquer pourquoi Ladmirault aurait refusé de prendre le même train que Canrobert et Coffinières, disant « qu'il lui serait trop pénible de voyager avec de telles gens (1). » Il faut enfin qu'on sache quels sont les graves motifs qui auraient dicté ce passage d'une lettre écrite, dit-on, par Mme la maréchale de Mac-Mahon à un ami de famille : « Vous avez sans doute lu dans les journaux que mon mari avait été à Cassel. Ce n'est pas vrai; mais ce qui l'est, c'est qu'il avait été invité par les Prussiens à s'y rendre avec les Maréchaux. Il s'y est obstinément refusé, ne voulant pas que son nom se trouvât mêlé aux intrigues des ennemis. Dites-le, répétez-le bien haut (2). »

Voici maintenant ce qu'écrivait le général Coffinières au journal l'*Indépendance belge* :

---

(1) *L'Homme de Metz*, par le comte Alfred de la Guéronnière.
(2) *Union de l'Ouest*.

« Hambourg, 6 novembre 1870.

« Monsieur le Directeur,

« J'ai été bien péniblement surpris, en arrivant à Hambourg,
« de lire dans un journal aussi sérieux que l'*Indépendance belge*
« les accusations malveillantes et complètement erronées qui
« sont dirigées contre moi.

« Toutes les fois que j'ai été appelé à donner mon avis, j'ai
« fermement soutenu :

« Que la place de Metz devait avoir des intérêts distincts de
« ceux de l'armée du Rhin, et que toute préoccupation politique
« devait être écartée pour ne songer qu'aux besoins de la dé-
« fense.

« Après de longues et très-vives discussions où j'étais seul
« de mon avis, après avoir donné deux fois ma démission, je
« n'ai cédé que devant l'opinion contraire qui a prévalu dans
« le Conseil de guerre, devant l'épuisement complet de nos res-
« sources alimentaires, et surtout devant l'ordre formel du Gé-
« néral en chef.

« Quant aux approvisionnements, il suffit, pour prouver qu'ils
« étaient suffisants, de dire que la place de Metz, qui devait
« normalement contenir 90 à 100,000 âmes, garnison comprise,
« a pu alimenter près de 240,000 hommes pendant deux mois
« et demi.

« Je suis certain de démontrer plus tard et jusqu'à l'évi-
« dence, que j'ai rempli loyalement mon devoir de soldat et de
« citoyen ; en attendant, je vous prie d'écarter toute insinua-
« tion perfide, et d'insérer ma lettre dans l'un de vos prochains
« numéros.

« Veuillez agréer, etc.

« Général COFFINIÈRES de NORDECK. »

C'est donc affaire entre Bazaine et ses lieutenants. Cependant l'ex-gouverneur de la place de Metz écrivit de nouveau, le 21 novembre, à l'*Indépendance belge* pour essayer de prouver l'injustice des reproches dont l'accable M. de Bouteiller, ancien officier d'artillerie, ancien député au Corps législatif, et membre du Conseil municipal de Metz. Cette réponse à un homme bien placé pour connaître le fond des choses ne réfute pertinemment aucune des accusations soulevées. Le Général ne nie point qu'il y ait un coupable, il s'attache seulement à établir que lui n'est pas ce coupable, et que sa propre responsabilité est couverte par les articles 4, 244 et 245 de la loi sur le service des Places de guerre, formulée dans le décret du 13 octobre 1863. Aux termes de ces articles, quand un Général en chef se trouve à proximité d'une Place, il en a le commandement absolu et assume toute la responsabilité. Dès lors, le Gouverneur n'agit pas de lui-même, et il n'a d'autre mission que de faire exécuter les ordres de l'autorité supérieure. Telle aurait été, à Metz, la situation de M. le général Coffinières. Ainsi posé, le débat n'est plus de notre domaine; il appartient tout entier au Conseil d'enquête, qui décidera si le Commandant supérieur de Metz, général Coffinières de Nordeck, a fait son devoir, ou si, comme il le prétend, « on l'a pris pour victime expiatoire des mal-« heurs éprouvés. » Jusque-là, l'opinion publique maintient son verdict, et elle ne demande que justice et vérité.

Terminons ce chapitre des protestations par une lettre que le général Boyer écrivit à l'*Indépendance belge* :

« Bruxelles, le 31 octobre 1870.

« Monsieur le Rédacteur en chef,

« Le bruit qui se fait autour de mon nom depuis plusieurs
« jours, les interprétations de toute sorte auxquelles a donné
« lieu la mission dont j'étais chargé, ne m'auraient point fait
« sortir de la réserve qui m'était imposée par les circonstances.

« J'ai laissé courir les bruits, je n'avais point à rectifier les
« interprétations.

« Mais, je lis depuis deux jours dans toutes les feuilles publi-
« ques des appels à l'honneur et au patriotisme de la France,
« auxquels sont joints des anathèmes lancés contre le maréchal
« Bazaine et contre les chefs militaires de l'armée du Rhin.

« Les injures et les attaques violentes sont les seuls argu-
« ments dont puisse disposer M. Gambetta.

« Il use largement de ces moyens oratoires. Sans doute,
« il trompera quelques esprits naïfs et timorés qui grossiront
« l'armée des exaltés.

« Plus modéré que lui, je me borne à protester contre son
« inqualifiable violence, et, au nom de l'armée du Rhin tout
« entière, de laquelle je tiens la mission qui m'a amené à Ver-
« sailles et à Londres, au nom de son glorieux Chef, je déclare
« que M. Gambetta offense la conscience publique autant que
« nos valeureux soldats en parlant d'infamie et de scélératesse.

« Nous n'avons point capitulé avec l'honneur, nous n'avons
« point capitulé avec le devoir, nous avons capitulé avec la
« faim.

« Agréez etc.,

« Général Baron Napoléon BOYER. »

Cette audacieuse protestation se passe de commentaires ; tout ce qu'on a lu plus haut réfute de la façon la plus catégorique les assertions du général Boyer, et l'on verra, par la suite, que l'émissaire du maréchal Bazaine se fait la plus étrange illusion s'il croit consciencieusement que l'armée du Rhin lui ait donné mandat de négocier à Versailles et à Londres. Toutefois, il est à propos de citer les conclusions de l'article dont le journal belge fit suivre la lettre qui précède :

« Si la conscience publique est offensée, c'est par l'outrecui-
« dance de tous ces hommes du bonapartisme qui ont mené la
« France à l'abîme, et qui, alors qu'ils devraient lui demander

« pardon à genoux, n'ont pas même la pudeur de se taire, et
« affectent une jactance qui serait insupportable même s'ils
« n'avaient rien à se reprocher (1). »

Une autre personne, sous une forme enjouée, répliqua en ces termes au négociateur de Bazaine :

» Londres, 3 novembre 1870.

« Monsieur le Baron Général Napoléon Boyer,
« à Bruxelles.

« Mon Général,

« En réponse à votre lettre du 1-2 novembre dans l'*Indé-*
« *pendance belge*, je vous prie de vouloir bien me faire savoir,
« par la même voie, si les 53 aigles rendues aux Prussiens ont
« capitulé avec la faim.

« Je suis, etc.

« Baron DE SCHLESWIG. »

Voilà qui caractérisait nettement les imputations de M. Boyer, et puisque ce général se faisait l'apologiste du maréchal Bazaine, nous eussions désiré qu'il expliquât pourquoi les Prussiens se vantaient, dès avant la capitulation, d'occuper Metz à jour fixe. N'ont-ils pas dit à Nancy : « Si Metz a ses forts, nous avons Bazaine ? » N'ont-ils pas dit, depuis leur entrée dans la ville-vierge, « qu'ils étaient chez eux parce qu'ils l'avaient achetée ? » Certes, nous faisons la part de l'exagération, mais c'est déjà trop que de pareils propos puissent trouver créance dans l'esprit public.

(1) *Indépendance belge* des 1 et 2 novembre 1870.

Comment motiver la rigoureuse censure à laquelle la presse locale fut soumise ? Grâce à nos relations avec les rédacteurs de l'*Indépendant de la Moselle* nous avons eu en mains les épreuves d'articles supprimés ou dénaturés par le général Coffinières, et nous avons remarqué que les coupures retranchaient précisément tout ce qui était capable de relever le moral ou d'entretenir le courage de la population et de l'armée (1). Pas une plainte ne pouvait se produire contre les actes de l'autorité militaire, pas une bonne nouvelle ne trouvait confirmation auprès des états-majors, mais, en revanche, ils laissaient passer les élucubrations les plus chimériques et ils fournissaient les récits désolants qui, maintes fois, vinrent jeter l'émotion parmi les assiégés.

Bazaine devait cependant tenir ses renseignements de bonne source, car il avait, soit par lui-même, soit par les généraux Boyer et Jarras, des entretiens secrets avec le Prince Frédéric-Charles. Tout le monde, à Metz, connaissait ces relations du Maréchal avec l'état-major ennemi, et les Prussiens eux-mêmes avouaient ouvertement que notre général en chef était très-souvent chez eux (2). Un officier français a déclaré la même chose, et voici comment il s'exprime :

« . . . .
« Loin de se faire redouter de l'ennemi, il (Bazaine) en accepta,
« dès le début, des complaisances compromettantes. On disait
« que le Maréchal recevait, chaque jour, ses journaux ; il est

---

(1) Le même grief est affirmé par les auteurs de l'*Acte d'accusation de Bazaine*, dont l'un, M. Spoll (du *Gaulois*) collaborait à l'*Indépendant de la Moselle*, durant le blocus de Metz.
M. Albert Alexandre, dans sa brochure intitulée l'*Homme de Metz*, rétablit le texte primitif des articles tronqués par la censure.
(2) *L'acte d'accusation de Bazaine*, par MM. H. Nazet, et E.-A. Spoll,

« certain que les Prussiens se chargeaient de sa correspon-
« dance privée, et de celle de son entourage. J'ai moi-même
« profité de ce mode de communication (1). . . . .

On nous trompait donc en prétendant que le quartier général était sans relations avec le dehors. Cette fourberie ne peut plus nous étonner aujourd'hui, car nous avons une nouvelle preuve que l'impudence s'étalait même dans les documents officiels du Commandant en chef. Cela résulte de la déclaration suivante, votée à l'unanimité par le Conseil municipal de Lille dans sa séance du 9 novembre 1870 :

« Le maréchal Bazaine, en annonçant dans une proclamation
« à l'armée, qu'il a si traîtreusement livrée à l'ennemi, que la
« ville de Lille et tout le Nord de la France demandaient la
« paix à tout prix, s'est rendu coupable d'un insigne mensonge
« que la représentation municipale repousse avec indignation
« au nom de ses concitoyens. »

Il nous reste maintenant à faire connaître quelques-unes des opinions diverses formulées par des officiers de l'armée du Rhin sur la catastrophe de Metz, l'attitude de Bazaine, et le rôle de ses soldats.

Reproduisons d'abord une lettre du capitaine Baron de B..... qui en a demandé l'insertion, sous sa responsabilité absolue, dans l'*Avenir* de Luxembourg :

« Monsieur le Rédacteur,
« Veuillez me pardonner, Monsieur, si je viens à la suite de
« tant d'autres élever une voix contre les hommes, ou plutôt
« l'homme qui a amené l'infâme capitulation de l'armée du
« Rhin.

(1) *Indépendance belge* du 4 novembre 1870.

« Ce serait une tâche ardue, ingrate, surhumaine que d'écrire
« un plaidoyer en faveur du Maréchal de France, *l'immortel*
« *Bazaine !* qui a commandé l'armée du Rhin. Aussi ne l'entre-
« prendrai-je pas. Bien au contraire.

« Quelqu'un de mes frères d'arme se figurerait-il, peut-être,
« que Bazaine nous a perdus par ignorance ou par ineptie ? Il
« se tromperait grossièrement. Il nous a tout simplement *ven-*
« *dus*, et, pour nous *livrer*, il a déployé une astuce, une fourbe-
« rie, un luxe de ruses dont Machiavel se serait fait honneur,
« et qui ferait mourir de dépit tous les coquins les plus fameux
« des temps passés.

« Joseph a vendu ses frères d'arme, quel prix en a-t-il reçu ?
« Nous l'ignorons encore. Mais, ce que nous savons, ce que
« savent les habitants de Metz et toute l'armée, ce sont les
« moyens employés pour arriver à livrer, à échéance fixe et
« déterminée à l'avance, l'armée du Rhin et la Place de Metz.

« Ces moyens les voici :

« Affaiblir au physique le soldat, en ruinant sa constitution
« par des privations de toutes sortes : plus de sel, plus de sucre;
« à peine du café; du pain mal fabriqué et en quantité insuffi-
« sante ; du cheval, beaucoup de cheval, même trop de cheval;
« jamais du lard; des boissons dangereuses pour la santé.

« Mais le moyen de faire autrement, me dira-t-on peut-être ?

« Je répondrai :

« Sans compter une vigoureuse trouée faite à la fin d'août
« ou dans les premiers jours de septembre, on pouvait et on
« *devait* faire des perquisitions sérieuses, et obliger les habitants
« de Metz à étaler au grand jour leurs ressources les plus ca-
« chées. Mais comment agir ainsi quand on ferme bénévole-
« ment les yeux sur les vivres franchement, librement déclarés
« par de bons citoyens dont je pourrais citer les noms ? Tel
« accusait 30 sacs de farine ; tel autre déclarait posséder 100 sacs
« de blé ; un troisième avait chez lui des provisions suffisantes
« pour fournir du pain à toute l'armée et à la ville pour un jour !
« Et les tonneaux de lard défoncés au fort Saint-Julien et livrés
« sans contrôle, le 29 octobre, à nos soldats affamés ! Et les
« vivres abondants que recélaient les forts vendus avec le **reste**
« de son fonds par le mercantile Bazaine !

« Un chiffre immense, un nombre écrasant se dresse pour
« accuser le Maréchal. Six millions de rations de toutes sortes
« se trouvaient à Metz, le jour où les Prussiens sont entrés par
« la porte Mazelle !

« Faisant la part à l'exagération née d'un sentiment bien lé-
« gitime de rage et d'exaspération qui animait des hommes
« traitreusement vendus, je puis constater qu'on pouvait encore
« tenir quinze jours, sans souffrir plus que nous n'avions souf-
« fert jusqu'alors.

« Voilà pour le physique. Quant au moral, les moyens n'ont
« pas été moins machiavéliques.

« Avez-vous, Bazaine, comme jadis à Gênes Masséna, auquel
« vous osez vous comparer, su faire manger, sans se plaindre,
« à vos soldats des rats et des semelles de botte ? Loin de là ! Pas
« un ordre du jour ! Pas une visite aux camps et aux ambulances !
« Rien enfin de ce qui peut ranimer les grands cœurs qui ont
« l'estomac creux ! Un homme de cœur, c'est de l'hébreu pour
« Votre Excellence. Vous avez pris une ou deux fois la plume,
« si je m'en souviens bien, et c'était pour nous annoncer que
« vous ne saviez rien des nouvelles extérieures. Mensonge ! —
« Vos amis, les Prussiens, vous rendaient souvent visite en
« parlementaires, et les rapports de vos espions, *si vous en aviez*,
« devaient vous parvenir. Le jour où les comptes seront arrêtés,
« vous ne vous ferez rien payer, croyez-moi, pour un service
« que vous n'avez pas *su* ou *voulu* organiser. Avouez-le donc
« franchement, si faire se peut, que vous saviez tout ce que vous
« désiriez savoir ; mais vous saviez aussi ignorer tout ce qui
« vous gênait dans vos projets.

« Un jour, vous décomptiez avec des larmes de crocodile nos
« pertes aux combats de la plaine de Thionville, mais vous ne
« disiez pas que si vous aviez dirigé de ce côté plus de quatre
« hommes avec un caporal, vous auriez atteint Thionville qui
« regorgeait de vivres. Ah oui ! nous avions devant nous de
« formidables ouvrages ! ! !

« Un jour cependant, vous avez laissé ou peut-être fait circuler
« vous-même une bonne nouvelle qui était nécessaire pour apai-
« ser la partie saine et virile de la population Messine qui vous
« serrait de près. Vous voulez me forcer d'agir, vous êtes-vous
« dit, et Boum ! — 180,000 Prussiens occis ! Le pauvre Guil-

« laume est en déroute ! Fritz ne va pas bien ! Que Metz tienne
« encore, on arrivera.

« Et il est arrivé, le jour de la vente, et nous, bénévoles vic-
« times, nous croyions à ces paroles d'espérance que Votre rusée
« Excellence se gardait bien d'appuyer de son autorité ou de
« démentir de toutes ses forces. Mais ces caquets se faisaient
« pour le compte du vendeur.

« Vous avez eu un bonheur gigantesque, vous aviez un com-
« mandant de place à qui je n'aurai jamais la force de garder
« rancune : il s'était fait la main aux grands commandements
« comme directeur de l'Ecole polytechnique, où il s'est fait,
« hélas ! apprécier à sa juste valeur ! Vous aviez une armée do-
« cile, croyant encore en vous jusqu'à la dernière heure, une
« armée à laquelle vous faisiez donner des ordres en cas de dé-
« part... pour la Prusse. Assurément, à l'heure même où vous
« nous laissiez croire à une dernière tentative pour échapper à
« la capitulation, le marché était conclu avec Frédéric-Charles
« et le jour de la livraison était fixé.

« Vous disiez que vous n'aviez pas de nouvelles extérieures,
« et pourtant vous communiquiez avec une touchante sollicitude
« tous les malheurs vrais ou faux de notre malheureuse Patrie.
« Décourager les officiers, faire naître en eux le sentiment qu'il
« est inutile de défendre des hommes qui se battent entr'eux, un
« pays en proie à la guerre civile, voilà le but de Votre Excel-
« lence.

« Aux soldats affaiblis par vos soins assidus, vous laissâtes ou
« vous fîtes savoir que les officiers seuls seraient prisonniers,
« tandis que les soldats retourneraient tranquillement dans leurs
« familles.

« Excellence, ne m'appelez pas imposteur, car en admettant
« même cette circonstance atténuante que vous n'ayez pas
« trempé dans cette infamie, le devoir le plus simple, le plus
« strict, le plus facile pour un homme qui s'est comparé à
« Masséna et Gouvion-St-Cyr, c'était de dire dans un ordre du
« jour ces seuls mots-ci : « Soldats ! on vous trompe ; vous
« aussi vous serez emmenés comme prisonniers de guerre en
« Prusse ! »

« Mais que fallait-il attendre d'un homme qui fait dérober les
« aigles la nuit, sous le fallacieux prétexte de les brûler ? d'un

« homme qui fait désarmer ses troupes à l'improviste, toutes à
« la même heure, avec défense de rien détériorer?

« Nous autres, officiers, nous avons fait cause commune avec
« les journalistes pour vous jeter à la face toute la honte dont
« vous avez voulu et su nous abreuver.

« N'avez-vous pas peur des malédictions de ces soldats que
« vous avez laissé tromper, qui tombent d'épuisement et de fa-
« tigues dans les fossés des routes qui mènent en Prusse? Ne
« les voyez-vous pas, la honte au front, la mort dans l'âme,
« affamés, gelés de froid? Ne les entendez-vous pas vous lancer,
« en relevant une dernière fois la tête, ces derniers mots :
« Traître, lâche, imposteur ! (1) »

Un autre, sous son nom, et à visage découvert, a écrit
ce qui suit à l'*Indépendance belge :*

« Bonn, le 12 novembre 1870.

« *L'Indépendance* du 11 reproduit une lettre attribuée à un
« diplomate français, dans laquelle est exposé tout un plan de
« restauration bonapartiste.

« L'exécution en aurait commencé à Sedan, se serait conti-
« nuée par les agissements qui ont amené la capitulation de
« Metz, et se réaliserait sûrement le jour où le Gouvernement
« de la Défense nationale, vaincu par l'étranger, débordé à
« l'intérieur, ne laisserait à la France d'autre recours, pour
« échapper à l'anarchie et au pillage, que la rentrée des Napo-
« léon, appuyée sur les baïonnettes des deux armées actuellement
« prisonnières en Allemagne.

« Le correspondant de M. Gambetta voit peut-être très-clair
« dans les projets de l'Empereur et de son entourage, mais je
« trouve qu'il fait bon marché du sens moral des malheureuses
« armées de Sedan et de Metz, lorsqu'il les suppose capables de
« se replacer sous les ordres de leurs chefs de naguère pour ap-
« porter la guerre civile dans leur patrie . . . .
. . . .

(1) L'*Avenir*, de Luxembourg, du 17 novembre 1870.

« Je proteste énergiquement, en ce qui me concerne, contre
« toute insinuation de ce genre . . . .
« Recevez, etc.

« G. RAYNAL DE TISSONNIÈRE,
« *Chef de bataillon d'infanterie.* »

Voici encore un document qui fait honneur à ceux qui l'ont signé :

« Hambourg, 23 novembre 1870.

« A M. le rédacteur de l'*Indépendance belge.*

« Monsieur le rédacteur,

« La capitulation de Metz, aussitôt qu'elle a été connue de
« l'armée de Bazaine, a été pour tous ceux qui en faisaient partie
« un bien cruel affront. Sans faire de commentaires, je puis vous
« assurer que tous nous avons protesté contre cet acte honteux,
« auquel nous étions loin de nous attendre.

« Le 41ᵉ de ligne, en particulier, commandé par M. le colonel
« Saussier, actuellement prisonnier de guerre et détenu à la
« citadelle de Grandenz, pour n'avoir pas acquiescé aux condi-
« tions de la capitulation, et s'être refusé de signer qu'il se consi-
« dérait comme prisonnier sur parole, ainsi que tous les officiers
« de son régiment, dès que des bruits de capitulation ont circulé,
« ont adressé au maréchal Le Bœuf, commandant le 3ᵉ corps
« d'armée, sous les ordres duquel ils se trouvaient, la protes-
« tation ci-après dont je vous envoie le texte même, en vous
« priant de bien vouloir lui donner accès dans les colonnes de
« votre journal bien sympathique :

« Queuleu, 28 octobre 1870.

« Au maréchal Le Bœuf, commandant le 3ᵉ corps d'armée,
à Saint-Julien.

« Les officiers soussignés du 41ᵉ régiment de ligne, quoique
« n'ayant pas encore reçu la communication officielle d'une

« capitulation sans condition, croient néanmoins devoir consi-
« dérer comme vrai cet immense désastre. Ils se font un devoir
« de protester de la façon la plus solennelle contre la reddition
« entière d'une armée qui n'a pas encore été battue par l'ennemi ;
« ils vous prient de vouloir bien être assuré de leurs concours,
« et si vous voulez bien faire un appel à leur dévouement pour
« un acte énergique, ils se déclarent tous prêts à combattre.

« (Suivent les signatures du colonel Saussier et de 42 autres
« officiers de son régiment.)

« Veuillez agréer, etc.

« MEYER,
» *Lieutenant au 41ᵉ de ligne,*
» *prisonnier de guerre à Hambourg.* »

De son côté, M. de Valcour, officier attaché au grand quartier général, a remis à M. Gambetta un rapport dont la conclusion se résume en ces termes :

« Il reste acquis à la cause que le Maréchal a, dès le 14 sep-
« tembre, connu et répudié le Gouvernement de la Défense
« Nationale, et que tous les actes de sa conduite politique et
« militaire, depuis cette époque jusqu'à maintenant, sont ceux
« d'un indigne serviteur, sinon d'un traître à la patrie.

« Le 15 octobre, le général Coffinières, poussé par la munici-
« palité et la garde nationale de Metz, reconnut par une lettre
« affichée partout l'existence du Gouvernement de la Défense
« Nationale, et annonça en même temps aux habitants de la
« forteresse l'épuisement subit des denrées alimentaires.

« Par un écrit, également rendu public, le Conseil Municipal,
« à l'unanimité, déclara repousser toute complicité dans l'acte
« d'incroyable légèreté, pour ne pas dire de honteuse trahison,
« par lequel le Général commandant supérieur de leur ville
« avait dissipé les ressources de la ville de Metz pour en nourrir
« l'armée campée hors des murs.

« Pour résumer la conduite du maréchal Bazaine dans les
« deux mois et demi qui se sont écoulés entre la bataille du

« 18 août (Saint-Privat) et maintenant, nous dirons, en nous
« appuyant sur les faits cités plus haut :

« 1° Que le Maréchal n'a jamais tenté, depuis le 18 août, une
« sortie sérieuse, et que ses essais d'attaque des lignes prus-
« siennes n'ont été faits que pour lui servir, plus tard, d'excuses
« aux yeux de son pays et de l'histoire.

« 2° Que le Maréchal ne voulait pas tenter un effort suprême
« qui aurait, même en cas de succès, grandement désorganisé
« sa splendide armée, et ne lui aurait plus permis à lui, Com-
« mandant en chef de l'armée du Rhin, d'être l'arbitre des
« destinées politiques de la France (1).

« 3° Ces mêmes considérations expliquent pourquoi le Maré-
« chal n'a jamais consenti à reconnaître le Gouvernement de la
« Défense Nationale, et a cherché, jusqu'aux derniers moments,
« à rassembler les restes de la puissance bonapartiste dans le
« but de refaire un troisième Empire.

« 4° Une fois convaincu qu'il ne pourrait amener la France et
« les Prussiens tout-à-la-fois à des idées de restauration des
« Bonaparte, qu'en ajoutant le désastre de la capitulation de
« l'armée de Metz et de la ville elle-même à tous les malheurs
« qui pèsent déjà sur notre pauvre pays, le Maréchal a pris à
« tâche de hâter le moment de la reddition.

« Pour ce faire, il s'est refusé à diminuer à temps les rations
« de fourrages, laissant ainsi subitement les 25,000 chevaux
« composant sa cavalerie et traînant son artillerie sans aucune
« denrée alimentaire, au lieu de faire durer le plus longtemps
« possible les ressources qu'il avait entre les mains au 1er sep-
« tembre, date de sa dernière grande sortie (2).

« De même, il n'a consenti à amoindrir les rations de vivres
« qu'après de longs délais, et alors que cette mesure n'avait
« plus qu'une utilité minime, puisqu'elle ne pouvait être exer-
« cée que sur une quantité peu considérable d'approvisionne-
« ments.

(1) C'est probablement aussi pour le même motif que le maréchal Bazaine
a tenu au complet les effectifs de la garde. Jusqu'au dernier moment, il a
rempli les cadres de ce corps en y introduisant des hommes de la troupe
de ligne.   (*Note de l'auteur*.)

(2) Il nous semble cependant que la *dernière* grande sortie de Bazaine a
été tentée le 7 octobre.   (*Note de l'auteur*.)

« 5° — Bref, en tous points, le maréchal Bazaine n'a agi que
« dans un seul but, être et rester maître de la situation politi-
« que en France, et, croyant pouvoir se servir des Prussiens
« pour l'aider dans l'exécution de ses projets ambitieux, *il leur*
« *a livré sciemment* la ville et forteresse de Metz, ainsi que
« l'armée française de cent et dix mille hommes campée dans
« l'enceinte retranchée. »

Le général Bisson, autre témoin que créditent l'autorité de sa position et l'honorabilité de son caractère, vient aussi nous apporter ce nouveau témoignage accablant :

» Trèves, le 4 octobre 1870.

« Plusieurs journaux belges et français ont produit, sur la
« capitulation de Metz, des articles inexacts pour l'honneur de
« l'armée française et des généraux en sous ordre. Il est indis-
« pensable que l'Europe sache que, dans aucune circonstance,
« les généraux commandant les divisions et les brigades de
« l'armée de Metz n'ont été consultés. Chaque fois que les com-
« mandants de corps d'armée les ont réunis, c'était, non pour
« leur demander leur avis, mais pour les informer des faits
« accomplis. Il faut donc que la responsabilité tout entière des
« fautes commises retombe sur le Général en chef et les chefs
« de corps d'armée ci-dessous désignés : Bazaine, général en
« chef ; — Canrobert, commandant le 6e corps ; — Le Bœuf, le
« 3e corps ; — Ladmirault, le 4e ; — Frossard, le 2e, et Desvaux,
« la garde en remplacement de Bourbaki.

« Le 8 octobre, par ordre du Général en chef, les comman-
« dants des corps d'armée réunirent chez eux les généraux de
« division, afin de les informer qu'il ne restait plus à l'armée
« que pour huit jours de vivres, en réduisant la ration d'un
« tiers, et que la ville de Metz en avait tout au plus pour une
« dizaine de jours ; qu'il fallait prendre un parti avant l'épuise-
« ment total de nos provisions de bouche ; quant à nos muni-
« tions de guerre, l'artillerie avait encore assez de projectiles et
« l'infanterie une quantité suffisante de cartouches pour livrer
« une bataille.

« Afin de ne pas m'écarter de l'exacte vérité, je m'abstiens de
« parler des autres corps d'armée ; je citerai seulement, mot
« pour mot, tout ce qui a été dit et fait dans le 6ᵉ corps, auquel
« j'avais l'honneur d'appartenir. M. le maréchal Canrobert,
« après nous avoir lu la lettre du Général en chef faisant con-
« naître la triste situation dans laquelle se trouvaient l'armée
« et la ville de Metz, se retira en nous priant de tenir conseil
« sur la conduite que les circonstances nous dictaient. — Le 6ᵉ
« corps d'armée était composé de quatre divisions d'infanterie
« et une de cavalerie, commandées par MM. les généraux Tixier,
« Bisson, La Font de Villiers, Levassor, Sorval et du Barrail.
« Bien qu'ils n'eussent jamais été consultés jusqu'alors pour
« les opérations militaires qui avaient amené cette fâcheuse
« situation, dans l'intérêt de l'armée, les généraux de division
« au 6ᵉ corps consentirent à proposer la capitulation suivante :

« N'ayant plus de vivres, l'armée de Metz consentirait à
« capituler, à condition qu'elle rentrerait en France avec dra-
« peaux, armes et bagages, pour se retirer dans une des villes
« du Midi, s'engageant à ne pas servir contre la Prusse pendant
« le reste de la campagne ; que la ville de Metz serait libre de
« continuer sa défense. »

« Si ces conditions n'étaient pas acceptées par l'ennemi, nous
« étions résolus à poursuivre un passage, les armes à la main,
« et à nous faire tous tuer plutôt que de nous rendre.

« Ce procès-verbal, signé par les cinq généraux commandant
« les divisions du 6ᵉ corps, fut remis au maréchal Bazaine,
« commandant en chef. — Bien résolu à ne pas accepter la
« moindre condition humiliante, j'adressai le lendemain une
« proposition au maréchal Canrobert, en le priant de la com-
« muniquer au Commandant en chef.

« Je demandais qu'on formât une avant-garde composée de
« bataillons de chasseurs à pied, au nombre de six, et des com-
« pagnies d'éclaireurs de tous les corps d'armée, ce qui faisait
« un total de 10,000 hommes. Si l'on voulait m'en confier le
« commandement, je me chargeais d'ouvrir un passage à
« l'armée en m'emparant des hauteurs boisées qui vont presque
« jusqu'à Thionville en longeant la rive gauche de la Moselle ;
« par ce moyen, nous tournions les batteries ennemies établies
« à Saulny, Norroy, Bellevue, Fèves et Semécourt.

« L'armée pouvait, passant au-dessous des bois, éviter l'artil-
« lerie placée sur la rive droite de la rivière, et, protégée par
« mes troupes, n'aurait eu à se défendre qu'à l'arrière-garde.
« Culbutant devant nous les faibles lignes que les Prussiens
« avaient dans la vallée, nous pouvions, dans la journée,
« gagner Thionville et de là nous diriger sur Mézières en lon-
« geant la frontière, au pis aller nous jeter dans le Luxembourg.
« Malheureusement, ma proposition resta sans effet, et Son
« Excellence ne daigna pas me répondre.

« Le 11, nous apprîmes que le général Boyer, désigné par le
« commandant en chef pour traiter de la capitulation, était
« parti pour Versailles.

« Le 18, le maréchal Canrobert me fit appeler à sept heures
« du matin : il feignit de ne pas connaître les nouvelles appor-
« tées dans la nuit par le général Boyer ; il m'interrogea longue-
« ment sur mon opinion en cas de refus de l'ennemi d'accepter
« des conditions honorables. Je lui répondis que le seul parti à
« prendre était celui que j'avais proposé, c'est-à-dire gagner
« Thionville par les hauteurs boisées. La conversation en resta
« là. Le même jour, à deux heures de l'après-midi, les com-
« mandants de corps d'armée réunirent les généraux de divi-
« sion, les chefs de service et chefs de corps, pour les entretenir
« sur les projets du général en chef et les résultats de la démarche
« faite par le général Boyer, rentré de la veille au grand quar-
« tier général.

« Dans la réunion des généraux de division du 6e corps, le
« maréchal Canrobert fut excessivement embarrassé dans les
« détails sur la mission du général Boyer.

« Il parla longuement pour ne rien dire, sa voix tremblait, et,
« après bien des circonlocutions, il finit par nous dire que le roi
« de Prusse ne voulait pas reconnaître le gouvernement de la
« Défense Nationale, mais qu'il traiterait volontiers et au grand
« avantage de l'armée française avec le Gouvernement de la
« Régence ; qu'en conséquence, le Général en chef allait de
« nouveau envoyer le général Boyer pour décider l'Impéra-
« trice à accepter cette proposition.

« Le Maréchal nous engagea à réunir les officiers pour leur
« faire bien comprendre la triste position dans laquelle se trou-
« vait l'armée, et leur dire que le seul moyen d'en sortir était

« d'établir en France le gouvernement de la Régence; que pour
« arriver à ce résultat il n'y avait que quelques jours à attendre;
« que l'armée serait dirigée, avec drapeaux, armes et bagages,
« sur une ville de France, où l'on proclamerait le nouveau
« Gouvernement; qu'on comptait sur le dévouement du soldat
« pour prendre patience encore quelques jours ; que, faute de
« pain, on augmenterait d'un tiers la ration de viande de cheval.
« Les officiers acceptèrent la proposition du Commandant en
« chef comme seul moyen de rentrer en France avec les hon-
« neurs de la guerre, mais, parmi eux, pas un n'aurait consenti
« à imposer le Gouvernement à notre pays.

« Le même jour, ordre fut donné de se tenir prêt à partir au
« premier signal; on donna à tous les états-majors le plan des
« attaques prussiennes, non pas pour les leur faire connaître
« dans la prévision d'un assaut, mais pour faire accepter aux
« officiers ce que l'on voulait d'eux, en cherchant à les intimider
« par la quantité et la force des ouvrages prussiens. Cette me-
« sure était une fourberie de la part du Commandant, car, une
« fois prisonniers, nous pûmes, en passant les lignes, nous
« rendre un compte exact de la fausseté des plans qui avaient
« été communiqués.

« Les avant-postes de Ladonchamps et de la ferme Sainte-
« Agathe, qui occupaient toute la partie de la plaine de la Mo-
« selle faisant face à Thionville, furent retirés ; les officiers
« prussiens vinrent serrer la main aux officiers français, se
« chargèrent de leurs lettres, et leur dirent qu'ils partaient pour
« Maizières ; tous les avant-postes furent retirés, on paya aux
« officiers de tous grades un mois de solde de France, c'est-à-
« dire solde sans accessoires. On demanda de suite un supplé-
« ment de propositions pour des récompenses : en un mot, on
« fit tous les préparatifs d'un prochain départ.

« Le 24, à cinq heures du soir, le maréchal Canrobert réunit
« ses généraux de division pour annoncer le refus de l'Impéra-
« trice. Un seul espoir, disait-il, nous restait : le général
« Changarnier s'était rendu auprès du prince Frédéric-Charles
« afin de lui proposer de faire appel aux anciens députés de
« l'Empire. Ceux-ci devaient nommer un Gouvernement que
« nous ferions accepter par la France.

« Lorsque le Maréchal eût fini de parler, je lui fis observer

« que cette démarche était une feinte, la réunion de l'ancienne
« Chambre étant impossible, la France ne voulant pas plus de
« ses Députés qu'elle ne voulait de la Régence. J'ajoutais que
« l'armée se regardait comme trompée, persuadée qu'elle était
« de l'autorisation accordée par S. M. le roi de Prusse de sa
« rentrée en France avec drapeaux, armes et bagages, mais que
« les généraux en chef, trop compromis pour l'y suivre, son-
« geaient à la livrer à l'ennemi pour se constituer prisonniers
« avec elle, afin de sauver leur vie et leur fortune.

« Le maréchal Canrobert repoussa l'accusation que je portais
« contre le Général en chef, tout en partageant mon opinion sur
« l'impossibilité de la démarche tentée par le général Changar-
« nier. — Deux jours après, le maréchal Canrobert nous réunit
« pour la dernière fois, et nous annonça qu'une capitulation ac-
« ceptée par le Général en chef nous constituait prisonniers de
« guerre, car le prince Frédéric-Charles ne voulait entendre
« parler d'aucune autre condition.

« Indigné du mépris avec lequel le Prince traitait une armée
« qui l'avait toujours loyalement et vaillamment combattu, je
« demandai à faire un appel à nos troupes pour réunir 10,000
« hommes de bonne volonté et marcher à leur tête, non pas
« pour percer la ligne et nous sauver, mais pour marcher sur
« Ars, quartier-général du Prince, m'emparer de ses canons et
« le voir fuir devant cette armée à laquelle il refusait les hon-
« neurs de la guerre.

« Le Maréchal me répondit que cela n'améliorerait pas le sort
« de l'armée et ne ferait que l'aggraver. Toute résistance aux
« ordres de nos chefs étant impossible, nous dûmes nous sou-
« mettre à ces honteuses conditions acceptées par eux. — Le
« lendemain, nous rendîmes nos armes, et le jour suivant nous
« livrâmes à l'ennemi nos braves soldats dignes d'un meilleur
« sort.

« Et nous nous constituâmes prisonniers.

« Voilà, Monsieur, où nous a conduits la fourberie des chefs
« que nous avait donnés l'Empereur.

« Mais une dernière infamie devait mettre le comble à ces
« honteuses menées ; le 28, à dix heures du soir, les généraux
« de division recevaient la lettre confidentielle suivante :

« Général,

« Veuillez donner des ordres pour que les aigles des régiments
« d'infanterie de votre division soient réunies, *ce soir*, dans le
« logement que vous occupez. Demain matin, à sept heures,
« elles seront transportées, par les soins du général commandant
« l'artillerie, dans un fourgon fermé, sous l'escorte d'un officier
« et de maréchaux-des-logis d'artillerie, à l'arsenal de Metz ;
« elles devront être enveloppées de leurs étuis, et vous prévien-
« drez les chefs de corps que ces aigles SERONT BRULÉES à l'arse-
« senal. Le directeur de cet établissement les recevra et en
« délivrera des récépissés aux corps.

« *Le Maréchal de France, commandant
le 6ᵉ corps d'armée,*

« Par ordre : le Général chef d'État-Major
général,

« *(Signé)* HENRY. »

« C'était un nouveau mensonge : les aigles n'ont pas été
« brûlées, mais bien livrées à l'ennemi comme le dernier tro-
« phée de notre honte.

« *Le Général commandant la 2ᵉ division
du 6ᵉ corps d'armée,*

« BISSON. »

Cette lettre a motivé dans le *Vœu national* de Metz la réponse suivante qui, sans infirmer les allégations du général Bisson, présente quelques aperçus dignes d'intérêt :

« Metz, le 22 novembre 1870.

« Monsieur le Rédacteur,

« Le *Vœu national* du 19 novembre publie une lettre d'un
« général de division français à la fin de laquelle est introduite
« une dépêche officielle signée de moi ; le hasard a sans doute
« fait écrire mon nom en caractères si évidemment saillants
« qu'elle m'engage.

« Permettez-moi donc, je vous prie, de me défendre si j'ai été
« attaqué, ou au moins de vous expliquer cette signature.

« La dépêche citée est signée de moi, parce que les chefs
« d'état-major généraux des corps d'armée signent *par ordre*
« toutes les lettres émanant de leurs chefs ; le maréchal Canro-
« bert était le mien, et sa lettre et non la mienne, est la repro-
« duction exacte de celle du maréchal Bazaine, que *j'ai en main.*
« Il est donc acquis que ce dernier avait donné l'ordre de brûler
« les aigles le 28 octobre. Pourquoi ne l'ont-ils pas été? pourquoi
« les ai-je trouvés le 1er novembre à l'arsenal, où j'avais envoyé,
« le 28, ceux du 6e corps contre reçu? M. le général Coffinières,
« commandant dans la place, pourrait seul dire pourquoi l'in-
« cinération n'a pas eu lieu.

« L'usage veut que, lors d'une capitulation, ce soit les chefs
« d'état-major généraux des armées contractantes qui stipu-
« lent ; et c'est encore un usage qui veut que ce soit un des chefs
« d'état-major généraux des corps d'armée qui soit chargé des
« tristes détails ; usage ou non, le maréchal Bazaine, avant de
« résilier les pouvoirs du commandement suprême, m'a confié
« cette lourde tâche ; j'ai obéi, et pour la première fois de ma
« vie, j'ai trouvé l'obéissance douloureuse, et l'esprit de révolte a
« un instant traversé ma pensée. Enfant de Metz, j'avais couru
« sur ses remparts; j'avais, faisant l'école buissonnière, pénétré
« dans l'arsenal et joué sur ses canons de bronze; je m'étais ins-
« piré de tous les glorieux souvenirs de notre chère cité, et j'étais
« fils d'un vieux soldat devenu soldat moi-même.

« Mes compatriotes avaient bien voulu applaudir aux succès
« d'une carrière heureuse jusqu'alors, et quand, après une longue
« absence, j'y rentrais, il y a quelques mois, avec les étoiles
« du commandement, le premier magistrat de notre cité, en me
« faisant la visite que je ne sais quel décret de préséance lui
« prescrivait, et que je recevais avec une certaine confusion de-
« vant ses cheveux blancs, me disait : « Vous avez bien fait,
« M. le général, de venir ici, avec votre haut rang, montrer aux
« enfants de votre ville natale ce que peut faire le courage, le
« travail et le patriotisme. »

« Me rappelant le passé, pensant que je devais remettre aux
« mains de l'ennemi le splendide matériel de guerre que ren-
« fermaient la place et les forts, il me semblait qu'enfant, j'allais
« manquer à ma glorieuse mère, et qu'oubliant les philosophi-

« ques paroles de l'honorable M. Maréchal, j'allais donner un
« mauvais exemple à ses autres enfants, et comme je vous le
« disais, l'idée de la révolte a traversé mon esprit ; je n'avais pas
« pleuré quand j'ai appris que mon fils, généreux soldat de 20
« ans, était mort, le 16, en défendant près de Metz, sa cité natale,
« l'honneur et l'indépendance de son pays ; j'ai pleuré de rage et
« de douleur en recevant cette fatale mission.

« La parfaite courtoisie des généraux prussiens vis-à-vis du
« général français, leur prisonnier, et le seul représentant de
« l'armée du Rhin, à Metz, n'en a pas adouci l'amertume, et je
« ne trouve de forces à remplir ma trop pénible mission que
« dans le bien que je puis faire ; il ne faut donc pas que je sois
« calomnié.

« Il me répugne plus que vous ne sauriez le croire de tant
« parler de moi ; je ne le fais que parce que, enfant de Metz,
« j'appartiens à tous ses enfants, et qu'avant tout je tiens à leur
« estime, à leur affection.

« Incidemment, voulez-vous me permettre de discuter l'un
« des points de cette lettre du général Bisson, et de ne la pas ap-
« prouver comme vous : que le général de division me pardonne
« de n'être pas de son avis !

« N'ayant plus de vivres, l'armée de Metz consentirait à capi-
« tuler, à condition qu'elle rentrerait en France avec drapeaux,
« armes et bagages, pour se retirer dans une des villes du Midi,
« s'engageant à ne pas servir contre la Prusse pendant le reste
« de la campagne ; que la ville de Metz serait libre de continuer
« sa défense. »

« Ainsi les généraux de division du 6ᵉ corps, c'est lui qui
« nous l'apprend, ont déclaré que, n'ayant *plus de vivres*, l'ar-
« mée de Metz *consentirait* à capituler . . . .
« . . . .

« Ainsi, pour eux, la capitulation était reconnue *nécessaire*.
« Je ne discute pas leur opinion, mais ce que j'ai le droit de dis-
« cuter, d'affirmer, c'est qu'étant donné cette triste nécessité,
« l'honneur n'était pas où M. le général Bisson le place... Pour
« moi, j'aime mieux porter impuissante en Prusse mon épée,
« enfermée au fourreau par la qualité de prisonnier de guerre,
« que de la tirer, paradant dans quelque ville du Midi, mais
« impuissante aussi, engagé à ne pas servir contre la France.

« Voyez-vous cette glorieuse armée du Rhin qui, dans maintes
« batailles où a coulé le généreux sang de 45,000 de ses soldats,
« a mérité l'estime de ses ennemis, la voyez-vous regardant,
« inoffensive, défiler devant elle les légions allemandes mar-
« chant à la rencontre des levées du Midi, de l'Est, de l'Ouest,
« du pays tout entier, et ne sentez-vous pas ses aigles, ses armes
« plus humiliées !

« Ou bien aimez-vous mieux la voir, par un accord tacite, ar-
« mée de prétoriens appuyant de sa valeur, désormais impuis-
« sante contre l'ennemi, je ne sais quelle restauration rêvée, et
« marchant contre les enfants de la France, de toutes les opi-
« nions, qu'un généreux et patriotique élan groupe sous le dra-
« peau de la Défense Nationale.

« Pour moi, je repousse ces deux situations avec toute l'indi-
« gnation de mon cœur de soldat. Le sort des armes nous a été
« contraire. Impuissants, nous ne toucherons pas la solde des
« soldats qui combattent, et, du fond de l'Allemagne, nous
« attendrons, dans la gêne, que la paix, dégageant notre parole,
« ou qu'un échange possible seulement entre prisonniers nous
« permette de porter encore haut et ferme le drapeau vaincu,
« mais non humilié de notre chère et malheureuse France.

« Recevez, Monsieur le Rédacteur, l'assurance de ma haute
« considération.

« *Signé :* Général P. HENRY,

« Ex-chef d'état-major général du 6e corps,
« membre du Conseil général de la Moselle. »

Le Vœu National fit suivre de ces lignes la justification du général Henry :

« La lettre du 28 octobre n'engage, à aucun titre, la respon-
« sabilité de l'honorable général Henry qui l'a écrite *par ordre*,
« et ne peut altérer en rien les sentiments d'estime et d'affection
« que ses concitoyens lui ont voués. Les patriotiques regrets
« qu'il exprime au sujet de la mission pénible dont il a été
« chargé ne peuvent que les augmenter encore.

« En ce qui nous concerne, ce que nous avons approuvé dans
« la lettre de M. le général Bisson, n'est pas, tant s'en faut,

BLOCUS DE METZ

« l'acquiescement donné par les généraux du 6ᵉ corps à un
« arrangement qui eût transformé en prétoriens de restauration
« bonapartiste une armée dont le seul rôle digne d'elle était la
« défense du pays. Mais nous n'avons pu refuser notre sympa-
« thie à l'exposé d'un projet qui consistait à arracher, par une
« héroïque tentative, l'armée du Rhin à l'immobilité, à l'épui-
« sement stérile de ses ressources, à une situation qui a abouti
« à capituler (1).

Enfin, le général Changarnier a, lui aussi, donné son avis qui porte un coup terrible à la réputation du maréchal Bazaine, et il nous semble que l'appréciation de l'intègre et illustre soldat, jugeant d'après ce qu'il a vu, repose sur la vraie certitude morale qu'aiment et recherchent les gens sérieux. Une correspondance adressée de Bruxelles au *Daily-Telegraph* reproduit en ces termes l'opinion du vieux général :

« Bazaine ne s'est pas vendu; il n'avait pas besoin d'argent et
« son œuvre est loin de la trahison; c'était un acte de nécessité. »

Voilà comme débute le jugement ; mais écoutez le reste, et vous verrez que c'est l'annulation complète de ce premier verdict de non culpabilité.

« Bazaine a été incapable de commander une si grande armée.
« Le grand nombre l'a complètement ébahi. Il ne savait point
« mettre en mouvement ses hommes, il ne savait point opérer
« avec ses forces. Il n'a point de jugement, point de clair-
« voyance. Et puis Bazaine, est un égoïste, il songe à lui, à sa
« gloire (la belle gloire), et non à l'honneur de son pays.
« Bazaine croyait tout le temps que la paix allait être procla-
« mée; que Paris ne tiendrait jamais; que la guerre allait
« tomber à plat, et que sa réputation militaire resterait intacte.
« Ensuite, Bazaine espérait que, la paix une fois conclue, il

(1) Numéro du 24 novembre 1870.

« pourrait sortir de Metz avec 150,000 hommes, la fleur de
« l'armée française, et qu'il pourrait faire accroire à l'opinion
« publique qu'il était un héros, parce qu'il ne se serait point
« rendu, et aurait tenu Metz envers et contre tous. Et puis, voyez
« cette autre preuve de son incapicité! Après que Bazaine a été
« poussé dans Metz le 19 août, il aurait pu s'esquiver ou sortir crâ-
« nement avec toute son armée pendant les derniers treize jours
« du mois d'août, pendant les trente jours de septembre et la
« première quinzaine d'octobre. Cela est d'une certitude abso-
« lue. Tout militaire de bon sens vous dira la même chose.
« Jugez-en vous-même. Il a eu cinquante-huit jours, dans la
« plus forte des forteresses, pour faire sa sortie avec 150,000
« hommes de nos soldats les plus braves et les plus expéri-
« mentés.

« Pourquoi Bazaine n'aurait-il point pu sortir avec de pareils
« soldats, avec une bonne artillerie, une bonne cavalerie, la
« meilleure infanterie du monde, et tout l'approvisionnement
« qu'une armée pouvait désirer? Je vous l'ai dit, Bazaine est
« un égoïste; il voulait être un héros, et en pensant à la paix
« qui allait se faire, croyait-il, il se disait : « Le monde dira
« que j'ai tenu à Metz, alors que la France livrait ses forteresses,
« les unes après les autres, entre les mains de ses ennemis.

« Après cela, dans les derniers dix jours de l'investissement
« de Metz, toute sortie, toute tentative d'échapper ou de faire
« une attaque était devenue impossible! »

Le correspondant lui demandant la raison de cette impossibilité, Changarnier répond :

« Parce que nous n'avions plus d'artillerie, ni de cava-
« lerie, et seulement 60,000 hommes d'infanterie. Que pou-
« vaient-ils faire contre trois corps de l'armée prussienne? »

Quel était le chiffre exact des troupes lors de la reddition de Metz, demande le correspondant? Changarnier
répond :

« Nous n'avions à Metz que 135,000 soldats. De ces soldats,

« 25,000 étaient blessés ou autrement incapables, 10,000
« étaient malades, la cavalerie et l'artillerie sans utilité,
« puisque nous n'avions plus de chevaux...

« .... Mais, comme je vous l'ai dit, Bazaine avait eu cin-
« quante-huit jours pendant lesquels il pouvait mettre son
« armée en campagne et sauver la France. Quel malheur ! (et
« ici le Général se montra fortement ému). Regardez les sorties
« de Bazaine ! Il n'a jamais fait un effort sérieux pour se déga-
« ger. Jamais ! Chaque sortie n'était qu'un simulacre de sortie.
« C'était pour sauver les apparences, et pour rien d'autre. Il y
« avait encore quatre officiers supérieurs qui, avec Bazaine,
« opinaient pour l'inaction. J'ai vu toutes les manœuvres mili-
« taires : ce n'étaient que des simulacres. Bazaine et ses amis
« n'ont pas agi en soldats ; ils n'avaient en vue que leur avenir
« personnel.

« Les sorties ont toujours été faites avec des forces restreintes,
« et évidemment sans idée arrêtée de les faire réussir, bien
« qu'elles fussent fièrement exécutées, comme l'histoire le dira
« à l'honneur des soldats français. Les combats étaient de pures
« manifestations d'héroïsme, mais en même temps des massa-
« cres inutiles. Laissez-moi dire davantage sur le compte de
« Bazaine. Il ne fut point présent à la bataille du 18 août, il fut
« loin du champ de bataille. J'y étais, et j'ai passé la nuit sous
« l'arbre historique qui pourra prendre le nom de l'arbre des
« morts. Dans le combat du 18, il y avait 300,000 Prussiens
« contre 150,000 Français. Ah ! ah ! Bazaine n'y était pas ; il
« était sain et sauf à Metz (1) ! »

(1) *Courrier de la Moselle* du 24 novembre 1870.

IX.

CONCLUSION

Qu'on réponde, s'il est possible, à ces révélations nettes et précises ! Qu'on nous prouve que nous nous trompons ! Pour l'honneur du nom français nous le souhaiterions, mais malheureusent nous n'osons pas l'espérer, car les faits abondent, les témoignages sont presque unanimes, et de tous ces récits il résulte incontestablement que Bazaine a commis des fautes énormes, et qu'il s'est rendu coupable d'intrigues criminelles.

Il nous a livrés, disent les soldats ; — il nous a trahis, disent les Messins ; — oui, il nous a vendu la forteresse de Metz, disent les Prussiens. C'est là une bien grave accusation, et nous croyons qu'avant de l'accepter dans toute sa rigueur il convient d'attendre des preuves plus concluantes encore que celles acquises jusqu'à présent. Des hommes d'une loyauté parfaite, et qui appartiennent à l'armée, ne portent pas sur Bazaine une condamnation aussi absolue ; ils ont cependant été témoins des actes du Maréchal, et ils se trouvaient si bien placés pour apprécier sa conduite que leur avis nous paraît être de la plus haute importance. Nous n'entendons pas récuser les jugements même les plus sévères qui ont été formulés contre le Commandant en chef de l'armée du Rhin et le Gouverneur de la place de Metz, mais nous voudrions qu'on n'apportât pas trop de précipitation en pareille matière. D'autre part, la lumière se fait chaque jour davantage sur ce grand malheur national, et le Gouvernement vient d'ordonner une minutieuse enquête ; c'est pourquoi nous pensons que l'opinion publique, toute puissante qu'elle soit, ne peut ni ne doit rendre en ce moment un arrêt définitif.

L'expiation viendra ; nous l'exigeons grande et digne de la France. Toutefois, n'oublions pas qu'elle sera d'autant plus juste et vengeresse qu'elle aura été précédée de calme et d'examen, exempte de passions et de préjugés. Rapportons ce qui est à notre connaissance, discutons les faits avec toute liberté, mais ne nous hâtons pas de croire que nous avons dit le dernier mot.

Sous ces réserves, et d'après l'ensemble de ce qui précède, notre conclusion sera celle-ci :

Le maréchal Bazaine et le général Coffinières de Nordeck ont essentiellement manqué à leurs devoirs. — Si la famine les a mis dans la nécessité pressante de capituler, ce fatal dénouement ne fut imposé que par les fautes sans nombre, les intrigues et les défaillances du commandement.

FIN.

TABLE DES MATIÈRES

I
Du 4 au 13 Août 1870.

Aspect de Metz dans les premiers jours du mois d'août. — On apprend les défaites de Reischoffen et de Forbach. — Grande émotion. — Emigration des campagnes. — Les élections municipales sont ajournées. — Réorganisation de la garde nationale sédentaire. — Metz en état de siège. — Espions : Nicolas Schull. — Mesures commandées par les circonstances. — L'ennemi s'approche. — Napoléon III et Changarnier. — Création d'un corps-franc d'éclaireurs. — Reconnaissances et premiers combats d'avant-postes aux environs de Metz. — Les convois de chemins de fer sont suspendus. — Service postal par Verdun et Reims. — Communications interrompues avec Strasbourg. — Les Prussiens surveillent la route de Thionville....... 1 à 12

II
Du 14 au 18 Août.

L'armée du Rhin se dirige sur Verdun. — Proclamation de l'Empereur aux habitants de Metz. — Départ de l'Empereur et du Prince impérial. — Combat de Borny. — Le mouvement de l'armée continue. — L'ennemi traverse la Moselle et cherche à nous dépasser. — L'Empereur échappe à une embuscade prussienne près de Conflans. — Bataille de Gravelotte. — Rentrée des blessés dans Metz. — Le commandant supérieur de la place invite les habitants à recueillir des blessés à domicile. — Bataille de Saint-Privat. — Pourquoi cette affaire n'a pas été complètement heureuse. — Mesures concernant les blessés admis dans les maisons particulières....... .... 13 à 27

III
Du 19 au 30 Août.

Le blocus de Metz est hermétique. — Lignes d'investissement des Prussiens. — Ordre du jour de Bazaine à ses troupes. — Les maraudeurs. — Metz après la journée du 18. — Hitter, le guerillero. — Mouvements de troupes. — Comment se comportent les Allemands. — Opérations du 27. — Les *bauchons* de la Seille. — Les wagons-hôpitaux de la place Royale. — Ambulances et secours aux blessés. — Sublime dévouement des dames de Metz................ 28 à 37

TABLE DES MA IÈRES.

IV
Du 31 Aout au 30 Septembre.

Combat de Servigny. — Engagements à Mercy et combat de Noisseville. — Pour la cinquième fois, Bazaine s'immobilise sous la place. — Prix des subsistances. — Les officiers à Metz. — Journaux prussiens trouvés sur des prisonniers. — Échange de prisonniers; on nous rend des soldats de Sedan. — Attaque des forts détachés dans la soirée du 9 septembre. — Fausses nouvelles. — On nous rend encore des prisonniers qui confirment le désastre de Sedan; ils annoncent la captivité de l'Empereur et la proclamation de la République à Paris. — *La Gazette de la Croix* et ses renseignements. — Les Francs-Tireurs de Metz partent pour Grimont. — Proclamation du Gouverneur, du Préfet et du Maire aux habitants de Metz. — Les fourrages existant en ville sont requis par l'autorité militaire. — Le Conseil municipal s'occupe de la question alimentaire. — Recensement des blés et farines existant chez les particuliers. — — Taxe du pain et de la viande de cheval. — Les créances hypothécaires. — Des bruits alarmants se répandent en ville. — *Le Volontaire* du 10 septembre pénètre à Metz. — On annonce un bombardement de la ville. — La ration de pain des militaires réduite à 500 grammes. — La poste aérostatique. — Nos troupes réoccupent Magny. — Reconnaissance dans les bois de Vigneulles. — Nos fourrageurs à Lauvallières et à Mercy. — Expédition malheureuse à Vany. — Fausses nouvelles de victoires sous Paris. — On a le *Figaro* du 18 septembre et l'*Indépendance belge* du 20. — Nous recevons encore le *Figaro* du 6 et du 8, l'*Indépendance belge* du 13 et du 16 et le *Journal des Débats* du 10. — Souscription en faveur des pauvres. — Mesures concernant les subsistances. — Pétition demandant que l'armée agisse avec toutes les forces qui la composent. — Un *Communiqué* du quartier général. — Expéditions à Mercy, Peltre, Crépy, Colombey, Ladonchamps et les Maxes. — Incendies à Peltre, Crépy, Colombey, La Grange-aux-Bois, les Maxes et Sainte-Agathe. — Comment les Prussiens font la guerre. — Papiers saisis à Ladonchamps. — Encore des espions. — Renseignements fournis par les journaux allemands saisis dans nos dernières opérations. — On apprend que Strasbourg a capitulé. — La garde nationale sédentaire demande qu'on lui confie la défense de la ville. — Offrandes de l'armée pour les pauvres de Metz. — Certains commerçants profitent des circonstances pour se créer un gain illicite sur les denrées alimentaires. — Un exemple méritoire........................ .... 38 à 90

V
Du 1ᵉʳ au 10 Octobre.

Les pensionnaires de l'Etat et les rentiers touchent le trimestre échu. — Un coup de surprise. — Attaque et prise par les Français de la Sapinière de Lessy et du chalet Billaudel. — On s'empare de Ladonchamps où l'on se fortifie. — Bombardement de Sainte-Ruffine. — Nouvelle d'une grande victoire remportée par les Français à Etampes. — Inquiétante situation de Metz. — Chaque chef de famille reçoit une carte pour se faire livrer du pain. — Le nitrate de potasse. — Les chevaux. — Les détenteurs de blés et de farines doivent en faire

TABLE DES MATIÈRES.

la déclaration à la mairie. — Combats des 5 et 6 octobre. — Les Francs-Tireurs de Frouard. — Combats du 7. — Malgré de nouveaux succès, Bazaine se replie sous Metz pour la sixième fois. — Des prisonniers français arrivent de Strasbourg; ils apportent des nouvelles de l'intérieur .... 91 à 106

VI
Du 11 au 28 Octobre.

La dépêche du *Journal de Metz*. — Manifestation populaire du 11. — Communication du maréchal Bazaine. — L'agitation continue. — On parle de capitulation; indignation générale. — Les créances du Mont-de-Piété et de la Caisse d'épargne. — Nouvelle manifestation, le 13. — Déclaration du Conseil municipal à Coffinières et à Bazaine. — On mange du pain noir. — Réponse du général Coffinières au Conseil municipal. — Adresse de la Garde nationale à l'armée. — Une réponse à cette Adresse. — La canonnade du 15 et du 16; on croit à la présence d'une armée de secours; grande agitation. — Une note officielle de l'autorité militaire. — Les Prussiens chassent les habitants des villages et les forcent à se réfugier dans Metz. — Un Messin à ses concitoyens. — Les femmes partagent l'émotion générale; lettre d'une ouvrière. — La ration de pain des habitants est réduite à 300 grammes. — Les négociations du général Boyer. — Nouvelles sinistres de l'intérieur de la France. — On parle du départ de l'armée. — Les forts se taisent; trêve tacite. — Les Polonais aux avant-postes français. — Les nouvellistes sont à la paix. — Bruits désespérants. — Encore une proclamation d'un Messin à ses concitoyens. — Travaux du Conseil municipal de Metz. — L'armée ne livre plus de chevaux pour la boucherie. — Le moment des aveux est arrivé. — La municipalité apprend qu'il ne reste des vivres que pour un très-petit nombre de jours. — Les chevaux des particuliers sont requis pour l'alimentation des habitants. — La taxe de la viande de cheval est maintenue. — Mesures financières motivées par l'achat des chevaux de luxe. — L'Etat supportera la différence entre leur valeur réelle et leur valeur en viande; on émet pour un million de traites du Payeur général de l'armée. — Travaux des Prussiens autour de Metz. — Certains commerçants de la ville recommencent leurs spéculations honteuses. — L'éclairage public au gaz. — Le Conseil municipal demande des informations à Bazaine. — On dit que la paix est signée; ses conditions. — La couronne de France au comte de Chambord qui la transmettrait au comte d'Eu. — Achat du Luxembourg par la France au profit de la Prusse. — Reproduction de l'ordre de départ pour un landwehr. — On ne parle que de capitulation. — Adresse de la Garde nationale au Maire et au Conseil municipal. — Suprême appel d'un Messin à ses concitoyens. — Le Conseil municipal apprend que la capitulation est résolue. — M. Emilien Bouchotte refuse la croix de la Légion-d'Honneur. — Proclamation du général Coffinières aux habitants. — La presse locale et la capitulation. — Ordre général de Bazaine à l'armée du Rhin. — L'*Indépendant* de *la Moselle* juge ce document. — Lettre d'un officier. — Protocole de la capitulation. — Appendice à la convention militaire. — Les gardes nationaux et les pompiers remettent leurs armes aux magasins de dépôt. — Manifestation du 28 octobre; le tocsin et la *Mutte*. — Proclamation du Maire et du Conseil municipal aux habitants de Metz...... 107 à 163

TABLE DES MATIÈRES.

VII
29 Octobre et Jours suivants.

Metz, le 29 octobre. — La statue de Fabert voilée de crêpe noir. — Soldats et officiers français. — Entrée des Prussiens dans Metz. — Télégramme du roi Guillaume à la reine Augusta. — Ordre du jour du prince Frédéric-Charles à ses troupes. — Proclamation du roi de Prusse à l'armée allemande confédérée. — Les camps et les environs de Metz. — Aspect de la ville au moment de l'occupation des Prussiens. — Metz peut-elle devenir ville allemande ? — Proclamation du gouverneur Von Kummer aux habitants de Metz. — Avis concernant les soldats français. — Le départ des officiers. — Avis aux officiers retardataires et à ceux qui sont malades ou blessés. — Le lieutenant-général Von Lœwenfeld remplace le gouverneur Von Kummer. — L'administration civile allemande s'installe à Metz. — Les fonctionnaires français refusent de prêter serment au roi Guillaume. — Proclamation du général Zastrow pour le département de la Moselle. — Les dames hospitalières et les diaconnesses allemandes. — Ambulance volante belge. — La baronne de Combrugghe et lady Pigot. — La Société liégeoise pour les secours à apporter aux blessés et aux victimes de la guerre. — L'ambulance hollandaise. — La *Luxembourgeoise* pour secourir les blessés. — La Société britannique de secours pour les militaires malades ou blessés. — Le Comice agricole de Metz et l'Association de secours aux habitants des campagnes. — La guerre et la bienfaisance internationale. 164 à 184

VIII
Épilogue.

L'Empereur a-t-il été le promoteur de la guerre de 1870 ? — Les causes du désastre de Metz. — Les fautes au point de vue militaire. — Les fautes en ce qui concerne la gestion des subsistances. — Les fautes engendrées par le rôle politique que Bazaine a rêvé. — Communication du 19 octobre aux officiers de l'armée française. — La presse européenne. — La combinaison de Bazaine d'après le *Times*. — Mission Régnier. — Seconde communication faite aux officiers le 27 octobre. — La convention de Frescaty. — Bazaine muet et invisible. — Désespoir de l'armée. — La lettre de Bazaine au journal *le Nord*. — Lettre du général Coffinières de Nordeck adressée, le 6 novembre, au journal *l'Indépendance belge*. — Nouvelle lettre du même au même, le 21 novembre. — Lettre du général Boyer à *l'Indépendance belge*. — La censure militaire. — On nous trompait. — Le Conseil municipal de Lille. — Opinions diverses formulées par des officiers de l'armée du Rhin : le baron de B..., capitaine ; le commandant Raynal de Tissonnière ; les officiers du 41e de ligne ; M. de Valcour ; le général Bisson ; le général Henry ; le général Changarnier. 185 à 242

IX

Conclusion.. 243

22. Verdun—Imp. de Ch. LAURENT.

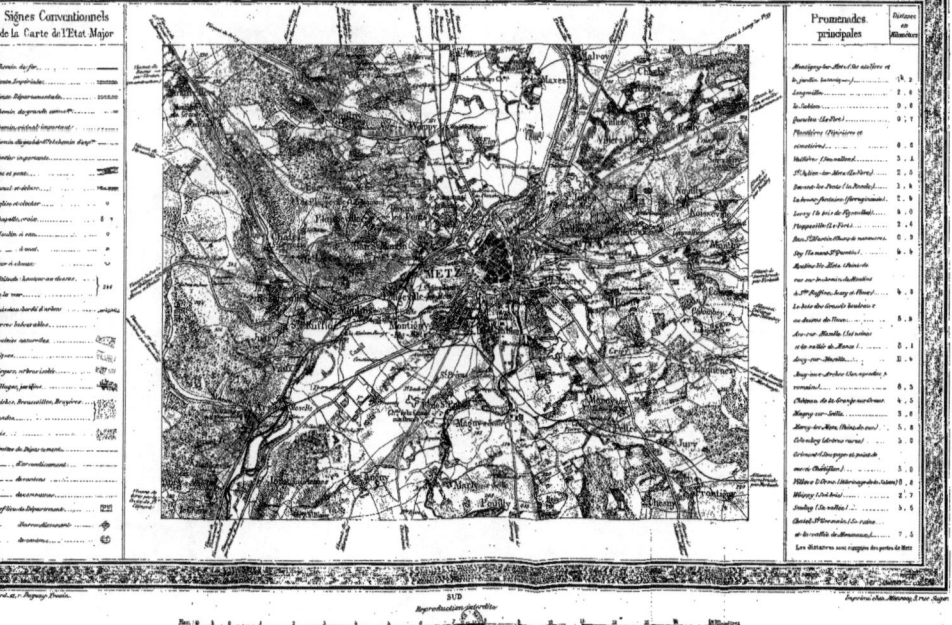

www.ingramcontent.com/pod-product-compliance
Lightning Source LLC
Chambersburg PA
CBHW070648170426
43200CB00010B/2160